CB129065

Invenção do desenho

Alberto da Costa e Silva

Invenção do desenho

FICÇÕES DA MEMÓRIA

© Alberto da Costa e Silva

Direitos de edição da obra em língua portuguesa no Brasil adquiridos pela Editora Nova Fronteira S.A. Todos os direitos reservados. Nenhuma parte desta obra pode ser apropriada e estocada em sistema de banco de dados ou processo similar, em qualquer forma ou meio, seja eletrônico, de fotocópia, gravação etc., sem a permissão do detentor do copirraite.

Editora Nova Fronteira S.A.
Rua Bambina, 25 – Botafogo – 22251-050
Rio de Janeiro – RJ – Brasil
Tel.: (21) 2131-1111 – Fax: (21) 2286-6755
http://www.novafronteira.com.br
e-mail: sac@novafronteira.com.br

CIP-BRASIL. CATALOGAÇÃO-NA-FONTE
SINDICATO NACIONAL DOS EDITORES DE LIVROS, RJ.

S578i Silva, Alberto da Costa e, 1931 —
Invenção do desenho : ficções da memória / Alberto da Costa e Silva. - Rio de Janeiro : Nova Fronteira, 2007.

ISBN 978-85-209-1999-6

1. Silva, Alberto da Costa e, 1931-. 2. Escritores brasileiros - Biografia. I. Título.

CDD: 869.98
CDU: 821.134.3(81)-94

À memória de minha mãe,
Creusa Fontenelle de Vasconcellos da Costa e Silva.

1

Agarrei-me ao banco da praça, para não cair. De repente, tudo — árvores, canteiros, prédios, casas, automóveis — banhou-se de amarelo, de um amarelo ardente e cintilante, que se foi sujando de ouro velho. Eu parecia respirar uma poeira grossa. E da narina entupida, um estoque atravessou-me, de baixo para cima, o olho, a pálpebra, a sobrancelha e a testa. Era raro que me chegasse assim a enxaqueca, e de modo tão feroz, sem o anúncio do halo luminoso a envolver as cousas, sem a breve antecipação da beleza ao arrasto da dor.

Senti que me desmanchava. Uma senhora de preto sustentou-me pelo braço e me fez sentar. Pediu-me o endereço e disse que me levaria até lá. Que não, respondi-lhe, que não se desse ao trabalho. Dentro de alguns minutos, estaria melhor e poderia seguir sozinho para casa. Mas ela não aceitou minhas palavras e, falando suavemente das dores de cabeça que também tinha, foi pondo sombra e aragem na agressão do amarelo, até o degrau de minha porta.

Ensopei os cabelos em água fria. E deitei-me, com uma toalha de banho dobrada sobre o travesseiro. Sem conseguir chegar de todo ao sono, pus-me, primeiro, inquieto, depois, aflito e, finalmente, desesperado, a repetir de modo cada vez mais rápido, na minha mente, o mesmo gesto que não se completava, que volvia ao princípio ainda a meio: eu tirava o livro da estante, porém, quando ia abri-lo, de novo o tirava da estante e, antes que o abrisse, lá estava a puxá-lo de novo, cheio de angústia e pavor, da prateleira. De súbito, a mão ficou parada a caminho do móvel, e eu me vi, nu, de cócoras, descalço, empoleirado na borda de uma pia, a arreganhar para o espelho os dentes cheios de cáries.

2

Com o fuzil a pender displicente da mão, o soldado atravessou a rua, para tomar um cafezinho no botequim da esquina. Depois, voltou para junto dos camaradas e do carro blindado. Eu insistira com minha mãe em que haveria aula e voltava — o colégio não abrira as portas — pela praça semivazia. Algumas lojas estavam fechadas; outras funcionavam como se nada tivesse acontecido.

Na noite anterior, Vargas deixara de ser o Chefe da Nação. Os líderes militares, obtido o beneplácito dos quartéis, mandaram ocupar os acessos à cidade, os ministérios, as estações de rádio, os jornais, o porto e o aeroporto, e espalhar a tropa em pequenos grupos pelas praças e avenidas da capital.

Tudo se passara como água da torneira ao ralo, quase sem respingos na pia. Ninguém saiu à rua para o festejo ou o protesto. Se saiu, disso não houve notícias. Durante breve hora, temeu-se a revolta do que se tinha por guarda pretoriana do regime, a Polícia Especial. Os rapazes de boné vermelho e farda cáqui, com camisa de mangas curtas e gola aberta, não desceram, porém, do morro de Santo Antônio. Nem consta que o tenham tentado.

Esperava-se o golpe. O Estado Novo esgarçara-se com a vitória dos Aliados sobre o Eixo, e, ao manobrar para permanecer no poder com a Assembléia Constituinte, Vargas estivera, na verdade, a cortar na lã, anacronicamente, uma sobrecasaca. O que dele se queria é que presidisse as eleições e empossasse o vitorioso. Fora disso, só a renúncia ou a deposição. E esta se dera quase em silêncio. Em voz baixa, pelo menos. Ou à socapa. Reduzira-se a uma visita de Góes Monteiro ao Catete, para comunicar a decisão dos generais.

No dia seguinte, houve quem tomasse o golpe com alegria, alívio, indignação, repulsa, desgosto, tristeza ou pena. Lembra-me a melancolia envergonhada de minha mãe, diante da humilhação infligida a quem se bajulara — e como! — durante tantos anos. Os mesmos quepes. Os mesmos galões. Os mesmos talabartes. As mesmas perneiras com esporas. E as mãos, as mesmas que batiam palmas. Ela ficava com a impressão de que a história abria a porta dos fundos para boa parte de sua vida. Em junho, Churchill perdera as eleições. Agora, escorraçava-se Getúlio.

Por mamãe, sabia da amizade do ditador pelo poeta, meu pai. Vargas, segundo ela, conservara dentro dele um rapazola que sofria por não escrever versos. E mal disfarçava esse segredo, com seu amor pelos livros e o gosto de cercar-se de escritores. Isso, desde os tempos de Porto Alegre, ao acudir, de vez em quando, à roda de café na qual Augusto Meyer, Athos Damasceno, Manoelito d'Ornelas e Viana Moog ouviam Mansueto Bernardi rememorar Eduardo Guimaraens, e papai fazer o elogio de Alphonsus. Ao saber meu pai doente, Getúlio não permitiu que se aposentasse e o manteve à disposição da Presidência da República durante doze anos.

À tardinha, quase tudo voltara à normalidade. As pessoas desciam dos bondes, a simular pressa. Mas detinham-se diante das bancas de jornais, para ler as manchetes e comentar a fotografia de Vargas a caminho de São Borja. De terno cruzado, chapéu, gravata de laço pequeno, longo, apertado e bem-feito. Nem cabisbaixo nem sereno. Quase a sorrir com os olhos, na esperança da desforra. Retive, entretanto, e por muito tempo, uma outra imagem dele: a de um gorducho risonho, de amplo lenço ao pescoço, bombachas e botas, a saltar para a sela de um pingo.

3

Todas as noites, antes de deitar-se, meu pai limpava as dentaduras. Como se acariciasse a pálpebra, passava, cuidadoso, a escova nas gengivas e nos dentes falsos, volvia cada peça nas mãos e as banhava no jorro da torneira. Depois, com as dentaduras dentro de um copo d'água, caminhava de pijama até o quarto. Deitava-se de lado, as pernas ligeiramente flectidas, uma das mãos sob a cabeça e a outra a apoiar-se na coxa.

Dormia logo, sereno. E eu ficava a vê-lo, da porta do quarto, a indagar se teria sonhos, ou se os sonhos dele também se tinham ido, como a coerência e a constância da memória e da vontade. Caso sonho houvesse, desceriam por ele os três rios de sua infância, para que em suas águas de novo se banhasse? Não era impossível, porém, que o pai, nos sonhos, continuasse imóvel na cadeira de braços, alheio e mudo, a cuidar de cousas que a nós nos escapavam, mas eram a matéria de seus dias: este cisco, este inseto, aquela pequenina mancha no assoalho.

Meu pai dormia. E eu me perguntava se o sono não lhe afagava o corpo com a minúcia de uma escova de dentes — aquele corpo que talvez se tivesse tornado tão estrangeiro para ele quanto as dentaduras postiças. Às vezes, crescia em mim o sentimento de que os dias de meu pai se acumulavam numa folhinha às avessas, na qual quotidianamente se colavam, em vez de se arrancarem, as páginas sem data. Olhava para ele, que dormia, e era como se, dormindo, ele viesse de perto de mim para ainda mais perto.

4

No pátio, enquanto se formavam as filas para a entrada na primeira aula, o Luiz Octavio Gallotti anunciou a novidade: com a queda de Getúlio, seu pai fora nomeado interventor federal em Santa Catarina, e eles já preparavam as malas. Fazia-se urgente que eu fosse dizer adeus à d. Nieta e ao dr. Luiz.

Ao chegar de Fortaleza, fora o Gallotti, no colégio, quem me endereçara para a amizade. Serviu-me de arrimo aquele outro menino, também franzino, magrinho e frágil, aquele menino de cabelos lisos e escuros, e perfil delicado, com um nariz que, se não fosse quebrado em ângulo, seria curvo e curto como o de um periquito, aquele menino de voz baixa e mansa, o corpo como a inclinar a timidez dos olhos para a grama dos jardins e os rodapés das salas. De cabeça baixa, via-se sempre a esgaravatar nervosamente o contorno das unhas, quando não lhes arrancava a cutícula com os dentes.

Corrigia o acanhamento com a excelência. Em tudo. Em quase tudo. Em tudo que não se esboçasse como esporte. Mas era sobretudo claro, preciso, nítido. O que dizia com suavidade, estava dito. Se lhe cabia explicar alguma cousa, as frases lhe saíam da boca completas, com vírgula, ponto-e-vírgula, travessão e parágrafo. E, se a fala era limpa, a caneta não lhe ficava atrás e deixava no papel uma letra fina, redonda e elegante, ainda que firme e forte. Sua inteligência era bondosa e alegre. Nada de seriedades excessivas, naquele guri bem comportado. De repente, no meio de uma conversa, dele saltava, inesperado mas oportuno, quase sem chamar a atenção, como se o trapézio estivesse à flor do solo, o paradoxo, ou a boa ironia, ou o que ele próprio apelidava de asneirinha emiliana, a invocar Emília, a marquesa de Rabicó.

A camaradagem, alinhavada em longas conversas no recreio, levou-me, numa tarde de quinta-feira, à casa dele. Eu estava tão cerimonioso e encabulado, que nem percebi, nessa primeira visita, que no filho se repetiam os olhos travessos da mãe. D. Nieta era uma senhora muito branca, de cabelos negros ou quase negros, que simulava serenidade e seguia a conversa dos garotos com um interesse divertido. Falou-me do pai, o ministro Pires de Albuquerque, que tinha sido do Supremo Tribunal Federal. De suas raízes castiças — a Casa da Torre, entre os Garcia d'Ávila. E brincou com o sobrenome italiano do filho Luiz Octavio.

Estávamos sentados no degrau da porta que abria para o lado do jardim, quando entrou o dr. Luiz Gallotti. Nem cheguei a reparar direito no pai de meu amigo, e foi ele tirando o paletó e se deitando num sofá que havia numa espécie de vestíbulo. Ligou o rádio, para ouvir o noticiário, abriu o jornal e pôs a mão no telefone. Dava atenção aos garotos e discutia ao telefone assuntos de futebol, interrompia a conversa para ouvir uma notícia no rádio e virava mais uma página do vespertino ou contava à mulher algo que lhe viera à lembrança. Assim descansava para o jantar, a dividir a atenção — ou, melhor, a multiplicá-la. Com um gosto sensual pelo que se passava ao redor, como se não quisesse perder um só pedacinho de vida.

5

No dia das eleições, eu era o único menino da vizinhança a usar na lapela o escudo do PSD — o Cruzeiro do Sul contra um céu azul-claro. Os demais ou traziam a tocha da UDN ou a foice-e-o-martelo. Na semana anterior, haviam-se sucedido os comícios de encerramento das campanhas. Eu os seguira pelo rádio. E não me passava da memória o belo e emocionado discurso de Tristão de Athayde, na despedida do Brigadeiro.

Minha mãe votou em Dutra. Um de meus irmãos, em Eduardo Gomes. Um outro, em Yeddo Fiúza. Para senadores, os três elegeram Hamilton Nogueira e Luís Carlos Prestes. Posso declarar-lhes os votos, porque disso não faziam segredo. Como quase ninguém. Daí que a vitória de Dutra não tenha causado surpresa, a não ser pela diferença em relação ao Brigadeiro, muito maior do que se esperava.

Os inconformados, nos dias seguintes, falaram muito da infâmia de Hugo Borghi e de como revirara pelo avesso a declaração de Eduardo Gomes contra os que haviam comido na marmita do Estado Novo. Mas, para mim, isso pesara pouco. As eleições tinham sido decididas por uma única frase. Uma frase curta, dita em São Borja: "O marechal Dutra merece os nossos sufrágios." Só isto. Pois fora Getúlio quem ganhara as eleições.

6

Tinham aumentado de freqüência e intensidade as enxaquecas. Uma a três por semana. E muitas vezes acompanhadas por alucinações, que talvez fossem pesadelos, pois só me chegavam quando, deitado, tentava a fuga para o sono.

As dores de cabeça dificultavam-me ainda mais a adaptação ao novo colégio. Com outros camaradas que pretendiam estudar direito ou letras, eu havia saído dos maristas e ingressara numa escola cujos dirigentes veneravam Augusto Comte. Lá, mal corrido o primeiro mês, encharquei-me da certeza de não saber nada de latim, francês, inglês e matemática. Passara três anos nos maristas a iludir-me, a fingir que acompanhava a turma, decorando as lições do dia. Incapaz de declinar *rosa, rosae* e ignorante das funções do dativo e do ablativo, retinha na memória regras da sintaxe latina e a tradução de versos da *Eneida*. Sem saber calcular uma raiz quadrada, refazia mecanicamente, sem compreendê-los, os teoremas de geometria. Despido da proteção dos deveres de casa e dos pontos de exame, não encontrava onde apoiar-me. A sala de aula fazia-se escura, apesar dos janelões com basculantes, e as vozes de alguns mestres pareciam vir de longe, a atordoar-me.

Incensado em casa pelos amigos da família e uns poucos professores, eu não aprendera a humildade de pedir socorro. Era o sabe-tudo, que se derramava numa oratória florida. Na minha empáfia, ao não entender as lições de latim e matemática, eu as afastava, com despeito e desprezo, de meus cuidados. E, nas horas que devia dedicar ao estudo dessas matérias, lia, vaidoso, livros de que os colegas de classe sequer tinham notícia e, assim, pensava corrigir a imagem de aluno sem condições de acompanhar o curso.

Nas sessões do grêmio literário, eu me estendia sobre essas leituras. Comentava *O mundo como vontade e como representação* e a vida como desgosto e piedade. Resumia *A origem da tragédia* e *Assim falava Zaratustra*. Encantava-me e encantava os outros com as idéias de Berkeley. Discutia Spengler. Tudo colhido em traduções para o português ou o espanhol, algumas boas, outras más, e recortado pela tesoura cega do início da adolescência. Talvez menos imprecisas fossem as palestras sobre poesia, em que provocava o conservadorismo dos colegas, ao contrapor Carlos Drummond de Andrade a Castro Alves e Ribeiro Couto a Casimiro de Abreu. Um dia apareci com Pablo Neruda e recitei a "*Canción desesperada*". Mas o que causava verdadeiramente escândalo eram os versos, que a todos preferia, de Mário de Andrade. A "Ode ao burguês" e "Eu sou trezentos". Ou o "Rondó das três mulheres do sabonete araxá", de Manuel Bandeira.

O colégio possuía outros grandes leitores. Em turmas mais adiantadas do que a minha. Como um rapazinho moreno, sempre vestido com apuro, o Célio Borja, que foi quem primeiro me falou de T.S. Eliot. Ou um meninote gorducho e dentuço, o Antônio Carlos Villaça, que lia tudo e guardava o melhor na memória. Ou o Octavio Bonfim, que, além de aluno, tomava conta da biblioteca — uma biblioteca excelente, apesar de tantas prateleiras carregadas de literatura positivista, a dizer quase sempre as mesmas cousas com as mesmas palavras.

Era comum que encontrasse um deles a investigar o fichário ou as estantes envidraçadas, a buscar um livro indicado por um professor. Pois havia professores que nos recomendavam livros. Um deles era o José Joaquim da Fonseca Passos. Outro, Marina de Vasconcellos, uma assistente baixinha e nariguda de Arthur Ramos, que em todas as aulas nos repetia, do alto de seus sapatos de salto altíssimo, que a história do Brasil não se podia compreender sem os casamentos e choques de culturas. E finalmente, o Herbert Parentes Fortes.

7

O professor Herbert Parentes Fortes só tinha um braço. Sobre como perdera o outro, nunca nos disse palavra, mas comentava-se à boca pequena que o tivera amputado por causa de um câncer. Habitualmente, ele usava uma prótese, porém havia dias em que vinha dar classes com uma das mangas vazia e alfinetada no bolso do paletó.

Saíra do Piauí para estudar medicina na Bahia. Formado, desinteressara-se pelos doentes e dera-se aos estudos de lingüística e à política. Integralista militante, fora obrigado a abandonar Salvador, após o malogro da intentona de 1937. No Rio, não lhe perdoaram o ter usado a camisa verde. Mas não se arrependia da liderança que exercera e, se o deixassem, punha de novo o sigma na lapela. Tinha horror a Carlos Drummond de Andrade, acusando-o de lhe ter, quando chefe de gabinete do ministro Gustavo Capanema, arrancado, por instruções do Partido Comunista, a vitória num concurso para o Colégio Pedro II.

As perseguições de que se queixava não lhe fecharam os jornais. Escrevia neles todas as semanas. O seu tema quase único, naquela época, era o de que não mais se falava no Brasil a língua portuguesa, mas, sim, a brasileira. Para ele, consignar isso na nova constituição era não apenas o reconhecimento de uma realidade diagnosticada pela ciência lingüística, mas também, e sobretudo, um ato de soberania. Toda a argumentação de seu livro *A gramática e a evolução da língua portuguesa no Brasil*, ele ia soltando aos bocadinhos em artigos de domingo. Com isso alimentava um debate em que tinha a seu lado Cassiano Ricardo e teria tido Mário de Andrade, se este estivesse vivo.

Conseqüente com o que pensava, Herbert Parentes Fortes não nos ditava aulas de português. Para desespero dos meus colegas, que queriam preparar-se para o exame vestibular, ele dava classes sobre tudo — Homero, tragédia grega, monasticismo, Kant, reforma agrária, cantadores do Nordeste —, exceto os pontos do programa. Certa manhã, escandalizou as meninas, ao falar de sexualidade. Com uma franqueza limpa e serena, mas que provocou protestos. Por causa deles, voltou ao assunto, de modo ainda mais direto.

Os seus quase cinqüenta anos e as desilusões políticas não lhe tinham abrandado o entusiasmo. Era um exaltado, como mostravam os seus olhos. E derramava-se em paixão, ao falar — e só aí entrava em matéria do curso — de Camões, de Gil Vicente, do padre Antônio Vieira e, sobretudo, de Euclides da Cunha. Foi ele quem me fez ler *Os sertões*.

— Comece pela primeira linha — disse-me. — Pois o livro parte da terra para o homem e do homem para as suas desventuras. E esqueça o que na obra se quer ciência. Fique com a poesia, isto é, com a verdade do instante. Ao contrário das intuições da poesia, que valem para sempre, a ciência envelhece. Envelheceu em Euclides da Cunha, como envelheceu e prejudicou Nina Rodrigues. Pois ambos seguiram as doutrinas do racismo europeu. E, por sinal, você já leu *Os africanos no Brasil*? Não pode deixar de fazê-lo.

Durante alguns meses, convivi com *Os sertões*. E com *À margem da História* e *Contrastes e confrontos*. Contagiei-me de revolta e piedade diante da ignomínia de Canudos. Mas, se Euclides me seduziu pela originalidade do estilo, o que nele me assombrou foi o como trazia para a página escrita, em uma dúzia de frases (ou menos que isto), a essência de um rosto e de um corpo em movimento. O próprio cinema não seria capaz de apresentar com tamanho realismo — ou, mais que realismo, verdade — a cena da chegada de Artigas a Assunção; ou a da recuperação do orgulho de ser homem, e um homem em guerra, daquele seguidor negro de Antônio Conselheiro, a caminho da degola; ou, ainda, a do menino de nove anos a desmontar e montar a carabina. Tinha dúvidas de que se pudesse, num filme, manter a tensão nervosa com que Euclides nos punha entre os soldados que iam conquistando, casa a casa e morto a morto, o arraial de Canudos. Talvez Goya — o Goya, que eu só conhecia em reproduções dos "Fuzilamentos de 3 de Maio" e de algumas gravuras — lograsse a contundência daquele parágrafo de poucas linhas, em que o garoto franzino, com um quepe enterrado até os ombros, levanta de súbito a cabeça, para olhar os que dele riam, e mostra o buraco da boca levada por um tiro.

Eu discordava de Euclides, quando este chamava retardatários aos habitantes do sertão profundo. Para mim — e tinha aqui o cinema ou, para ser mais preciso, o filme de mocinho, o *western*, como o meu padrão — eram eles os nossos pioneiros, pioneiros muito mais antigos do que os norte-americanos, pioneiros que tinham ficado, desde o século XVIII, isolados nas lonjuras das lonjuras, sem diligências ou trens de ferro, sem cabarés, telégrafo e comércio pelo correio, isolados e esquecidos por todos nós, que não tivemos a coragem de segui-los.

Havia quem dissesse ser necessário tirar dois de cada três de seus adjetivos, para fazer de Euclides um escritor perfeito. Eu discordava dessa opinião, e ainda discordo. Os adjetivos em Euclides, como em Vieira, fazem parte da orquestração da prosa. Não escrevia ele para violão, como Antônio de Alcântara Machado, nem para piano, como Ciro dos Anjos, nem tampouco para quarteto de cordas, como Machado de Assis. *Os sertões* combinavam mais — isto pensei muito depois — com as sinfonias de seu contemporâneo Gustav Mahler.

Para melhor compreender Euclides, muito me vali dos trabalhos de Afrânio Peixoto (especialmente os textos que figuram em *Poeira da estrada*) e de Francisco Venâncio Filho, fidelíssimo em sua admiração. Os estudos de Afrânio eram meus velhos conhecidos; para os de Venâncio Filho, chamou-me a atenção Herbert Parentes Fortes. Bem como para o paradoxo de nascerem da infâmia grandes obras-de-arte.

— Até nisto — bradava — *Os sertões* repetem a *Ilíada*.

Havia também muito de epopéia em *Os africanos no Brasil*. Li-o de um fôlego, como um livro de aventuras. Nina Rodrigues não era um grande escritor, mas era um observador extraordinário. A história do Chachá Francisco Félix de Souza não saiu nunca mais de meus sonhos, nem a teoria de que a guerra santa de Usuman dan Fodio teve um dos seus capítulos nas revoltas dos malês na Bahia. Mais tarde, verificaria, com desgosto, o quanto a pretensão de Nina Rodrigues de ser um homem de ciência, que o fez importar, sem crítica, as doutrinas racistas que se tinham por científicas no seu tempo, lhe prejudicou a análise do que soube ver, ouvir e anotar com atenção, simpatia e respeito. Sempre que ele se olvidava de que era um cientista, o seu livro cresce; mas quando aplicava à Bahia o que lhe vinha como ciência da Europa, o relato se apouca e amesquinha. Ainda que eivada de racismo, foi nessa obra de Nina Rodrigues que aprendi que o Brasil também nasceu na África e que o tráfico negreiro fecundou a nossa história.

Quando soube da emoção com que lera *Os africanos no Brasil* e o relera — eu tinha o costume, ao terminar um livro pelo qual me entusiasmara, de imediatamente recomeçá-lo —, Herbert Parentes Fortes disse-me que procurasse os trabalhos de Manuel Querino. Tive sorte: na biblioteca do colégio havia um exemplar de *Costumes africanos no Brasil*, a coletânea organizada por Arthur Ramos.

A quase todos os colegas aborreciam as classes do professor Herbert. Como ele não explicava as regras de concordância nem o emprego do infinitivo, consideravam-nas uma perda de tempo. Para mim tinham o seu tanto de mágica. Numa aula, contava-nos de Jacinto de Tormes e se estendia sobre a antiqüíssima disputa entre, de um lado, a cidade, a cultura e o pecado e, do outro, a natureza, a solidão e a inocência, e sobre a falácia das duas posições, advertindo-nos de que, na cabana bucólica, ao lado do riacho onde bebem as ovelhas, também se intriga, se calunia, se estupra, se odeia, se incesta e se mata. Três manhãs mais tarde, discorria sobre os templos gregos ou sobre as diferenças de forma e espírito que havia entre eles e as catedrais góticas.

De Herbert Parentes Fortes ouvi pela primeira vez o nome de Lima Barreto e fui correndo ler *O triste fim de Policarpo Quaresma*. Será que o meu professor, nacionalista exaltado, reconhecia no major a caricatura antecipada de tantos integralistas? Não sei. Sei que insistia em colocar, entre os livros que nos recomendava, os daqueles escritores nos quais o integralismo buscara inspiração, julgara apoiar-se ou encontrara afinidades de pensamento, como Alberto Torres e Manoel Bonfim. Li então *O estrangeiro*, de Plínio Salgado, com a mesma dificuldade com que me arrastei pelas planuras poeirentas de *Canaã* e *A bagaceira*.

Meus camaradas de classe, interessados em tomar nota das lições e em fazer quadros sinópticos, não percebiam que Herbert Parentes Fortes nos dava aulas de indignação contra as misérias do mundo — e as tínhamos ali, ao nosso lado ou ao atravessar a rua — e de inconformismo diante das pequenezas da vida. Maravilhava-se com facilidade e com facilidade se revoltava. Tomava um verso e nos mostrava a beleza de uma conjunção de palavras. Dizia um soneto de Cruz e Sousa — hoje sei — como se fosse Bach. E saía do êxtase dos tercetos já alterado, para cuspir nos vendilhões, nos hipócritas e nos corrompidos.

8

No externato dos maristas, só havia meninos, e todos eram católicos e brancos. Brancos da terra, claro. Brancos à brasileira. Desses cujos pais rasgam ou escondem no fundo das gavetas os retratos dos avós negros caboclos, cafuzos ou mulatos. A classe do Instituto La-Fayette era em tudo diferente: tinha mais mocinhas do que rapazes e nela confundiam-se católicos, judeus, espíritas, batistas e presbiterianos, filhos de imigrantes e de famílias tradicionais, brancos, pretos e pardos.

As meninas usavam uniforme — saia azul e blusa cáqui —, embora esse fosse, no curso clássico, opcional. Já a rapaziada vinha de paletó, a maioria de gravata, não passando pela cabeça de alguém aparecer de camisa esporte. Nos dias de calor intenso, os professores, mal entravam na sala, pediam permissão aos alunos para tirar o casaco. E assim assistíamos às suas aulas: sem paletó, e quase todos de gravata. Com as mestras, não se tinha em geral essa liberdade. Só uma ou outra se lembrava de autorizar-nos a ficar em mangas de camisa.

Cada qual dava aula à sua maneira. E procurava convencer-nos de sua verdade. O primeiro era poligenista; o segundo, monogenista; o terceiro tinha a fala por um dom inato, próprio do homem como o andar com duas pernas; o quarto acreditava ser o uso da palavra o resultado do aprendizado social; o quinto entusiasmava-se com a psicanálise; e um deles, com o behaviorismo; uns tinham saudades do integralismo; outros eram comunistas; este seguia Trotsky; aquele, como bom udenista, fustigava o Getúlio; e não faltava quem de Vargas fizesse o elogio. Havia até mesmo um velho professor positivista que defendia o casamento casto e o retorno às vestes talares.

Íamos, moças e rapazes, mudando de balanço. Num trimestre, éramos materialistas; no outro, apaixonados por Deus, porque acabávamos de ler são João da Cruz; e, duas semanas mais tarde, estávamos vencidos por

Sartre e Camus. Eu trocava constantemente os autores que trazia debaixo do braço: agora, Nietzsche; logo, Freud, com *Totem e tabu*; depois, Farias Brito; mais adiante, a *Vida de Jesus*, de Plínio Salgado; e, em seguida, *O 18 Brumário de Luís Bonaparte*, de Karl Marx; hoje, a autobiografia de Goethe; amanhã, os escritos de Jefferson; e tudo entremeado de *Os Maias*, *As minas do rei Salomão* e *A correspondência de Fradique Mendes*.

O livro de Marx, editado num papel tão cinzento que parecia sujo, sacudiu-me inteiro. Mas indispôs-me com alguns colegas que se diziam marxistas, porque lhes apontei que estavam desmoralizando, pela aplicação de seu vocabulário, de suas expressões e de suas metáforas a outras situações históricas que não a da França na segunda metade do século XIX, um dos grandes textos, um dos mais lúcidos textos que um apaixonado soube escrever. Um texto em que o rigor de análise se costurava, num ponto miudinho, a uma indignação, a uma ironia e a um sarcasmo que felizmente beiravam a insolência. Havia quem pensasse que *O 18 Brumário* tinha a concisa precisão do Padre-Nosso. Não tinha. Essa nitidez e essa pureza de linguagem, esse dizer exato do que se quis dizer, Marx só lograria em outras páginas, as que escreveu com Engels sob o título de *Manifesto comunista* e nas quais com brevidade nos mostrava como o capitalismo, no passar de dois séculos, mudara toda a vida européia, ao separar o sagrado do profano e ao criar incessantemente novas necessidades e novas desigualdades.

Éramos todos audaciosos, eu e os outros. Nenhum de nós lia alemão. Eu, ao contrário de vários colegas, nem sequer conseguia entender direito o francês e o inglês. Julgávamos traduções em português e em espanhol. A d'*O 18 Brumário* não trazia o nome de quem a fizera; a do *Manifesto* era assinada pela Eneida.

Discutimos, durante semanas, *O 18 Brumário*. E brigamos o ano inteiro, professores e alunos, a contrapor Truman a Stálin.

9

Olhei com surpresa o corpo do companheiro. Estava deitado no caixão, de terno escuro e gravata. Nunca tinha visto ninguém enterrar-se assim. Talvez porque, palpitei, filho de libaneses, ele fosse maronita.

— Não, de jeito algum — responderam-me. E não tardou a pergunta:

— E como é que você queria que estivesse vestido?

— De santo, claro. Amortalhado de santo Antônio ou de são Francisco. Ou de sudário branco ou negro.

Era assim que se sepultavam as pessoas. Em Sobral. Em Camocim. Em Viçosa. Em Fortaleza. As casadas e as viúvas partiam de sant'Ana, de santa Rita ou de santa Clara. As moças, de santa Teresinha do Menino Jesus. As crianças, de anjinho, em caixões pintados de rosa e azul-claro, com arabescos rococós dourados.

10

Na avenida Rio Branco, encontrei Múcio Leão. Pediu-me notícias de meu pai, de minha mãe e, depois, perguntou-me o que eu estava escrevendo. E, antes que lhe respondesse, foi-me intimando:

— Quero que me faça um artigo sobre Da Costa e Silva. Impressões de filho. Duas ou três páginas de trinta linhas cada. Para eu pôr na edição de domingo do *Jornal do Brasil*.

Pronto o texto, mandei-lhe. E fiquei à espera da publicação. No primeiro domingo, nada. No segundo, tampouco. No terceiro ou quarto, percorri o jornal — um jornal com vários cadernos cobertos de anúncios pequeninos, com ofertas de casas, de móveis usados e de empregos — entre esperançoso e desiludido. Virava as folhas sem encontrar a minha matéria. Mas, quando ia fechar um dos cadernos, lá estava o artigo, iluminado, no alto da primeira página.

A gente pode assobiar, se comovido. Desancado de felicidade — era a primeira vez que se imprimia alguma cousa minha —, corri para mamãe. E depois fui mostrar o jornal a meu pai. Minha mãe, que se acostumara, no passado, a ver as colaborações do noivo e do marido nos diários, tomou a cousa como natural, com um regresso à antiga rotina. O velho só olhou para a página.

Havia meses, ele deixara de ler. Não o via mais de óculos. Nem tomar um papel para o rabisco do lápis. Meninote de 15 anos, nunca mais lhe pedira que me fizesse desenhos. Com o jornal na mão, diante dele, senti nas veias o remorso de haver crescido. E me sentei em seu colo.

11

Os colegas viram o artigo. E um deles, que dirigia o jornalzinho do colégio, veio procurar-me, para sugerir que eu fizesse uma série de entrevistas com escritores. Pensei logo em Jorge de Lima.

Marquei o encontro pelo telefone. E, na manhã seguinte, fui ver o poeta, na Cinelândia, no edifício do café Amarelinho. O consultório, cheio de quadros dependurados e encostados nas paredes, de escultoras, fotografias e cerâmicas, parecia mais uma loja de antiguidades do que o local onde um médico dava consultas. Jorge de Lima mandou-me sentar e, sem interromper o atendimento a mais de um cliente, na maioria dos quais aplicava injeções, começou a responder às minhas perguntas. Num dado momento, calou-se. E, após certa hesitação, me disse:

— Você deixa esse questionário comigo e volta daqui a dois dias. Eu lhe darei as respostas por escrito.

O telefone tocava, e ele atendia, de seringa na mão, pronto para espetar o braço de um senhor que, de paletó dobrado no outro, arregaçara a manga da camisa. De bata branca, o poeta via-se ainda mais cafuzo. E eu não imaginara que sua imensa vaidade, de que tanto se falava, se desfizesse no sorriso a acompanhar o entusiasmo com que me ia explicando por que agora não mais fazia sentido escrever-se um soneto. E mostrou-me dois ou três dos seus *Poemas negros*.

Quando voltei ao consultório, Jorge de Lima desculpou-se. Não encontrava em parte alguma — pudera, o consultório era um caos, com pastas, blocos e livros em cima de todos os móveis — o papel com as minhas perguntas. Como não queria ficar em falta comigo, dava-me um artigo inédito, para o nosso jornal. Li-o ali mesmo. Era um belíssimo texto sobre a loucura da poesia, mas — isto calei — não compensava a falta da entrevista. A ameigar a tristeza do malogro, o poeta começou a perguntar por meus versos. Tinha alguns comigo? Não, não tinha. Era tímido demais para levá-los nos bolsos. Ele me olhou, bondosamente irônico. Estava seguro de que eu mentia.

12

Mas eu era, de fato, um tímido. Não me aterrorizavam, e nem sequer me encabulavam, as grandes platéias. Falava com a maior naturalidade para cinqüenta, duzentas ou trezentas pessoas. Recitava em voz alta os meus versos e os dos outros. Adorava uma polêmica, na qual entrava com a violência que me permitia o meu jeito de franzino abusado. Se tinha, porém, de falar com um professor fora da classe, de fazer uma compra, de levar um recado, azonzava-me, de mãos frias e úmidas, e perdia as palavras. Penso que os outros não notavam isso, pois em grupo, ou apenas acompanhado, eu era capaz de todas as audácias. Sozinho, não. Sozinho, tinha pudor de falar alto. E custava-me até chegar com a mão ao telefone.

13

Combinei com o Antônio Carlos Villaça: no sábado, íamos entrevistar Manuel Bandeira. E fomos, os dois, mais o fotógrafo Aldir Vieira.

O poeta morava num pequeno apartamento na avenida Beira-Mar. Saguãozinho, sala, um ou dois quartos e cozinha. Os livros bem cuidados e dispostos com alinho nas estantes. O retrato por Portinari — ou seriam dois retratos? — e, numa das paredes, as pequenas bandeiras do Brasil e do Chile a se cruzarem. O desenho a lápis, fizera-o Pablo Neruda.

Bandeira recebeu-nos, sorridente, de pijama e chinelos: acabara de levantar-se de sua sesta de tísico. E começou a brincar de nos levar a sério. Respondeu a todas as nossas perguntas. Deixou-se fotografar conosco. Escreveu, para o Villaça, "Renúncia", e para mim, "Desencanto". E leu em voz alta, pausada e quase rouca, o que pusera no papel, sem disfarçar a emoção com que nos disse — e senti que era a mim, e a mim somente, que o dizia: "eu faço versos como quem morre..."

Foi coar café para nós. E mostrou-nos livros. E falou-nos de poetas de sua predileção. De Dante. De Antônio Nobre. De Jorge Carrera Andrade. De Juan Jamón Jiménez. E de Cecília Meireles, Carlos Drummond, Dante Milano, Murilo Mendes, Jorge de Lima e Augusto Frederico Schmidt. Demorou-se sobre Mário de Andrade e Ribeiro Couto.

Estava de pijama. Mas dentro do pijama de listras finas e suaves, em cores quase apagadas, víamos um sessentão magro, moreno, sem um fio branco nos cabelos, de um feio bem barbeado e de unhas aparadas, todo ele ordem, elegância e rigor. Não fazia cerimônia conosco, dois rapazolas que o liam com paixão e diziam de cor alguns de seus versos. Mas havia uma certa manha na forma como mantinha a conversa e, por trás das lentes, nos olhava. Como se quisesse mostrar que cada minuto de nossa visita o fazia feliz.

14

Um de meus professores indicou-me *Casa grande & senzala*. Foi um deslumbramento! Lidas dez ou doze páginas, eu voltava ao começo delas e as relia, fascinado. Primeiro, pela vivacidade da prosa, clara, inventiva, musical, cada frase a continuar naturalmente na outra. Segundo, porque o livro virava às avessas o Brasil que eu tinha por certo: o pecado da mestiçagem, por exemplo, tornava-se virtude e vantagem; os trópicos não mais diminuíam o homem; e o negro passava, de coadjuvante, a disputar o papel principal em nossa história. Terceiro, porque nela ganhavam relevo as cousas simples e os atos corriqueiros, como as cadeiras de balanço e as colheres de pau da cozinha, o catar de piolhos e a sesta — e tudo isso tinha enredo e compunha a vida. Quarto, porque o livro não era linear nem dogmático. Desenhava uma situação e a coloria com todo o cuidado, para, logo em seguida, avisar que podia ser diferente a alguns quilômetros de distância ou, no mesmo engenho, poucos anos depois. O patriarcalismo escravocrata era um regime econômico e um sistema social perverso, mas seus atores eram homens e mulheres, adultos e crianças, livres, libertos e escravos, cada qual com suas bondades e defeitos, com os senhores a oscilarem entre a preguiça e o gosto do poder, a generosidade e o sadismo. A maior surpresa me aguardava, porém, na última página do livro: não tinha ele um remate, não concluía. *Casa grande & senzala* nos dizia adeus com uma citação sobre tênias e lombrigas. Como se lhe faltasse o último caderno. Como se ficasse à espera de continuação. Corri, por isso, para *Sobrados e mucambos*. E cresceu o meu entusiasmo.

15

O pai do Villaça tinha um jeito cansado e tenso. Não era um triste; parecia, antes, estar sempre à espera da má notícia. Numa e noutra tarde de sábado, merendava conosco numa sala com pouca luz, e as sombras acentuavam o terroso doentio de seu rosto. Eu o adivinhava capaz de palavras ríspidas, mas nunca as ouvi. Debruçava-se para nós, atento, curioso e paciente, a acompanhar com uma admiração enternecida a voz do filho. Do filho que, aos 16 anos, escrevera um livro sobre o barão do Rio Branco, *Perfil de um estadista da República,* que ele mandara cuidadosamente editar.

D. Dorinha era o oposto do marido. Baixa, gorducha, alvíssima e de faces rosadas, a mãe do Villaça nos envolvia num carinho alado e alegre. Nós lhe ouvíamos o riso e a frase clara, quando subia com o café para o escritório do filho. Pois o Villaça não era apenas o único entre nós com livro publicado; era também o único que tinha um escritório só para ele.

Sobre a mesa cercada de estantes, não faltava jamais um livro aberto, marcado no ponto de interrupção da leitura. Ao lado, o último caderno, dos muitos, do seu diário, onde Villaça mais do que anotava e comentava tudo, revivia com palavras cada hora de seus dias — de dias que eram feitos de leituras. Ninguém se empolgava com um livro de modo mais sonoro do que ele. E para ninguém os livros tinham tamanha importância. Já então era sobretudo pela palavra escrita que a vida chegava àquele rapazola risonho, expansivo e compenetrado, quase sempre de gravata e terno cinza-pérola, a esbanjar ao derredor entusiasmo e alegria.

Eu lhe seguia as frases do diário, sem saber de onde vinha tanta precisão de falar consigo mesmo e de explicar-se. Nele, o rapaz exuberante, que não passava dia sem fazer um novo amigo e parecia desenhar com traço firme o futuro, revelava-se frágil, dúbio, carente, com um olhar triste que, fora de seu espelho particular, ninguém lhe via. Se ali estava ele, a pretender esmiuçar-se, a timidez o tolhia e deixava a meio as perguntas, numa prosa a que dava o ritmo de um caminhar apressado, como se quisesse sair o mais rápido possível da frente de si mesmo e esconder-se.

Villaça era católico, e quase todos os seus amigos, também. Eu talvez fosse o único incréu. Mas um incréu com a peculiaridade de ter entre as suas grandes admirações aqueles escritores que os católicos tinham como nostálgicos da santidade — Péguy, Bloy, Bernanos, Simone Weil —, aqueles que, para usar uma frase desta última, diante da crucificação de Cristo, cometiam o pecado da inveja.

Era sobre a dor dos outros que conversávamos muitas vezes, e Villaça me censurava a inclinação ao angelismo. Não, ele se enganava: eu já me conformara com a imperfeição do homem. E não me punha fora do mundo nem contra o mundo. Inaceitável era ver como, diariamente, face a situações miúdas, me entortava tanto, me amesquinhava e me traía. Tinha vergonha de não ser simples, puro e bom.

16

No fim do ano, nenhuma surpresa: fui reprovado em latim e em matemática. Só passei em francês, graças aos sonetos de meu pai, que a professora Dulcy Olivier Guimarães sabia de cor. E em inglês, porque fazia parte do grupo de jovens a quem o professor Robert Blum — um austríaco de barbicha, foragido do nazismo, que tinha sempre um ou dois *pocket books* na pasta com que vinha às aulas e gostava de mostrá-los e de conversar conosco sobre o que estava lendo — servia de guia, aos domingos, em longos passeios pelas matas da Tijuca.

Esperava a reprovação. Apesar disso, senti-me maltratado. Não sabia por quem nem por quê. Ao sair do colégio, onde fora ver as notas, senti que o sentimento de humilhação, que começara pequenino, crescia e tomava o tamanho e a forma do meu corpo. Doía-me a vergonha. E não tinha como limpar-me de um sujo úmido e gorduroso, contra o qual se colava a camisa.

Não peguei o bonde e fui andando os vários quarteirões que separavam o colégio de casa. Em cada vitrine estava refletido o reprovado. Magrinho, de rosto comprido, os cabelos despenteados, com mais jeito de dez anos que dos quinze que tinha, eu ia inventando as várias maneiras como diria à minha mãe que não passara de ano. Alguém na certa ia magoá-la, ao comentar que o sabe-tudo bem estava precisado daquela lição de modéstia. O que não previ é que ela não teria outra reação exceto a de dizer-me:

— No ano que vem, você passa, pois vai estudar a sério. Você estava adiantado um ou dois anos. Agora, terá colegas da sua idade.

17

A avó chegara, havia pouco, de Fortaleza. A empresa de ônibus intermunicipal em que era sócia do irmão pedira concordata. A guerra não permitira que a frota se renovasse, e os veículos, envelhecidos antes de tempo, iam, vários deles, sendo desmontados, para fornecer peças de reposição. Para este vinha o carburador; para aquele, uma janela; para um outro, o pára-choque. Embora já tivesse acabado a guerra, continuavam as dificuldades, e a menor delas não era a de haverem os modelos saído de linha. O racionamento de petróleo obrigara a conversão das sopas para o gasogênio, e agora era difícil e custoso recondicioná-las a contento.

Com o acumular de prejuízos e o emagrecer das perspectivas, o irmão da avó decidira fechar a empresa. E a avó, apesar de até então ter resistido aos chamados de minha mãe, resolveu vir para junto dela. Mandou encaixotar os móveis e embarcou para o Rio de Janeiro, com a filha solteira, a neta e a mocinha que criava.

18

Ao reiniciar-se o ano escolar, comecei a ter classes particulares de latim com Carlos Haroldo Porto-Carreiro de Miranda. Neto do poeta Carlos Porto-Carreiro, cuja tradução do *Cirano de Bergerac* eu lera e relera, o professor Porto-Carreiro ainda não chegara aos trinta anos. Muito branco e feioso, e sempre a fumar, era exemplo de homem bem-educado e amável, ainda que mestre exigentíssimo. Estudioso e cumpridor, requeria dos seus alunos que fossem como ele.

— Vou partir do princípio de que vocês não sabem nada — avisou-nos, a mim e a Carlos Alcides de Amorim Vasconcelos, o colega que comigo dividia as aulas. Começou, então, a explicar-nos como se organizavam as frases em latim e qual era a função dos casos. Devagarzinho, sabendo que naquela matéria éramos o que éramos, absolutamente ignorantes. Depois, ensinou-nos a decorar a primeira declinação. Da frente para trás, de trás para a frente e de forma salteada. Rapidamente aprendemos a declinar substantivos, adjetivos e pronomes e a conjugar os verbos regulares e irregulares, como ele queria, como se fosse tabuada. Para o professor Porto-Carreiro não havia aprendizado sem memorização.

— Não basta entender — dizia. — É necessário guardar, ainda que para mais tarde esquecer. Se soubermos com precisão e clareza os rudimentos de qualquer matéria, o resto nos chegará naturalmente.

E assim foi. Em três meses, eu estava acompanhando o resto da classe. E, ao entrar no fim do ano, já procurava, com o dicionário ao lado, traduzir Virgílio, de quem escandia, sem maior dificuldade, os hexâmetros.

Ler, sempre que possível, com o dicionário à mão — foi esta outra das lições que aprendi com o meu professor de latim. E a desconfiar das ortodoxias. Ele nos aconselhava a procurar sempre o contrário de cada idéia. Reforçou, assim, em mim, as palavras que repetia a minha avó:

— Se todo o mundo está dizendo a mesma coisa, deve estar errado.

Contraditoriamente, quem pregava a dúvida sistemática e tinha a convicção da fecundidade das heresias vinha para as aulas no colégio com a *Classe operária* e a *Tribuna popular* debaixo do braço e, na análise dos fatos contemporâneos, não se afastava uma vogal do que se imprimia nos dois jornais do Partido Comunista. Para ele, ainda que não procurasse nos convencer disto — tinha um enorme respeito pelo que pensavam os outros —, Trotsky se vendera, os julgamentos de Moscou tinham sido os mais justos a que jamais se assistira, em nenhum outro país havia tão ampla liberdade de pensamento quanto na União Soviética, Lysenko havia feito com que se engavetasse a genética mendeliana, e Stálin era um grande lingüista.

O professor Porto-Carreiro ensinou-me a estudar. Com disciplina, constância, método e alegria. Um de meus grandes divertimentos passou a ser perseguir um assunto até onde pudessem as minhas pernas. E virá-lo, quando o conseguia, pelo avesso.

Não demorou para que me tornasse um bom aluno de matemática. Olhei cuidadosamente para trás e fui aprendendo o que não sabia: como fazer uma raiz quadrada, resolver uma equação do primeiro grau e desenvolver o teorema de Pitágoras. Segui o modo de proceder aconselhado pelo professor Porto-Carreiro, mas tive, além disso, a sorte de contar, nesse e no ano seguinte, com uma professora que explicava matemática e física com nitidez e graça, Dora Waga.

Devo também a Porto-Carreiro várias recomendações de leituras. A de *Evolução política do Brasil*, de Caio Prado Júnior, por exemplo. Li esse livro apaixonadamente. Pela primeira vez, encontrava, como personagens de nossa história, as massas de escravos e semi-escravos, de pobres, explorados e empobrecidos e, pela primeira vez, acompanhava as rebeliões da gentalha, dos cabanos e dos balaios, e compreendia de forma distinta os praieiros e os farroupilhas. O livro de Caio Prado punha-me numa varanda de onde eu imaginava poder ver o desenrolar de uma história do mundo sem individualidades, heróis e vilões, a mover-se pelo jogo dos interesses econômicos e das oposições e confluências de classes, etnias, gerações, culturas, religiões e idéias.

— Cuidado! — advertiu-me o professor Passos, um rapaz magro e espichado que nos dava aulas de história. — Se Napoleão tivesse outro temperamento, outras qualidades e outros defeitos, a Europa dos séculos XIX e XX teria sido muito diferente. Não tire da história os homens de carne e osso, com suas iluminações e pecados. Não se esqueça de que classes, etnias e gerações são compostas por pessoas.

E José Joaquim da Fonseca Passos rematou:

— Tampouco menospreze o acaso e os chamados atos de Deus. O curso dos acontecimentos pode ser inteiramente alterado por uma epidemia de peste ou de varíola, por um terremoto ou por uma tempestade que desbarata uma esquadra que se pensava invencível.

19

Eu ia ao cinema todos os dias, exceto aos domingos, quando ficava em casa, a ler os suplementos literários dos jornais.

Passara a levantar-me às cinco da manhã. Acordava naturalmente, sem necessidade de despertador. Arrumava-me, preparava as lições e, às sete e meia, seguia para o colégio. À tarde, ia sempre ao cinema, de livro debaixo do braço, para continuar, na fila da bilheteria ou na sala de espera, a leitura interrompida. E dormia por volta das oito e meia da noite.

Durante quatro anos, não perdi um só filme novo e freqüentei os cineclubes, para ver os antigos. Saía das salas alagado de emoção, a remoer as cenas de *Aurora*, de Murnau, de *M*, de Fritz Lang, de *O sétimo céu*, de *O couraçado Potemkin*, de Eisenstein, de *A paixão de Joana d'Arc*, de Dreyer, de *As vinhas da ira* e *Como era verde o meu vale*, de John Ford, de *Cidadão Kane*, de Orson Welles, de *Do mundo nada se leva* e *A felicidade não se compra*, de Frank Capra, e de *Os visitantes da noite*, de Marcel Carné. Tinha especial predileção pelos peneplanos e céus enormes dos *westerns*, a ressaltarem a solidão do mocinho que, entre ingênuo e tímido, venceria, no último momento e com a última bala do revólver, um bandido a cuja maldade não faltava algumas vezes o fascínio da beleza.

Gostava imensamente de Buster Keaton e não desprezava Harold Lloyd. Mas não tinha paciência com Carlitos e muito menos com filmes lacrimosos como *Luzes da cidade*, em que tudo me parecia fácil, palavroso, apesar de mudo, e falso. Saí de *Em busca do ouro* quase a querer reconciliar-me com Chaplin — afinal, era uma grande cena aquela em que Carlitos abre o sapato como se fosse um peixe —, mas não encontrava jeito de achar nele quem merecesse os belos versos que lhe escrevera Carlos Drummond de Andrade. Devia ser eu o insensível.

20

Era inútil. Se, no bonde, nos sentávamos num lugar vazio, eu e meus colegas o cedíamos, dois ou três pontos depois, a uma senhora idosa ou a uma jovem carregada de embrulhos ou com uma criança pela mão. Passamos, por isso, a viajar no estribo, desde a porta do colégio até a parada de casa.

Ainda que o veículo em movimento nos despenteasse os cabelos e enfunasse o paletó, aquela falsa aragem nos repousava do calor. No estribo, em vez de olhar para dentro do bonde, tínhamos para nós a rua, ou, melhor, as calçadas, as portas das lojas, os jardins com altas palmeiras a emoldurarem casarões com janelas encortinadas. O bonde passava rápido pelas pessoas, mas eu lhes ia guardando o rosto, o jeito de andar e, às vezes, um pedaço do que diziam em voz mais alta do que baixa. Era esta a minha aventura secreta: imaginar, do alto do estribo, de onde vinham e aonde iam, e o que faziam, e quem eram.

Na parada em frente à sede feminina do colégio, esta menina cochichava ao ouvido de uma outra, que ria. Aquela — linda! — com as mãos espalmadas abria para os lados os cabelos. Três ou quatro encostavam-se ao muro, abraçadas. Outras se afastavam, em grupos, rua afora. Umas estavam de farda; as demais uniformizava a moda: usavam uma saia escura e rodada que se estendia até os tornozelos, com a cintura acentuada por um cinto elástico, uma blusa clara, de mangas curtas, que as moças dobravam para que ficassem ainda mais curtas, e um lenço estreito amarrado ao pescoço. Pareciam todas vestidas com a mesma roupa e calçadas com os mesmos sapatos, que eram antes sapatilhas, flexíveis e sem salto. No entanto, não havia duas que estivessem inteiramente iguais: a morena tirara os botões de duas casas, para ampliar o decote e exibir o nascimento dos seios; a sardenta, de gola levantada, usava uma escrava grossa no antebraço; a mulata tinha um lenço amarrado na cabeça; a alourada mostrava o colo cheio de colares.

A nenhuma, do alto do estribo do bonde, eu via feia. Mal lograva, apesar do sol do meio-dia, fixar-me numa das mocinhas, o condutor puxava o sinal de partida, e lá se ia o bonde, não me dando tempo para notar o leve prognatismo desta, nem, naquela, o nariz maior do que pedia o rosto. Ficava, às vezes, a lembrança de um sorriso, que nunca se endereçava ao rapazola franzino, que era a parte externa de mim.

Estava, porém, acostumado ao mimo de minhas colegas de classe, que me tinham como uma espécie de mascote. Especialmente afetuosas quando me sabiam com enxaqueca, não faltava a que viesse, nesses dias dolorosos, ameigar-me os cabelos. Havia uma exceção: a moça que sentava, na classe, à minha direita, esquiva a essas expansões de carinho. Era de uma beleza doce e alegre — matutina. E não me tratava como um menino.

No fim do ano, decidi fazer um jornalzinho mimeografado, que seria remetido pelo correio a toda a turma, a fim de que não perdêssemos contacto durante as férias. No fundo da alma, o que buscava era arranjar um jeito de não ser esquecido, no correr dos três meses de ausência, por minha companheira de banco.

O jornalzinho saiu durante algum tempo, mas se mostrou desnecessário. Não se passara uma semana sem aulas, e minha mãe chamou-me ao telefone:

— É para você. Lúcia Teresa.

Entrei em angústia. O que lhe diria? Que tinha saudade de nossas conversas nos intervalos das aulas? Mas ao pôr no ouvido o aparelho, tranqüilizei-me. Tudo se deu como estivéssemos retomando um assunto que ficara a meio. E, na despedida, ela intimou-me:

— Você, me telefone amanhã, à mesma hora.

E à mesma hora, entre 10h30 e 11 da manhã, nós nos falamos todos os dias, durante as férias.

21

Ao abrir uma caixa de livros de meu pai, guardada havia muitos anos em casa de um amigo, dei com os 16 volumes das *Mil noites e uma noite*, na versão de J.-C. Mardrus, traduzida para o castelhano por Vicente Blasco Ibañez. Desde as primeiras páginas, o livro ficou preso em minhas mãos. Fascinou-me aquela Bagdá que eu sabia mitificada, mas não escondia a Bagdá dos abácidas, nem o calor da Arábia, nem as velas que saíam do golfo Pérsico e do mar Vermelho e ganhavam o Índico.

Naqueles 16 volumes havia de tudo: longas histórias e pequeninas fábulas, drama e comédia, invenção e paródia, erotismo e humor. Parecia inesgotável a tulha da imaginação. Até quando um enredo se repetia, as personagens eram diferentes e faziam do que podia ser a mesma uma outra história. No meio desta, não era raro que se começasse a desenvolver uma segunda trama e que, por sua vez, dela surgisse uma terceira, como caixas que se fossem abrindo uma dentro da outra. E, como se abriam, fechavam-se, sem se chegar a sentir a interrupção da primeira história. Os cortes davam-se no fim de cada uma das noites de Sherazade com o rei — a cada noite correspondia um capítulo na versão de Mardrus —, a história suspensa no auge de uma ação ou prestes a resolver-se.

É certo que a prosa de Mardrus era, em alguns trechos, excessivamente colorida e perfumada, como se os tivesse escrito tendo sobre sua mão a de sua mulher. O grande orientalista era casado com a poetisa Lucie Delarue-Mardrus, que costumava dizer que "falava bizarro como os outros falam francês". Soube disso, na época, pela antologia de Ad Van Bever e Paul Léautaud, *Poètes d'aujourd'hui*, que vivia folheando, apesar de meu francês rombudo. Mas o excesso de bizarria e fausto de linguagem, neste ou naquele parágrafo de Mardrus, não diminuíam o encantamento das fabulações dos árabes ou dos persas. Talvez até o aumentassem, ajudando não só a contrastar o maravilhoso com o quotidiano, os trajes do califa com os farrapos dos mendigos, mas também a aproximar o cavalo com asas da roda do poteiro.

Jamais encontrei depois, na literatura, mulheres de sensualidade tão forte quanto as das *Mil noites e uma noite*, nem nas quais se espelhasse com tanta nitidez o próprio esplendor da vida. Tinham os árabes, pensei eu, sobrados motivos para trazê-las veladas.

22

Na mesma caixa que meu pai deixara na casa de um amigo, encontrei um livro de capa cinzenta, intitulado *El camino de Swann*, a tradução de Pedro Salinas da primeira parte de *A la recherche du temps perdu*. Foi um novo encantamento. Mas um encantamento diferente.

Eu voava sobre as páginas das *Mil noites e uma noite*; pelas de Proust, tinha de caminhar devagar. Aquelas eram comandadas pela inventiva e pelo mito; nessas, a memória conduzia a imaginação. Se Proust nos mostrava como uma lembrança podia acender-se num átimo, inesperadamente, tinha ela depois de ser desenrolada com paciência, para repor cada objeto no cenário de um outro tempo e recuperar semblantes, gestos, vozes e ações. E isso ele fazia sem pressa, em períodos que pareciam intermináveis e em parágrafos que às vezes se alongavam por mais de uma página. Não demorei a perceber que não caminhava por elas, mas, sim, dançava. Uma dança lenta, mas dança.

No livro do dr. Mardrus, até as noites eram claras. Não havia recinto que não desse para um pátio luminoso. No de Proust, a minha primeira impressão foi a de estar sempre na penumbra de uma sala fechada. De súbito, ele abria uma janela e deixava a luz incidir lateralmente sobre as pessoas ou sobre as coisas, antes de desvesti-las das aparências, para que as pudéssemos olhar por dentro.

Já andava avançado na leitura, quando comecei a perceber que em Proust também havia jardins ensolarados e que sua prosa nem sempre se desenvolvia em largo ou adágio, mas muitas vezes em andante, alegro e *scherzo*. O que nele mais me apaixonava era como sabia ver retrospectivamente e descrever o que vira, fosse a matriz de Combray, um quadro de Vermeer, o vestido de uma mulher ou uma xícara sobre a mesa. E o que mais me assombrava era como conduzia os seus diálogos, cada personagem a falar com sua entonação própria, os seus tiques e o seu vocabulário pessoal.

Se isso se mostrava numa tradução, embora feita por um grande poeta, como não seria no original? Zanguei-me comigo mesmo porque, por preguiça e desmazelo, não avançava no meu francês.

23

Um pouco antes das nove horas da manhã, eu estava a caminho do consultório de meu irmão Mário, quando, no ponto de bonde que ficava entre a calçada do Passeio Público e o calçadão do Senado, vi descer do veículo um senhor parecidíssimo com o presidente Dutra. Era ele, não tive mais dúvida, ao verificar que estava acompanhado por seu secretário, meu conhecido das fotos de jornais, Carlos Roberto de Aguiar Moreira.

Belisquei-me. Eu devia estar sonhando. Não era possível que o presidente da República viesse do Palácio do Catete para a Cidade de bonde e sem a companhia de um só agente de segurança. Se este o seguia, era com uma discrição tão perfeita que ninguém lhe notava a presença.

Dutra e Aguiar Moreira atravessaram a avenida Rio Branco e entraram num barbeiro que havia na rua de Santa Luzia e que — cousa rara na época — tinha ar-condicionado. Durante a caminhada, três ou quatro pessoas cumprimentaram o presidente, que lhes respondeu com um aceno de cabeça. Ninguém se aproximou dele.

24

Havia algum tempo que nosso professor de português era Arnaldo Belucci.

Belucci, autor de várias gramáticas para diferentes séries do curso secundário, era um homem acomodado ao que sabia e sem maiores inquietações intelectuais. Calmo ou talvez, melhor, contido, tinha a devoção de Machado de Assis e nos fez, a uns, ler, e aos outros, reler toda a obra a partir de *Memórias póstumas de Brás Cubas*. Ler e reler devagarzinho, linha a linha, a observar e sentir como Machado aproximava ardilosamente as palavras para lhes mudar o significado, o peso e a consistência ou para com elas ensombrear este canto de frase ou pôr luz sobre aquele outro.

— Prestem atenção — dizia-nos — em como ele insinua com disfarces o essencial, em como há uma ternura piedosa no seu esfolar da criatura humana.

Para mim, o pessimista tinha o pudor das evidências, preferia as aproximações oblíquas, o jogo das ambigüidades, os sinônimos discretos do egoísmo. Arrisquei isso na aula e soube, ao dele ganhar um sorriso, que meu professor acompanhava na timidez o seu autor favorito.

Era todo o contrário quem o substituiu, quando ele teve de afastar-se por uns dois meses, por causa, creio, de um concurso público. O novo professor dava as aulas aos gritos, cheio de certezas. Mas lhe devo um momento de assombro e duas grandes revelações.

Ele falava sobre os bestialógicos. E, como exemplo do que tinha por sem sentido e disparatado, escreveu no quadro-negro estes versos:

Eu não sou eu nem sou o outro,
Sou qualquer coisa de intermédio:
Pilar da ponte do tédio
Que vai de mim para o Outro.

Passou-me pela alma a certeza da grande poesia. Se havia grande poesia, era em versos como aqueles. E perguntei, quase com medo, qual era o nome do poeta.

— Poeta? Um imbecil... deixe-me ver como se chama... Mário de Sá-Carneiro. Creio que é português.

À tarde, tomei um bonde e fui à rua Gonçalves Dias, onde ficava a Livros de Portugal. Atendeu-me um senhor moreno, calvo e amabilíssimo. Não, não tinha as *Poesias* de Mário de Sá-Carneiro. Tinha, porém, um livro de um grande amigo daquele poeta e também poeta, e grande poeta, Fernando Pessoa. Eu já o havia lido?

Saí da loja com a edição da Ática das *Poesias* de Fernando Pessoa ele mesmo, preparada por João Gaspar Simões e Luís de Montalvor. E fiquei amigo do senhor moreno, calvo e amabilíssimo, que se chamava Antônio Pedro Martins Rodrigues.

25

Às vezes, eu acordava no meio da noite e ia até a janela, com vontade de chorar. Tomava-me um sentimento de orfandade no vazio e a sensação de que, se me rodeasse de beleza, tudo ressecaria em seguida, pois a nossa viagem era dolorosamente inútil, um simples ofego entre o escuro e o escuro.

— Ainda bem que vou morrer cedo — murmurava para mim mesmo. E isto confiava a Lúcia Teresa, enquanto subíamos a rua, até um ponto de bonde distante do colégio, onde ficávamos a conversar.

— Você vai ver os seus netos — retorquia ela, rindo. E rir era a sua maneira de acariciar-me os cabelos.

Talvez eu não quisesse saber que tinha medo da morte. Tinha, porém, remorso da alegria, como se minha fosse a obrigação de ser triste. E triste me recordava, desde pequenino. Apesar dos passarinhos. Ou também por causa deles, estripados na relva. E, se olhava ao derredor, não via mais que tristeza.

Ali estava o meu pai, cada dia mais ausente de si mesmo. Ali estava a minha mãe, a nos rezar de manhãzinha o desamparo de sua estranha viuvez. Ali estava a minha avó, sempre de negro, embora o marido tivesse falecido havia quinze anos. Eu olhava para a d. Aroca e via todos os meus mortos. Ou, melhor, os nossos mortos. Como se no seu corpo estivessem sepultados o meu avô, a minha bisavó, a minha tia. Cada gesto seu trazia para o presente o que para sempre se fora. Ao sentar-se numa cadeira de balanço, era como se estivesse recostada em outras, mais antigas, que deixara em Viçosa, Camocim, Manaus e Fortaleza.

Sombra de sombras — assim eu a via e me via no espelho. E reclamava da fugacidade das cousas com o mesmo fervor com que não queria que durassem. Um dia que se findava era uma paisagem destruída, mas transmitia ao dia seguinte a sua crueldade. Pois o mundo era impiedoso, como provavam as pessoas rotas, encardidas, mal-ajambradas, que estavam a passar na rua.

26

Havia na classe dois grupos: os amigos dos livros e as amigas da música, e um transmitia ao outro as suas descobertas.

As meninas ocupavam a primeira fila de carteiras e parte da segunda; os rapazes, o resto da sala. O Aloysio Araújo de Vasconcellos, então o meu melhor amigo, sentava-se à minha esquerda e, ao lado dele, o seu primo, Mário Miraglia de Araújo; à minha direita, estavam a Lúcia Teresa Xavier Gomes e a Mary de Andrade Figueira; e, nos bancos de trás, o Romeu Jobim, o Demílson Dutra, o Renato Jobim, o Augusto Thompson e o Carlos Alcides de Amorim Vasconcellos.

Numa segunda-feira, um dos colegas, alvoroçado, fazia correr de mão em mão um voluminho de Thomas Mann, *As cabeças trocadas*. Na terça, um outro nos chamava a atenção para um sujeito chamado Kafka, de quem lera um relato espantoso sobre a construção da grande muralha da China, e ficava decepcionado ao saber que dois ou três dentre nós já conheciam *A metamorfose*, *O processo* e *O castelo*. Na quarta, uma das amigas da música, depois de elogiar o Chopin de Brailovskij, que ouvira num recital na véspera, nos dava a ler, numa tradução datilografada, vários dos diálogos de *Calígula*, de Camus. Na quinta, era a minha vez de mostrar dois poemas de Bueno de Rivera, que recortara de um jornal. E no dia seguinte, alguém perguntava se tínhamos prestado atenção a um artigo de Otto Maria Carpeaux, publicado havia mais de um ano, sobre Rilke e a tradução que Manuel Bandeira fizera de "O torso arcaico de Apolo". Como resposta, uma semana depois, aparecia, nas mãos de um colega, uma coleção encadernada do ano de 1942 ou 1943 de *Autores e livros,* com a versão de Vinicius de Moraes da *Primeira elegia de Duíno.*

Éramos vorazes. E estávamos convencidos de que corríamos à frente dos professores, ainda que alguns destes, mal saídos dos vinte anos, mostrassem curiosidade igual à nossa.

As meninas — a Ana Luísa Keidel, a Catarina Duarte Gomes, a Cecília Fernandez Conde, a Dina Garbati, a Therezinha San Thiago, a Maria Isabel Bacelar e a Mary de Andrade Figueira — não perdiam um só dos Concertos para a Juventude, aos domingos, no Teatro Municipal. E nos revelaram que havia duas estações de rádio que só tocavam música clássica. Passei a ouvi-las, para não ficar fora das conversas. Mas tinha o ouvido duro: era quase mouco.

Num domingo, lá fui eu ao Municipal. Fiquei encantado com o espetáculo da orquestra — tocavam Dvorak —, mas o sortilégio se rasgou, quando irromperam os aplausos. O fim da música merecia o silêncio e não aquela reação circense, com bestalhões a gritarem "bravô". As meninas não estranharam minha reação: estavam acostumadas com as minhas ranzinzices e os meus desaforos.

Sim — reagi aos argumentos de uma delas —, havia formas de arte que pediam recolhimento e solidão e outras que eram melhor recebidas coletivamente, como a dança, o teatro e a música, mas as palmas e a vozearia as envileciam.

Só quase um ano depois, as minhas ouças começaram a abrir-se. Quando do rádio se alçou o coro inicial de "Glória", da *Missa em si menor* de Bach, eu compreendi, de súbito, o que era a alegria. E essa sensação de que era possível a felicidade alongou-se, mais adiante, no "*Gratias agimus*".

Passei a ouvir música atentamente, ainda que dela não tivesse a inteligência, e a lamentar não haver tomado lições de piano, como, em certo momento, quis a minha avó. Pois ouvia uma sonata como quem lê um soneto petrarquiano sem saber como devem idealmente desenvolver-se os quatorze versos.

27

Poucas vezes um fato político foi recebido com tamanho entusiasmo: tinham terminado os quase dois mil anos de exílio forçado dos judeus. Criara-se o Estado de Israel, em parte das terras de onde haviam sido expulsos. A imprensa, quase unanimemente, elogiava a decisão da ONU de dividir a Palestina e fustigava os países árabes que haviam invadido a parte destinada aos judeus. Os mais veementes eram o matutino e o semanário comunistas. Num dos jornais conservadores saíram as ponderações de Arnold Toynbee em defesa dos direitos árabes. E em outro argumentou-se que o Estado judeu era uma cunha da União Soviética no Oriente Médio. Nos demais, apresentava-se o sionismo como um movimento sem precedentes na história, que tivera êxito em devolver a um povo a terra a que sempre aspirara regressar. Não era esta, "ano que vem, em Jerusalém", a prece mais repetida pelos judeus ao longo de dois milênios? Um Estado de Israel imaginativo, moderno e democrático poderia ser um exemplo e desafio para os árabes, que se esforçariam para sair do imobilismo em que se encontravam desde o século XVI.

Acompanhamos com paixão a guerra entre árabes e judeus. Com paixão, mas sem maiores discussões, porque até mesmo colegas que eram filhos ou netos de sírios e libaneses julgavam ser a partilha a única solução possível, uma vez que os muçulmanos, diziam eles, jamais aceitariam um estado laico, no qual não se aplicasse a lei islâmica.

— Minha família saiu da Síria porque se cansou das humilhações e vexames a que estava submetida, por ser cristã. A minha avó me conta que a insultavam se, ao sair de casa, estivesse de cabeça descoberta e sem usar uma bata grossa a cobrir-lhe o corpo até os pés.

Aqueles que não tinham absorvido memórias ressentidas calavam-se. Ou arriscavam com cuidado uma ou outra frase sobre a injustiça que estavam sofrendo os árabes palestinos, que não tinham culpa pelos padecimentos, ao longo de vinte séculos, do povo judeu. Mas logo alguém lembrava que o líder histórico dos palestinos, Muhammed Amin al-Husaini, era aquele mesmo mufti de Jerusalém que apoiara os nazistas e que mais de uma vez aparecera, a assistir a desfiles de tropas alemãs, ao lado de Hitler.

O que a todos indignava, e a mim amargurava, era a ferocidade com que árabes e judeus se guerreavam. Sucediam-se os atos de terrorismo, os assassinatos e os massacres. Limpavam-se de gente aldeias inteiras. E os refugiados enchiam as estradas. A violência, com a qual não me acostumara durante os anos da Grande Guerra, continuava a maltratar-me a alma. E a mim me parecia que a cada um dos dois lados sobravam e faltavam razões para reivindicar a Terra Santa.

Algo ainda mais terrível se estava, entretanto, a passar no subcontinente indiano, que, com a saída dos ingleses, se repartira em dois estados hostis: um laico, a União Indiana, onde predominavam os hindus, e um outro, islâmico, o Paquistão. Cerca de 10 milhões de pessoas abandonavam suas casas ou delas eram expulsas, em meio a incêndios, explosões e matanças. Não faltavam sequer ataques com bombas a trens, que, repletos, com gente a viajar até no teto, levavam islamitas para o Paquistão ou hindus para fora das áreas muçulmanas.

28

— Fui amigo de seu pai. E ele foi também amigo do meu, Silveira Neto. Somos, os dois, filhos de poetas.

Com essas palavras Tasso da Silva abraçou-me, quando soube quem eu era. De cabelos grisalhos a acentuarem a tez morena, e sempre de óculos de lentes negras e fechados ao lado, o velho mestre, quase cego, caminhava cuidadosamente pelos corredores do colégio. Não nos dava aulas, mas aos alunos de letras da Faculdade de Filosofia, que funcionava à noite no mesmo prédio. Era um nostálgico do integralismo, porém até mesmo os professores comunistas o respeitavam e queriam. Eu costumava acompanhar os seus artigos curtos, publicados semanalmente, sob o título geral de "Fundo e forma", no suplemento *Letras e Artes* de *A Manhã*. E havia lido e relido os seus poemas em dois ou três livros que pertenciam a meu pai.

Tasso da Silveira era um homem suave e gentil. As moças o adoravam e havia sempre uma a acompanhá-lo, não fosse ele esbarrar num móvel ou tentar descer sozinho as escadas. Se a cegueira o angustiava, disso não dava mostras. No seu rosto longo só se via a serenidade.

29

Foi numa tarde como outra qualquer que minha tia Lucimar anunciou em voz alta que estava vendo anjos. E que as plumas de suas asas não eram brancas, mas multicoloridas. E que usavam na cabeça uma coroa de fogo. E que reclamavam obediência.

Os anjos lhe falavam, e ela nos repetia as suas palavras — palavras numa língua que não conhecíamos. Zangou-se, aos gritos, conosco, porque não contestávamos ao que eles perguntavam, e fingíamos, podres pecadores, que não os entendíamos. Só ela era pura e sem mentira, e por isso os anjos lhe davam a mão e lhe falavam.

Tia Mar, como os sobrinhos lhe chamávamos, era a irmã mais nova de minha mãe. Com duas irmãs que eram mais do que bonitas, disfarçava a feiúra com a alegria. Parecia sempre feliz, a esparramar felicidade. Amava a sua independência de jovem solteira que trabalhava fora, e pouco se importava que a tivessem por namoradeira. Conosco, os sobrinhos, era doce e divertida. Tinha sempre uma novidade para contar e se demorava a conversar conosco.

Voltara havia pouco de férias em Fortaleza e Viçosa, e seu regresso fora anunciado em carta de um tio-avô, na qual este se mostrava inquieto com o comportamento da sobrinha. Minha avó tomou a preocupação por provincianismo — o velhote não entendia as moças modernas — e não pensou mais no assunto. Agora ela estava ali a anunciar-nos, à minha mãe, às minhas irmãs e a mim, a aparição de anjos, que nos olhavam ferozes, mas a ela lhe sorriam.

Quando o médico, chamado por minha mãe, chegou, tia Mar estava apática, a olhar para o nunca mais. Minha avó, que viera de casa numa carreira, deixou que o pranto dela transbordasse, mal soube que se suspeitava de que a filha estivesse louca.

Na manhã seguinte, levaram minha tia para uma casa de saúde, a fim de ser melhor observada.

Nunca mais a vi.

30

Da porta da livraria José Olympio não era incomum que se avistasse, no fundo da loja, José Lins do Rego, Graciliano Ramos ou Gastão Cruls a conversar com um grupo de amigos. Não era essa tertúlia o que me interessava, mas um balcão logo à entrada, junto à caixa, onde se exibiam as revistas literárias. Era para comprá-las que ia à rua do Ouvidor. Ali descobri *Nordeste, Joaquim, Orfeu, Região, Edifício, Clã, Quixote, Revista Brasileira de Poesia, Cadernos da Bahia* e os jovens que nelas escreviam e que escreviam o que gostaria de escrever. Por que não era eu o autor de "Eucaris, a de olhos doces", de Dalton Trevisan? Ou daquele poema "Rimbaud na oficina", de Glauco Flores de Sá Brito? Graciliano — isto eu sabia — tinha uma escrita mais que perfeita, porém *Angústia* não me emocionara. Já Breno Accioly, que tantas vezes capengava, vinha para perto de mim e eu lhe repetia as palavras, comovido.

Eu queria aprender com os que considerava da minha geração, ainda que fossem entre quinze e cinco anos mais velhos. Começava com eles. Com as mesmas preocupações: o retorno às formas fixas, a prevalência do símbolo, a fidelidade a uma tradição que vinha desde os Cancioneiros. Em matéria de mestres, primeiro Camões, segundo Camões e terceiro Camões. De todos os poetas jovens, quem mais me fascinava era Darcy Damasceno, sereno, rigoroso e ensolarado. Decorei "As nuvens", de João Cabral de Melo Neto, e me espantaram, nos trechos de *Psicologia da composição* que pude ler nas revistas e nos jornais, a linguagem concisa, exata e nítida, a mestria dos *rejets* e a música personalíssima, a valorizar a dissonância. Como ele, eu não conseguia então escrever sonetos, e o soneto, do qual jamais se apartara Manuel Bandeira, tinha voltado à voga, graças sobretudo a Vinicius de Moraes, Alphonsus de Guimaraens Filho e Lêdo Ivo.

Era um tempo de revistas literárias, e sonhamos também com a nossa. Fui a gráficas levantar orçamentos. E comecei a reunir matéria para o primeiro número. O Luiz Octavio Gallotti compôs um artigo sobre as personagens do *Sítio do Picapau Amarelo* e entrevistou Octavio de Faria; o Carlos Alcides de Amorim Vasconcellos escreveu sobre as *Greguerías* de Ramón Gómez de la Serna; o Antônio Carlos Villaça, o Romeu Jobim, o João Batista da Costa, o Octavio Bonfim e o Renato Jobim entregaram os seus textos; e Jorge de Lima nos prestigiou com duas páginas e meia de prosa. Era pouco.

Numa tarde, fui à José Olympio e lá encontrei o primeiro número da *Revista Branca*. Nunca tinha posto os olhos sobre o nome de um só de seus colaboradores. Isso me animou: remeti para ela, pelo correio, juntamente com um de meus poemas, todo o material que recolhera para a nossa revista. Três ou quatro dias depois, telefonou-me o seu diretor, Saldanha da Gama (que alguns meses mais tarde mudaria o nome literário para Saldanha

Coelho). Marcamos um encontro, na calçada do Ministério da Educação, embaixo do "Prometeu" de Lipchitz.

Saldanha estava acompanhado por Bráulio do Nascimento. E ambos ficaram surpresos quando deram com um rapazola imberbe que mais parecia um menino. Saímos conversando pela rua até um café próximo. E, ao nos despedirmos, ficou assentado que passaria a colaborar na revista. No terceiro número — o segundo já estava no prelo — sairia o poema que lhes enviara, um poema atroz, que, no meu julgamento de dois anos depois, nem os meus 17 anos perdoavam.

Saldanha estava feito de energia, audácia, entusiasmo. Bráulio, de colarinho impecável e nó de gravata bem dado, era discreto e cauto. Um escrevia contos; o outro, crítica literária. Passadas umas três semanas, eu viria a conhecer os demais membros da revista: Francisco da Rocha Filho, Haroldo Bruno, Linneo Sellos e Nataniel Dantas.

Eu os via pouco. Arisco, não fazia vida de grupo. De três em três semanas, porém, dava um salto até o setor de publicidade do Ipase, o Instituto de Previdência e Assistência dos Servidores do Estado, onde trabalhava o Saldanha, e, como costumava telefonar-lhe antes, não era raro que ali encontrasse o Bráulio. De nossas conversas participava algumas vezes, simpaticíssimo, o Jayme Adour da Câmara, autor de um livro famoso que pouquíssimos haviam lido, *Oropa, França e Bahia*, e do qual eu conhecia boa parte, que aparecera numa revista do fim dos anos 1920 e início dos 1930, chamada *Feira literária*. Outro que se aproximava era o Evaldo Coutinho, pálido e contido, cujo principal assunto era a estética do cinema. Por dono da conversa tinha-se, apesar de não ser loquaz, mas calmo e pausado, o Willy Lewin, que sempre parecia ter recebido na véspera o último livro editado em Londres ou Nova York. Em Londres ou Nova York, porque conhecia como ninguém as literaturas de língua inglesa e sobre os seus autores contemporâneos publicava pequenos artigos marcados pela precisão, a sensibilidade e a clareza.

Se houvesse um prêmio ao melhor leitor, creio que o daria ao Willy Lewin. Com o voto do João Cabral de Melo Neto, que confessava deverlhe muito. O Willy não era somente um homem de cultura perfeito; era também um amigo generoso. Tinha ciúme de seus livros, mas, apesar disso, emprestou-me os *Poemas, sonetos e baladas*, de Vinicius de Moraes, e *Psicologia da composição com a fábula de Anfion e Antiode*, edições de poucos exemplares e fora do comércio. Numa foto — era excelente retratista — ele guardou toda a melancolia de minha adolescência.

31

Fui passar as férias de fim de ano em Fortaleza.

Na véspera de tomar o navio, minha mãe encheu-me de conselhos sobre como evitar e minorar os enjôos, mas não tive necessidade de pô-los em prática, porque não só não experimentei a menor das tonturas, como, durante as duas semanas que durou a viagem, fiquei sem uma só ameaça de enxaqueca. Minto; numa certa manhã, incomodaram-me o calor e a luminosidade, e latejou-me, por alguns minutos, um dos lados da testa. Mas estávamos em terra, em Natal, onde o vapor fazia escala. De parada em parada, ao longo do litoral, pude passear por Vitória, Salvador, Maceió, Recife e, a partir de Cabedelo, João Pessoa.

No barco, sentia-me inteiramente limpo de dores de cabeça. Por mais intenso que fosse o sol e abrisse lanhos alvos e brilhantes nas águas, este cintilar não me causava incômodo, quando, debruçado na amurada, a receber a brisa marinha, eu observava mover-se, sob a ilusão das escamas, a carne negra do mar, ou acompanhava, feliz, os saltos de um cardume de peixes voadores na esteira do navio.

Curioso: eu tinha horror a praia, cuja luminosidade me feria fundo os olhos, mas ali, em pleno mar, até o clarão do sol não me afetava. De quem viria o meu sangue marinheiro? Porque o mar, sem dúvida alguma, me fazia bem. E a terra, não. E tanto era assim que, no dia seguinte ao da chegada a Fortaleza, fui atacado por uma forte enxaqueca.

Tia Benilda, casada com meu tio-avô Francisco Fontenelle e em cuja casa me hospedava, sofria do mesmo mal. Armou para mim uma rede numa alcova sombria, deu-me um analgésico que costumava usar e pôs em minha testa uma pequena toalha úmida. O melhor remédio foi, contudo, a própria rede. Há tempos eu não dormia numa, e esta me amoleceu de contentamento. O corpo na rede como se abraçava a si próprio. Pus um pé no chão; embalei-me levemente. Sonhei que dormia, sem pesadelos.

32

Havia cinco anos, um menino saíra de Fortaleza. Era um rapazola de 17 quem agora regressava, a se perguntar o quanto dele ficara naquela cidade. Desceu a rua, receoso, até a sua velha casa. O número era o mesmo, porém o muro que cercava o jardim havia sido derrubado e, em vez das palmeirinhas, do pé de mimo-de-vênus, das roseiras e do jasmineiro, havia um pátio cimentado, que servia de estacionamento para automóveis. A casa tornara-se uma clínica dentária. E, ao redor, quase tudo mudara. Onde havia chácaras, vacarias e terrenos baldios, viam-se casas, quitandas e pequenas lojas.

Ainda bem que fui ver de dia o meu pedaço de rua. À noite, a decepção teria sido ainda maior, porque seriam outros os rumores e os cheiros daquele quarteirão onde passara a minha infância e que me voltava à memória com um odor noturno de jasmim e o som de vozes a se misturarem ao cantar das rãs e dos grilos. O calor poeirento daquele fim de manhã é que era o mesmo.

E ficava ali, onde se erguia um pequeno prédio cinzento, a cancha onde jogávamos cabiçulinha. E continuava pintada de branco e sem acréscimos ou retoques a casa do Augusto Glauco Falcão Gondim. Não foi difícil localizar a do Mauro Benevides, mas as de outros companheiros de meninice se tinham ido ou estavam, de tão mudadas, irreconhecíveis.

A cidade avançara sobre o que se tinha por arrabalde, mas não perdera a sua pacatez. Os vendedores continuavam a gritar os seus pregões, quase todas as janelas continuavam abertas, sem cuidado, para a rua, e se batiam palmas para anunciar que se estava à porta.

Diante da rua cheia de carros, eu a refazia tranqüila. Na minha infância, ela só se animava, com as pessoas a correrem para as calçadas ou a encherem as janelas, quando passava uma banda de música e nos dias de Carnaval.

— Ainda desfilam por aqui os maracatus?

À frente vinha a dama do paço, a rodopiar, tendo nas mãos uma boneca ricamente vestida, a calunga. Depois, o rei e a rainha, sob um enorme guarda-sol multicolorido, sempre a girar. E os príncipes, e as princesas, e as outras damas, e os embaixadores, e as baianas, e os índios. Fechava o cortejo a orquestra de bombos, tambores, reco-recos, gonguês e triângulos. Eram lindas as roupas cobertas de bordados, cores e brilhos, mas o que mais me intrigava era que todos os figurantes — brancos, caboclos, cafuzos, mulatos e até mesmo os negros — pintavam os rostos e as mãos de preto.

33

Tio Chiquinho indicou-me onde ficava o café do Comércio:

— Quase na praça do Ferreira. A umas cinco quadras daqui de casa.

O Saldanha Coelho me havia recomendado que procurasse em Fortaleza o correspondente da *Revista Branca*, o poeta Aluísio Medeiros, e este marcara um encontro comigo, no fim da tarde, no café onde se reunia o grupo de escritores que publicava a revista *Clã*.

Reconheci-o imediatamente: era o mesmo rapaz de cor esverdeada e orelhas acabanadas que, anos antes, havia estado em nossa casa, a dizer para meu pai versos de seu primeiro livro. Aluísio foi-me apresentando:

— Fran Martins, Antônio Girão Barroso, Moreira Campos, Artur Eduardo Benevides, Eduardo Campos, João Clímaco Bezerra, Mozart Soriano Aderaldo...

Uns eram quarentões, como Joaquim Alves e Braga Montenegro; a maioria andava pelos trinta anos; e havia um rapazola um pouco mais velho do que eu, o Eliardo Farias. Fiquei amigo, logo no primeiro dia, de Antônio Girão Barroso. Nunca tinha conhecido uma pessoa tão desarrumada, nem que me transmitisse de pronto tamanha impressão de bondade e pureza. Baixo, moreno, magro, com um bigode ralo e um olhar entre inquieto e triste, acompanhou-me até a porta de casa, sempre a falar de poesia como expressão de uma emoção sincera. A poesia — argumentava — não pode deixar de ser lírica. E para confirmar o que dizia, começou a procurar um poema que compusera dois ou três dias antes.

De seus bolsos saía todo o tipo de pedaços de papel: recados, recibos, bilhetes, anotações de endereços ou telefones, notas de leitura, lembretes, recortes de jornais. Ele passava os papeluchos de um bolso para outro, sem encontrar o que queria. Finalmente, apareceu o poema, que me leu, comovido:

Pequeninas mãos, os gestos presos ao corpo, a adolescência triste
A Musa era ingrata, que ingrata!, escondendo as palavras de libertação.
Meu verso, trôpego, e o amor rareando nas tardes de azul e açucena
A te buscar, Musa, esquecida numa pétala de rosa quase vermelha.

Sim, contavas-me histórias, e reparava na tua boca que mordia pêssegos
Inexistentes. A lua derramava lágrimas roubadas de mim e eu sofria
Por não te beijar naquela noite. Musa, eu dizia, não mais o amargo das palavras
Só gestos inocentes e a adolescência triste e sem memória.

Ah, a memória redescobre as avezinhas e o pomar, a própria cintilação das coisas
A espada fria, a janela fechada, tu prisioneira, a casa velha e eu a espiar
Sob o sol das tardes. Se queres uma fruta você tem, um livro para ler e um cartão postal
Figurando você, a mão sob o queixo, olhar perdido longe, tu eras Pearl White.

Meu verso é trôpego para te cantar, mesmo sem rimas, que é difícil, mano!
Musa à toa, menininha fútil, no circo era quando eu mais te amava, juro!
Na igreja tu rezavas e eu não era o teu santo, que pena!
Na rua soltavas inúteis coiós, tripudiavas sobre o meu cadáver!

Hoje, suicido-me diariamente às quatro horas da tarde, ponho o punhal
No coração, ligo o rádio e escuto a tua voz que vem de tão perto
E tão distante, vinte anos talvez, e misericordiosamente
Tu pedes-me para não morrer, e eu não morro, Musa.

Estou aqui para te cantar, o verso é ruim, mas eu me despeço dele
E vou dormir quieto como um rapaz sem namorada, sem pensar em você.
Perdida na lembrança, você é um sinal e nada mais
Da vida que se foi ao som de uma valsa antiga, lembras-te?

Esse poema, publicado meses depois, não se perdeu, e eu o aprendi de cor, para guardá-lo entre os que mais quero. Outros não tiveram a mesma sorte. Girão esquecia os poemas nas mesas dos cafés ou nos bolsos das roupas que mandava para a lavanderia. Ou os deixava cair na rua, ao buscar outros papéis. Ou simplesmente os perdia em casa. Se vivia nas nuvens — comentavam os amigos —, era nas mais rarefeitas. E lá vinha uma história.

A mulher do poeta, Alba, saíra com as crianças, de férias, para um sítio no interior. Girão ficara em casa, sozinho. E logo na primeira semana, de manhãzinha, não conseguiu lembrar-se de onde pusera a chave da casa. Revirou os quartos, a cozinha, a copa e a sala. Nada. Como iria sair para o trabalho? Só lhe ocorreu um jeito: por uma janela. Saltou-a e a encostou, para que parecesse fechada. À noite, empurrou-a e pulou para dentro de casa. Durante três ou quatro dias assim fez, até que um amigo, que por acaso o acompanhava, o viu atuar como um ventanista e providenciou, na manhã seguinte, um serralheiro.

Mais de uma vez, atravessamos às gargalhadas a praça do Ferreira. Com as palavras certas, e caridade, e carinho, Girão caricaturava as pessoas e os acontecimentos da província. Em outras ocasiões, a caminho da Livraria Alaor, parecia que pisávamos, em vez do cimento, o chão do sonho. Trocávamos ilusões. Os cabelos despenteados, a gravata frouxa e o entusiasmo com que resolvia todos os problemas do mundo faziam de meu amigo, que tinha o dobro de minha idade, mais dono dos meus dezessete anos do que eu próprio.

Num fim de tarde, ele lamentou que o político estivesse a sufocar o poeta Aluísio Medeiros.

— A poesia pede uma ausência de compromissos com tudo que não seja a poesia. E o Aluísio, que é um excelente poeta, como você sabe, porque leu *Os objetos*, está agora, por exigências do Partido Comunista, a escrever poemas de comício.

Fora graças ao marxismo — confessou-me Aluísio Medeiros — que pacificara a sua adolescência. A atividade política — não era um comunista literário, mas atuante, que se arriscava até mesmo, durante a noite, a colar cartazes e a pichar paredes com o slogan do momento — dera sentido aos seus dias e reduzira os remorsos por conviver com a injustiça.

— Entendi-me comigo mesmo, desde a minha conversão. Saí do exílio da angústia.

Ativista ardoroso, não era intolerante. Não só respeitava os que não pensavam como ele, mas tinha entre esses alguns de seus melhores amigos. A militância política já lhe causara muitos dissabores, mas via-se até certo ponto protegido porque o tinham todos como cordato, manso e bom.

A mansuetude de Aluísio Medeiros contrastava com a aflição espiritual em que parecia viver Eliardo Farias. Este arrastava a morte de um irmão, assassinado a facadas, como um fardo só menos pesado do que a sua inconformidade com o mundo. Tinha-se a impressão de que não aceitava sequer que amanhecesse.

Uma tarde, entregou-me, como se fosse uma mensagem clandestina, um papel dobrado, onde encontrei estes versos:

Os olhos da prostituta estão me perseguindo
E parecem-me grandes lágrimas latejando na noite triste.
Na noite triste... Os olhos da prostituta adolescente, irmão!
Eles são belos e enormes, inocentes e obscenos:
Flautas quebradas, fetos de jardins,
Lírio embrionário, estrangulada manhã.
São do tamanho do sobrado antigo, do céu do poeta,
Do tamanho de sua dor
E estão me perseguindo por toda a parte,
Onde quer que me encontre.
Multiplicam-se com o desespero de úlceras
No corpo leproso do sonho.
Multiplicam-se na lâmpada e no anel,
No horizonte e na escultura, latejando!
Olhos evadidos dos corpos. Me perseguindo!
(Rosas desconhecidas. Simplesmente rosas.)
Ressuscitai Van Gogh e conquistai a vida real!
Os olhos da prostituta adolescente. Só os olhos.

34

Os meus primos José Cândido e Airton Fontenelle eram fanáticos por futebol. O Zé Cândido jogava bem e, numa época em que predominavam os amadores, chegara a integrar a seleção cearense. Fora o ídolo da torcida. Já o Airton escrevia sobre futebol para os jornais e gastava as tardes de sábado e domingo, a ouvir, pelo rádio, a transmissão do principal jogo do dia, no Rio ou em São Paulo. Ia anotando o que dizia o locutor, para depois, com calma e disciplina, relatar por escrito o que escutara. Ao ler-se o seu texto, tinha-se a impressão de que ele assistira pessoalmente à partida, tamanho era o realismo que nele punha.

Graças ao Airton comecei a prestar atenção ao domínio da linguagem que se exige de um bom cronista esportivo. Se já é difícil passar para palavras os contornos, volumes, cores e sombras de uma natureza morta, descrever um homem em movimento, e, mais ainda, vários deles a competirem entre si pela posse da bola, exige artimanhas de mestre. No entanto, era isso o que se lia nos jornais, e, baseado nessas descrições, que o uso de um jargão próprio tornavam ainda mais precisas para os torcedores, estes discutiam o jogo e seus lances duvidosos, e batiam boca em voz alta, e podiam chegar aos gritos e aos bofetões.

O Airton escrevia para os jornais por gosto e paixão. Sem cobrar nada. De graça. Como de graça sempre jogara o Zé Cândido. Este, porém, se beneficiava da fama que lhe deram as chuteiras. Entrava em toda a parte como se estivesse a chegar em casa. E, como trabalhava na firma de um tio José Carneiro, que era agente de grandes empresas norte-americanas de automóveis e eletrodomésticos, o Zé Cândido tornou-se o seu melhor vendedor, especialmente dos balcões frigoríficos, uma novidade que ele colocou em tudo que era bar, clube, açougue, armazém e prostíbulo.

Uma tarde, perguntou-me:

— Você quer ver uma coisa engraçada? Então, venha comigo. Vou verificar se estão em boa ordem alguns balcões que entreguei esta semana.

Da praça do Ferreira, descemos pela rua Major Facundo ou pela Floriano Peixoto, na direção do mar. Quase todos os prédios eram sobrados. No térreo deste, funcionava uma loja de tecidos e, no daquele, uma sapataria. Senhoras com crianças e mocinhas de uniforme escolar paravam diante das vitrines e passeavam descuidadas pela rua. Havia, porém, nos prédios uma porta, fechada durante o dia, que dava acesso à escada que conduzia ao andar superior.

Paramos diante de uma dessas portas, e o Zé Cândido puxou um cordel que era uma espécie de campainha. A porta abriu-se, e subimos.

— De dia, foi-me explicando, a rua é inteiramente familiar. À noite, fechadas as lojas, o andar superior de alguns desses prédios funciona como bordel. Não quer dizer que de dia não recebam clientes. Podem até recebê-los, mas da maneira mais discreta possível. Clientes em busca mais de companhia do que de sexo.

A dona da pensão recebeu o Zé Cândido com alegria e ofereceu-nos cerveja. Sim, estava tudo em ordem. Graças ao balcão-frigorífico, aumentara o consumo de bebidas, e a casa ficara mais animada.

Na grande sala, uma rapariga fazia as unhas de um velhote. Um senhor tristonho, noutra mesa, jogava cartas com três moças.

— Isto, sobretudo nas tardes de sábado — explicou Zé Cândido —, faz as vezes de clube. Os homens vêm para cá fugir dos parentes. Ou da solidão. À noite é que é uma festa: as meninas adoram dançar.

Dançando estavam homens com homens, naquela noite em que, num fim de rua, à procura de uma casa onde havia um presépio mecânico, demos com as janelas iluminadas de uma morada-inteira.

— É uma pensão de baitolas — explicou-me o Airton. — Para quem gosta de rapazinhos.

35

Após dois meses em Fortaleza, vi-me a construir na memória uma segunda cidade por sobre a da minha infância. Regressava a ruas que percorrera menino, e, mesmo quando nelas não havia uma só construção nova, outra era a luz, outro, o perfume, outros, os rumores domésticos, e não mais o que guardara na lembrança. Fui duas ou três vezes ao velho mercado. Não mudara quase nada, mas nele não encontrei a loja cheia de gaiolas de passarinhos, onde íamos comprar o sanhaço, o corrupião, o canário belga ou da terra, o sabiá ou o bico-de-lacre, que, sabíamos, daria alegria a meu pai.

Na viagem de volta, debruçado na amurada do navio, fechava os olhos e procurava fazer com que coincidissem as linhas e os volumes das duas cidades. Já sabia, porém, que de cada janela se vê uma paisagem diferente, ainda quando todas se abram para a mesma praça. Também o meu modo de olhar e de lembrar havia mudado das calças curtas para as compridas.

Lá estava o cego a tocar rabeca. Lá, onde? Na Fortaleza dos meus nove anos ou na Fortaleza revisitada aos dezessete? Talvez nas duas, copiado de uma para a outra.

36

Quando António Boto desembarcou no Rio de Janeiro, um importante jornal abriu sua primeira página com este grande título: "No Brasil o maior poeta de Portugal." Boto chegara com a aura de perseguido político, que buscava no Brasil o ambiente em que pudesse publicar, sem os cortes da censura, a sua obra. E foi incensadíssimo e cercado de carinho. Procurei os seus livros, e a sua poesia me pareceu rasteira. No meu julgamento de que sua obra era de terceira ordem, abri uma exceção para um livro, *Cantares*, com poemas musicados por Nicolau d'Albuquerque e belas ilustrações de António Carneiro. Eram versos diretos, simples, limpos, bem ao gosto popular, como estes, que guardei:

Vou partir, mas a minha alma,
Meu amor, fica contigo;
Assim eu também levasse
A tua sempre comigo!

Levanta teu lenço branco,
Quero vê-lo tremulando:
E apanha com ele os beijos
E os ais que eu te for mandando!

Alguns anos mais tarde, lembrei essas redondilhas ao Adolfo Casaes Monteiro, que foi peremptório:

— Os versos são lindos, mas não são do Boto. Pertencem, como os demais do livro, ao cancioneiro popular português.

Nem todos provavelmente, pensei eu, mas não ousei contraditar a má vontade mordaz com que na roda se falava do poeta. Os brasileiros o evitavam, e ainda mais, no Brasil, os portugueses, que dele se envergonhavam e o mal-queriam. Com os seus motivos.

Não se tinham passado seis meses da chegada de Boto, e corriam sobre ele histórias e mais histórias: que havia vendido os direitos de livros que dizia proibidos em Portugal, mas nunca havia escrito; que assinara contratos de exclusividade com dois ou três editoras ao mesmo tempo; que recebera adiantamentos para uma biografia de Ademar de Barros e não a entregara jamais; e que devia a todo o mundo e a mais alguém. Estava, em suma, de juízo passado: um aldrabão.

Encontrei-o, pela primeira vez, numa galeria de arte em Copacabana. O Saldanha Coelho havia organizado uma *Antologia de contos de escritores novos do Brasil* e pedira ao Yllen Kerr para ilustrá-la com xilogravuras. O Yllen Kerr resolveu expô-las, antes da publicação do volume. E fui vê-las. Lá me apresentaram ao Oswaldo Goeldi, de cujos desenhos e gravuras era devoto. Estava mais atento à sua figura desajeitada, como se tivesse a timidez no corpo, do que às suas poucas palavras, e acompanhava o seu jeito manso, só contrariado pelo nariz forte, a lembrar o bico das aves predadoras, e pelos olhos sanhudos como os de certos pássaros, quando o vi dar um solavanco e dizer-nos, aflito:

— Tenho de ir embora depressa. Aí vem o António Boto e, se ele me vir, vai com certeza pedir-me de novo dinheiro emprestado. E, vocês sabem, eu não tenho dinheiro, eu sou um homem muito pobre.

Enquanto Boto entrava na galeria, acompanhado de sua mulher — embora homossexual, era casado com d. Carminda, uma senhora amável, muito magra e feia, sempre vestida de preto —, fazíamos uma espécie de biombo humano, para que Goeldi pudesse, encurvado, safar-se.

O Boto pareceu-me um janota engomadinho, com um nó de gravata largo, lenço no bolso do paletó e cabelo empastado de gomalina. Não tinha no rosto oval qualquer traço mais forte. As pálpebras eram grandes, e a boca, pequenina. Seu único assunto: ele próprio, a mulher lhe repetindo os motes para a autolouvação. A sua vaidade não chegava, contudo, a ser antipática. Se já fora agressiva, abrandara-se, e ele passara a falar mais baixo, como se tivesse medo de que os outros fugissem de perto dele.

37

Um português em tudo diferente era Tomás de Almeida Corrêa. Fora meu professor de história natural, mas eu o buscara para dar-me aulas particulares de tradução dos autores latinos. No exame vestibular para a Faculdade de Direito, exigia-se do candidato que fosse capaz de pôr em português Cícero, Ovídio ou Virgílio. E eu tinha, no fim do ano, de passar por esse ordálio.

A casa do professor Tomás era como ele, modesta. Na ampla sala, logo à entrada, os únicos móveis eram a mesa em que dava aula, algumas cadeiras e duas estantes envidraçadas. Sentávamos, e ele, minucioso e paciente, me explicava como se construíam e organizavam as frases e os versos nas *Catilinárias*, nas *Metamorfoses* e na *Eneida*.

— Ovídio escreve de um jeito; Virgílio, de outro. Mas este e aquele não utilizam mais de uma vintena de formas na sua escrita. Não esqueça: estilo é repetição. E você tem de se acostumar com a maneira de cada um deles. Além disso, cada escritor trabalha com um número relativamente reduzido de palavras e, à medida que formos convivendo com ele, cada vez menos recorreremos ao dicionário.

Passados alguns meses, perguntou-me se, na leitura muda, eu era capaz de entender por alto um texto de Virgílio. Era. Então já estava pronto para o exame. Apesar disso, continuei a dar classes com o professor Tomás, porque ele me fazia bem. Baixo e robusto, de sobrancelhas espessas e bigode grisalho, todo o seu desenho se apresentava severo, quando não rabugento, caturra ou áspero. Mas não era nada disso e, sim, um bom. E espalhava bondade ao derredor.

Um dia, disse-me:

— Você está sempre com um livro novo debaixo do braço. Mas anda a ler errado. A gastar-se com os modernos, antes de conhecer os antigos. Os livros que deveria ler estão todos ali, naquelas duas estantes: Homero, Heródoto, Sófocles, Ésquilo, Platão, Virgílio, Lucrécio, Ovídio, Plutarco, Dante, Petrarca, Camões, Bernardes, Vieira, Shakespeare, Cervantes, Montaigne, Racine, Goethe. Os que chamamos clássicos. O que vem depois é glosa ou cópia.

38

Em grupo — éramos oito ou nove colegas de classe — fomos ver, no Museu Nacional de Belas Artes, uma exposição de pintura da França, tendo por tema "De Manet aos nossos dias". Nunca antes havia estado cara a cara com quadros de tamanha qualidade, de cerca de uma centena e meia de pintores que eu só conhecia de reproduções, a maioria de má qualidade, em livros, revistas e jornais.

Logo à entrada, um quadro demorou a deixar-me ir adiante. Sentada num jardim, uma jovem vestida de escuro, com um curioso toucado e as mãos cruzadas no regaço, parecia olhar-me de frente, mas fitava o vazio, alheia a tudo, quase a esboçar um sorriso. Cercada de folhagens, estas enverdeciam a luz que banhava a tela. Toulouse-Lautrec retratara uma surda, Berthe, mas, para mim, pintara o silêncio.

Um azul cheio de transparências dava alma a um outro retrato de jovem, um quadro cubista de Jacques Villon, composto de viés, o rosto, o vestido, os braços e as mãos da moça a se recortarem em faixas diagonais. Tudo no quadro ressumava pureza, e eu imaginava, por baixo do óleo, um desenho com poucos traços muito finos, quase um cicio. O pintor parecia pedir desculpas por tanta beleza.

Andamos de uma tela para outra, deslumbrados, a descobrir que tínhamos olhos para tudo aquilo. Dias depois, voltei sozinho, a fim de olhar devagarzinho para a catedral de Notre Dame, de Utrillo, e para as obras de Monet, Cézanne, Pissarro, Bonnard, Vuillard, Picasso, Matisse, Braque, Modigliani, Delaunay, Dufy, Léger, Roualt e Manessier. Não me cansava de retornar a cada uma delas, mas, ao descer para a rua, o que levava comigo, e para sempre, era "*Berthe, la sourde*", de *Toulouse-Lautrec*, e o "*Portrait de jeune fille*", de Villon.

39

Fui ao Mosteiro de São Bento, visitar Antônio Carlos Villaça. Mal o reconheci, magro, pálido, esvaído de si mesmo, no seu hábito de noviço beneditino. Mostrou-me o mosteiro: as celas, o refeitório, a biblioteca. Falava baixo, numa voz que não era a dele. E não escondeu a tristeza, quando me disse, a apertar contra o peito o voluminho que lhe levara:

— Aqui não tenho livros.

Nunca o vira tão infeliz. Fazer-se monge era o que havia de mais distante de sua fome de público e aplausos. Talvez lhe fosse necessário negar-se a si próprio para ser santo, mas o corpo nos mostrava que se iludia. De rosto chupado, tinha a aparência de estar muito enfermo. Não se harmonizava com a vida conventual aquele rapaz mimado, que em casa era o centro de tudo e que cobrava dos que o cercavam sempre mais. Aquilo não podia terminar bem, pensei comigo. Para o Villaça, o mosteiro podia ser um esconderijo, mas não o porto.

40

O médico Alarico Pacheco fora marido de uma irmã de meu pai, a quem chamávamos Sinhá. Eleito pelo Maranhão para a Assembléia Constituinte, enviuvara no primeiro terço do mandato e se casara com minha prima Santa. Foi esta quem me propôs que, aos sábados, eu fosse ajudar o tio a pôr em dia a correspondência política.

Chegava a Ipanema por volta das nove horas e já encontrava as cartas por responder com uma pequena indicação rabiscada com letra de médico por tio Alarico: diga isto, diga aquilo, vou providenciar, estarei atento. Rara a carta que não contivesse um pedido. Os eleitores não pareciam interessados na nova Constituição; queriam ajuda para problemas que para eles nada tinham de pequeninos, como conseguir uma passagem gratuita no Correio Aéreo Nacional para a cunhada que vinha operar-se no Rio de Janeiro, ou uma matrícula para um sobrinho no internato do Colégio Pedro II.

Quando meu tio pronunciava um discurso no plenário, trazia para casa cinqüenta ou sessenta exemplares do *Diário do Congresso*, e enviávamos o recorte para os seus grandes eleitores, muitos deles também compadres, com cartas que eram todas diferentes e nas quais se enviavam cumprimentos, com os nomes exatos, a várias das pessoas da família.

Tio Alarico não se lembrava do nome das mulheres e dos pais de todos os seus aliados políticos. Havia, porém, algumas pastas, com a correspondência deles recebida e a eles endereçada, com esses nomes e outros mais. Nas cartas remetidas, encontrei as mãos de minha tia Sinhá. E com sua letra, vários discursos de meu tio.

Dizia-se, aliás, na família, que ela era a verdadeira política, a esconder-se atrás do marido. Que este, no início, só a custo era arrancado do consultório e da sala de operações para os comícios. Depois, tomara gosto. E viciara-se, embora olhasse os colegas e a si próprio com ironia e graça. Exímio em fazer caricaturas em versos, eram dele, que as deixava como se as esquecesse na sala da imprensa do Palácio Tiradentes, muitas das quadrinhas satíricas que apareciam anonimamente nos jornais, comentando os fatos políticos da véspera ou da semana.

Trabalhávamos, aos sábados, até as cinco ou seis horas. Jantávamos cedo e, depois, tio Alarico nos convidava, a Santa e a mim, para o cinema. Escolhia o filme cuidadosamente, a acompanhar os críticos. Mal apagava a luz da sala, já estava, porém, dormindo, e dormindo profundamente, só acordando no fim da fita. Endireitava-se e dizia com ar cândido:

— Excelente filme. Não podíamos perdê-lo.

Tio Alarico queria que eu fosse para São Luiz e lá começasse uma carreira política:

— Garanto a sua eleição a deputado estadual, logo que você completar 21 anos. Mas estou convencido de que só precisarei dar-lhe uma pequena ajuda, porque você fala muito bem e vai entusiasmar o eleitorado.

Disse-lhe não mais de uma vez e, mais de uma vez, insisti em que ele se enganava. Eu não tinha a menor vocação para a política. Era outro o meu uso das palavras.

41

Passei sem dificuldade no exame vestibular para a Faculdade Nacional de Direito. Ao começarem as aulas, sucederam-se, porém, as decepções. O próprio prédio da rua Moncorvo Filho tinha o ar de cansaço e desleixo. De suas salas mal se tirava a poeira.

Os estudantes passavam a maior parte do tempo politicando. Os professores, também. Destes, alguns faltavam às aulas sem dar aviso, e os rapazes iam jogar pingue-pongue. Outros eram substituídos por seus assistentes. Matos Peixoto, de colarinho engomado e pincenê, era assíduo. Dele asseverava-se que repetia de ano para ano as mesmas classes, que sabia de cor. Fosse. Mas a sua fala era clara e bem organizada, e eu sentia pena que fôssemos tão poucos os que se interessavam pelo direito romano. Já Homero Pires dava a impressão de não preparar as aulas, durante as quais tomava a sala uma espécie de penumbra de fastio. Ela clareava com Hermes Lima, risonho e afável, que recitava em classe o que escrevera em seu livro *Introdução à ciência do direito*, cujas sucessivas reedições saíam sem qualquer alteração ou acréscimo — não se corrigiam sequer os numerosos erros de revisão —, como se o mundo não se movesse. E o mundo parecia ter deixado de mover-se também para Leônidas de Rezende, que passara vários anos nos cárceres do Estado Novo e estava ungido da santidade dos perseguidos.

Olhava para ele e via um triste. Um homem doente e frágil, de corpo e alma. Não conseguira limpar-se do amargor da prisão. Tentava inutilmente esconder os ressentimentos e perdoar. Dizia em aula o que dele se esperava, como se falasse por slogans. E procurava modular com palavras caridosas a dureza do rancor. Tinham-no como o modelo do marxista, mas o esqueleto de suas crenças era comtiano. E alguns de nós lhe contestávamos — à boca pequena, sem jamais lhe dizer nada, a fim de não magoá-lo — essa simbiose esdrúxula de Comte e Marx, que tornava as suas aulas, pretensamente de economia, confusíssimas.

Nós líamos Sartre, Camus, Weber, Manheim, Toynbee e Ortega y Gasset. Os nossos professores talvez também os lessem, mas os autores mais recentes que nos citavam em suas aulas eram Spencer, Comte e Marx. O ano letivo escoava, por isso, num século XIX cinza e morno. Não tínhamos sequer a perspectiva de que o curso viesse a tomar outro rumo, uma vez que à turma que nos precedera e estava no segundo ano coubera como professor de direito civil San Tiago Dantas, e este deveria acompanhá-la até o fim, sem tempo para outras turmas. Só nos restava o consolo de ir engrossar, de vez em quando, a classe mais adiantada, para assistir às suas aulas — ricas, instigantes, perfeitas.

O curioso é que San Tiago Dantas era malvisto por grande parte do alunato, que venerava Leônidas de Rezende. Não era a qualidade das aulas o que importava, mas, sim, a posição política. Éramos poucos os que reagíamos ao empenho sem pausa de impor-nos um mundo dividido, no qual um lado, qualquer que fosse, tinha toda a seriedade, toda a razão, toda a verdade, toda a generosidade e toda a justiça, sendo o outro formado por ingênuos, parvos, aproveitadores ou bandidos. Considerava-se um pecado abominável o pensar diferente, e esse pecado só se perdoava com a conversão.

Havia, claro, quem, entre os alunos, cultivasse amigos na outra banda, tolerasse as divergências e até estimasse o diálogo com o adversário. Entre esses poucos, contavam-se alguns dos mais ativos politicamente, como Petrônio Portela, que militava no Movimento da Reforma, afinado com os comunistas. Mais do que para estudar direito, Petrônio parecia cursar a faculdade a fim de educar-se para político. Como era do Piauí, ficamos logo amigos, e muitas vezes ia abraçá-lo, no café do outro lado da rua, onde ele, com outros colegas à volta da mesa, os ouvia, ouvia e ouvia, antes de lançar as pontes entre os grupos em atrito.

Não faltavam aqueles, como o Luiz Octavio Gallotti, que evitavam as atividades políticas e se concentravam no estudo. Nem os que tinham outros interesses e pareciam estar na faculdade para cumprir um rito necessário entre a adolescência e o trabalho.

O José Geraldo Barreto Borges, que dirigia *A Época*, o órgão oficial do Centro Acadêmico, e o transformou por algum tempo numa importante revista literária, talvez não tenha jamais querido ser advogado. Conversador inteligentíssimo e sensível, sabia resumir com devoção o que acabara de ler, fossem os *Eminent Vitorians* de Lytton Strachey ou um romance de Rosamond Lehman. Não creio que se considerasse um escritor: o que amava era ler. E lia muito e bem. Devo-lhe, entre outras histórias, esta, inesquecível, de um breve espetáculo teatral que Picasso teria apresentado em Paris. Ao abrir-se o pano, via-se, no centro do palco, sobre uma espécie de mesa baixa, um caixão de pinho muito rústico, sem verniz, com um rapaz nele deitado, a fingir de morto. Entraram em cena dois homens, cada qual com um saquinho de pregos numa das mãos e na outra um martelo. Puseram sobre o caixão a tampa que estava no solo e a pregaram com fortes marteladas. Depois, com o caixão aos ombros, saíram de cena, enquanto a cortina caía lentamente.

José Roberto Teixeira Leite tampouco mostrava vocação para o direito. Era colega desse rapaz ruivo e risonho desde o curso secundário. Herdáramos a amizade de nossas mães, companheiras de mocidade em Manaus. Por temperamento e disciplina, José Roberto acompanhava as classes com atenção, mas era outro o chamado a que atendia — o de crítico e historiador das artes plásticas —, e dedicava a maior parte do tempo ao estudo de Jheronimus Bosch, cujos pesadelos começara a escarafunchar.

Se as classes nos desanimavam e entristeciam, o convívio nos corredores tinha o seu quê de estimulante — e até mesmo o falar mal dos professores. Trocávamos leituras e descobertas. E disputávamos as entradas para o teatro, que o centro acadêmico sorteava semanalmente.

42

Entre as seis e as sete da noite de 25 de junho de 1950, meu pai começou a passar mal. Chamamos meu irmão médico. Mário acudiu o mais rápido que pôde, na companhia de um colega cardiologista. Quase ao mesmo tempo chegava uma ambulância, com tudo o que era necessário para instalar em casa um quarto de hospital. Meu pai tivera um enfarto do miocárdio.

Quatro dias depois, por volta das onze horas da manhã, tentou erguer-se. Acomodei-o. Ele reagiu, baixinho:

— Alberto, meu filho.

E pareceu adormecer.

Morria mansa e serenamente, como mansa e serenamente passara os longos anos de exílio de si mesmo.

Tinha a cabeça em meu braço.

43

Eu não mais possuía vísceras: era uma casca vazia. Fora-se a pessoa que mais amava. Nos repetidos esforços para lembrá-la, tanto nos dias antigos quanto no leito da partida, a sua imagem me escapava. Não conseguia vê-la contra as pálpebras fechadas. E em vão procurava retecer os nossos passeios pelas ruas calmas de Fortaleza, quando ele punha cor e sonho numa infância que sua ausência do mundo entristecera. No entanto, eu sabia que recebera da vida muito mais do que os outros meninos, durante aqueles anos de revelação da beleza, nos quais, graças a ele, tinha sido magoadamente feliz.

Alguns dias depois, a sua falta tornar-se-ia obsedante. Ao passar pela sala, o meu olhar não se despegava da cadeira de braços onde ele costumava ficar a ler — ou a fingir que lia. Arrumei os seus livros, em muitos dos quais ele havia escrito dedicatórias para mim. Reuni, para dá-las, as suas roupas, ou, melhor, os seus pijamas, pois havia anos não saía de casa. E, enquanto os dobrava, voltavam ao meu coração os seus versos. Sabia que meu pai fora um grande poeta, ainda que o tivessem esquecido. Dediquei-me a relê-lo. E, num fim de tarde, foi regressando pouco a pouco a sua voz pausada e mansa, a dizer-me:

Eu sou tal qual o Parnaíba: existe
Dentro em meu ser uma tristeza inata
Igual talvez à que no rio assiste
Ao refletir as árvores, na mata...

Dá-se em mim o fenômeno sombrio
Da refração das árvores da beira
Na superfície trêmula do rio...

E, com ela, a lembrança de suas mãos longas, belas e muito mais jovens do que ele. Embrulhei os seus chinelos de pelica macia, nos quais repousavam os seus pés sem uma calosidade, suaves e finos. Estrábico, magro e encurvado, era feio o meu pai — assim diziam, e ele próprio assim sempre se vira. De frente, eu concordava, mas visto de lado, não: tinha um perfil nítido e bonito. Sob o sol, a sua pele morena quase dourava. E não era castanho, rosa e dourado o retrato que dele, jovem, de camisa azul-suave, pintara Maurício Jubim? E não era belo o poeta de perfil desenhado por Correia Dias e Presciliano Silva?

Pouco a pouco, meu pai foi recompondo a minha alma. Ao retirar um livro da estante, ao lavar o rosto, ao apontar um lápis, ao chegar à janela, eu o sentia, mais do que ao meu lado, a fluir no meu sangue, a ser em mim. E é a ele quem evoco, com a resignação que me ensinou, em cinco dos seis poemas que escrevi no resto daquele ano, os primeiros que quis guardar, "Elegia serena", "O parque", "*Flumen, fluminis*", "Elegia" e "Aparição de Fortaleza".

44

A morte de meu pai foi como o desapertar de uma série de parafusos. Afrouxou-se tudo o que em minha vida parecia fixo, certo e firme. Menino mimado, estendia a mão e, talvez porque pedisse pouco, as cousas me chegavam naturalmente.

De um mês para outro, a renda de minha mãe caiu para quase a metade. Minha irmã Alice, sempre a mais desinibida e diligente, logo arranjou um emprego. Eu não quis demorar-me em acompanhá-la e apelei para um grande amigo de meu pai, Alberto de Andrade Queiroz.

Paraense, Alberto de Andrade Queiroz aproximara-se de meu pai quando este era delegado do Tesouro Nacional no Amazonas. Ao ser o poeta transferido para o Rio Grande do Sul, Andrade Queiroz, que era funcionário da Fazenda, acompanhou-o e, juntos, criaram e dirigiram, em Porto Alegre, a página literária do *Diário de Notícias*. Getúlio Vargas, que governava o estado, gostou do paraense estrábico, sério, discreto e que, ademais, escrevia bem, de forma limpa, clara e concisa. Vitoriosa a revolução de

1930, trouxe-o consigo para o Catete, como um de seus auxiliares de maior confiança, que somava ao recato a desambição. Dizia-se que era o autor da maior parte dos discursos de Vargas e o revisor de quase todos.

Alberto de Andrade Queiroz tinha uma enorme paciência comigo, quando o visitava no seu apartamento da rua das Laranjeiras, e ficávamos a tagarelar sobre literatura. Ele acompanhava o que se escrevia no Brasil e também na França. Ao lado da poltrona do escritório, via-se sempre uma pequena pilha de livros recebidos de Paris, à espera de serem lidos. Possuía uma cultura ampla e sólida e um bom gosto moderno. Estava ligado por laços de família a Rachel de Queiroz e era amigo de muitos escritores e artistas, em especial de Portinari, de quem tinha vários quadros em casa, entre os quais o seu retrato e o de sua mulher, d. Lídia.

Após três telefonemas, o dr. Alberto, como lhe chamava — e ele respondia sistematicamente que "doutor em ciências ocultas e letras apagadas" —, disse-me:

— Vai ver, amanhã de manhã, o Josué Montello, diretor da Biblioteca Nacional. Ele está contratando jovens universitários para trabalhar na seção de manuscritos. Não só é grande admirador do Da Costa, mas foi colega de carteira de teu irmão, Mário, no Liceu Maranhense. Falei também com o Augusto Meyer, que foi íntimo de teu pai em Porto Alegre, e ele se dispõe a te aproveitar no Instituto Nacional do Livro. Os ordenados são razoáveis e, quer escolhas ficar na Biblioteca ou no Instituto, o trabalho te agradará. Como o horário nos dois lugares é de meio-expediente, não prejudicarás os teus estudos. O mais importante, porém, é que comeces a preparar-te para o concurso para a carreira diplomática. É para diplomata que tens jeito e é diplomata o que deves ser, até porque farias o teu pai muito feliz. O Raul Bopp, que é o secretário do Instituto Rio Branco, está também à tua espera, para te orientar sobre como estudar para o concurso.

45

O gabinete de Josué Montello ficava logo à direita de quem entra na Biblioteca Nacional. Mal disse o meu nome, a secretária mandou-me entrar numa sala escura, coberta de lambris, onde a luz mais forte era a lâmpada sobre a mesa coberta de papéis.

Estendeu-me a mão, carinhosamente, um jovem baixo e moreno, o rosto redondo cortado por um bigodinho bem aparado:

— Como vai o Mário? Não vejo o seu irmão há um bom tempo.

E foi-me dizendo:

— Você vai trabalhar na seção de manuscritos. Tenho lá um grupo de rapazes e moças, todos universitários, terminando uma tarefa interessantíssima: a indexação dos documentos da Viagem Filosófica de Alexandre Rodrigues Ferreira.

Deu uma ordem em voz baixa à secretária. Alguns minutos depois, entrava na sala um senhor ainda moço, de óculos e vestido com apuro. José Honório Rodrigues, que era o chefe de obras raras e manuscritos, levou-me a conhecer a seção e apresentou-me aos que viriam a ser meus colegas de trabalho.

Eu retirava uma pasta da gaveta de um grande arcaz metálico e tinha de resumir o que continha o documento. No início, demorei a decifrar as caligrafias do século XVIII, mas depois tomei embalo: tornou-se raro o ir pedir ajuda ao companheiro do lado. Quando ninguém lograva ler determinada linha, esperava-se a vinda de Jaime Cortesão, para quem os manuscritos não tinham mistérios.

Cortesão chegava por volta das três da tarde e se ia uma hora e meia depois. Alto, espigado, de barba pontuda e bem aparada — numa época em que era raríssimo ver-se um homem de barba —, tinha os olhos muito claros e luminosos. Era de uma paciência enorme conosco — e sereno e seguro em sua sabedoria. Andava às voltas com a coleção De Angelis, mas jamais nos recusava uns minutos de atenção.

De vez em quando, recebia a visita de um genro seu, que não o Murilo Mendes. Era um senhor português de cabelos despenteados, prognata, feio e desgracioso, sempre vestido de preto, muito formal na aparência e grande conhecedor da cultura clássica grega. Chamava-se Agostinho da Silva, e nos cumprimentava de longe. Ninguém o imaginaria solto, sem gravata e de camisa esporte.

Certo dia, ao passar pela mesa de uma colega, vi que trabalhava com uma série de grandes desenhos coloridos. Eram de dois riscadores — esta era a palavra que a eles, no século XVIII, se aplicava — que haviam acompanhado Alexandre Rodrigues Ferreira em sua viagem pela Amazônia e por Mato Grosso. Os desenhos e aquarelas de José Joaquim Freire, embora interessantíssimos, não me entusiasmaram. Já os de seu colega, Joaquim José Codina, eram um esplendor. E não só os que fixavam fieiras de casas à beira-rio, animais ou tipos humanos, mas sobretudo os de um tear indígena e os de barcos, guindastes e engenhos de moer cana ou de descaroçar algodão. Valiam como documentos e como obras-de-arte.

— Isto não merecia estar aqui esquecido — comentei. — É tão bom quanto Rugendas.

— Não compare — respondeu-me ela. — Isto é único!

46

Augusto Meyer enrolava devagarzinho o cigarro de palha. A luz que vinha da janela avermelhava ainda mais os seus cabelos, lisos, partidos quase ao meio e penteados para trás. A testa era ampla. O rosto, comprido, com maçãs salientes e queixo forte. Os olhos, muito claros, acompanhavam a bondade da voz, da qual o sotaque gaúcho não se despedira.

Expliquei-lhe que já havia aceito um lugar na Biblioteca Nacional. E ele retrucou:

— Você não deixará por isso de trabalhar para mim. Quero editar pelo Instituto uma antologia de lendas indígenas e você poderá organizá-la. Fará a tarefa em casa, nas horas vagas. Não tenho pressa.

E logo começou a indicar-me os livros e os autores que eu teria de utilizar:

— *O selvagem*, de Couto de Magalhães, o Barbosa Rodrigues, o Roquette-Pinto, as *Lendas em nheengatu e português*, do Antônio Brandão de Amorim, o Herbert Baldus, *A língua dos caxinauás*, de Capistrano de Abreu, *Os bororos orientais*, de Colbachini e Albisetti.

De vez em quando, ele me telefonava e pedia-me que fosse vê-lo. Como o Instituto Nacional do Livro ficava no quarto andar do prédio da Biblioteca Nacional, eu tomava o elevador ou subia três lances de escada e estava em sua sala. Queria saber como ia o trabalho. E eu, brincando, lhe dizia que pela primeira vez me pagavam para fazer o de que mais gostava: ler.

— Percorra com cuidado o Ermano Stradelli — aconselhava. — O *Vocabulário nheengatu-português* não pára de nos dar surpresas. Aqui, ao traduzir-se uma palavra indígena, descreve-se um tipo particular de rede de dormir;

ali, surgem os vários tipos de beiju de mandioca; mais adiante, quase sai da página uma espécie de formiga malcheirosa.

Ergueu-se, a magreza a espichar-lhe o corpo e a lhe encurvar os ombros, fazendo-o parecer mais alto do que era, e foi apanhar o volume da *Revista do Instituto Histórico e Geográfico Brasileiro*, que tinha mandado buscar para mostrar-me.

De volta à escrivaninha, a conversa alongou-se, saiu da rua principal e ganhou travessas e becos inesperados — o que vinha nos jornais, poetas e poesia, a Idade Média, arreios de cavalos, a meninice em Proust. Certo dia, Meyer demorou-se em reminiscências sobre Porto Alegre e sobre o convívio com o meu pai, quando, em 1929 e 1930, este morou na cidade.

Às vezes, Meyer podia parecer distraído ou a olhar para anteontem, mas a impressão era falsa, pois não lhe escapara uma só palavra do que lhe dizia. O que nele mais me impressionava não era a extensão e a profundidade de seus saberes, mas a elegância com que os manejava, uma elegância de quem sabe que, nos trajes, o talhe mais simples é sempre o que melhor nos cai. Ele trazia dos livros o capítulo, o parágrafo ou a frase que tinha por mais revelador ou original, punha ao lado dessa personagem aquela outra, inventada cem anos antes, confrontava episódios de obras em línguas diferentes, jogava contra o espelho de suas leituras passadas a leitura recente. Lia, comparando, e comparava, lendo. Os comentários lhe saíam claros e breves. Como claros e, em sua maioria, breves são os textos que nos deixou, limitados pelo espaço de que dispunha nos jornais. Mas quanta cousa ele era capaz de pôr em três ou quatro laudas datilografadas! Sendo o tamanho do alvo tão pequeno, a pontaria tinha de ser muito precisa. Meyer parecia, no entanto, convencido de que um enredo contado em cinco linhas, se perfeito, podia valer um romance.

47

Cobra Norato me fascinara. Fui, por isso, ao encontro de Raul Bopp, alvoroçado. Encontrei um senhor esbelto, com um ar oriental, de testa larga, a prolongar-se num início de calvície, e olhos estreitos e empapuçados.

Foi gentilíssimo, mas sua conversa era todo o contrário da que esperava — morna, rasteira e maçante. Falou de meu pai, prestou-me as informações de que necessitava e deu-me uma lista de livros que devia ler para o exame: uns cinqüenta e tantos títulos.

Ali estava um exemplo — pensei — do que me dissera, dias antes, Augusto Meyer. Quando lhe confidenciei que pretendia ser diplomata, Meyer desaconselhou-me a escolha:

— Não faça isso. A diplomacia é de tal modo envolvente que mata os poetas.

E deu-me o exemplo de Theodomiro Tostes:

— Ninguém, na minha geração, era mais poeta do que ele. O Itamaraty sugou-o.

48

A *Revista Branca* passara a ter sede: uma sala no edifício à esquina da rua de Santa Luzia com a rua México. Francisco da Rocha Filho tornou-se uma espécie de funcionário da revista e ali passava as suas tardes.

Poeta e pintor, o Rocha — como lhe chamávamos, embora às vezes eu me dirigisse a ele, de brincadeira, como Rocha Gabriel Rossetti — era manso e bom. Nunca o ouvi desancar ninguém, num meio de maldizentes. E era raro que se disputassem os seus juízos, porque tínhamos seu bom gosto como imbatível.

De vez em quando, comigo, ele cedia às confidências. Era triste e sofrido. A tuberculose lhe dizimara a família. Ficara órfão de pais e tinha um irmão e uma irmã, Beatriz, a se tratarem em Petrópolis. Morava com uma madrinha, nas Laranjeiras, e fizera sua formação literária a ler à noite na Biblioteca Nacional.

Lembra-me um poema seu, que começava assim:

Entre o abrigo das pedras
e o remoto berço das ondas
um velho barco se desfigura

E concluía com estes versos que guardei de cor:

Ó barcos que demorais a morrer
poupai-nos ondas o trágico destino
de vê-los morrer hora a hora como nós.

O Rocha publicaria um romance, *Janela interior,* muito louvado por Lúcia Miguel Pereira, mas que passou despercebido pelo resto da crítica e pelos leitores, e um folheto quase clandestino, intitulado *Dez poemas manuscritos.* Alguns anos mais tarde, desapareceu. Ninguém mais soube dele, nem das traduções de poetas norte-americanos, que estava a fazer tão bem.

49

Herberto Sales, que dirigia as edições *O Cruzeiro,* dos Diários Associados, mandou chamar-me:

— Quero que você nos prepare as *Poesias completas* de seu pai. Para lançamento ainda este ano. Quanto mais cedo você puder me trazer os originais, melhor.

Pela manhã, eu trabalhava na antologia de lendas indígenas, para o Instituto Nacional do Livro. A partir das onze e até as cinco da tarde, cumpria o meu expediente na Biblioteca Nacional. Dali saía às carreiras para a Faculdade de Direito, na praça da República. Só tinha livre as noites e foi à noite que comecei a datilografar os livros de poemas de papai.

Logo no primeiro poema, o que abria *Sangue,* topei um problema: tinha dele duas versões, a do livro de 1907 e a da *Antologia* editada em 1934. O que fazer? Eu ouvira de minha mãe que a *Antologia* aparecera com o poeta já doente e estava convencido de que muitas das alterações tinham sido feitas nos poemas originais por um Da Costa e Silva à beira da penumbra. A minha decisão inicial foi a de republicar os poemas na forma que tinham quando saíram em livro pela primeira vez. Mas acabei por fazer uma opção tola: escolher entre as distintas versões a que me parecia melhor. Nada mais desastrado. Eu me apropriava indevidamente da obra de meu pai. E assim saíram as *Poesias completas*, amparadas por uma boa propaganda nas revistas e jornais dos "Diários Associados".

Felizmente, nas edições seguintes, adotei sempre a lição da *Antologia*. E fiz bem, porque viria, mais tarde, a conhecer os originais e as provas do livro, que comprei de um colecionador. Vi que o poeta não só organizara cuidadosamente a *Antologia*, mas lhe revira as provas com rigor e precisão.

50

O grupo da *Revista Branca* crescera. A ele somaram-se Constantino Paleólogo, Renato Rocha e três dos rapazes, Fausto Cunha, Jones Rocha e Samuel Rawet, que haviam sido revelados por Dinah Silveira de Queiroz, no seu "Café da manhã", seção diária que mantinha num dos principais jornais cariocas.

A Jones, só o vira uma vez, e rapidamente. Mas tornei-me seu leitor arrebatado. Os poemas me impressionavam menos do que os contos e os ensaios, estes pensados com agudez e coragem. Jones parecia que arrancava as vísceras quando escrevia — e as arrancava com lucidez e método. Nada nele parecia gratuito. Tinha uma espécie de horror à superfície. E queria que a vida lhe fosse fiel ao pensamento. Era um rapaz bonito e limpo.

Já Fausto era feio, mirrado, com um jeito de malaio. Usava o cabelo, longo, preto e liso, penteado para trás. Óculos grossos. E bigodinho. Nervoso, falava muito e às carreiras, a engolir pedacinhos de frases. Mas o que dizia era quase sempre importante, sobretudo quando discorria sobre a poesia do Romantismo, a sua paixão. Entrou no mundo literário de chofre: algumas semanas após Dinah lhe ter publicado o primeiro texto, tornou-se titular do rodapé semanal de crítica de *A Manhã*.

Samuel — ou, melhor, Smur, seu nome verdadeiro, que só trocaria mais tarde, ao naturalizar-se — estava sempre despenteado e a sorrir. Era um rapaz doce, entusiasmado, que se formava em engenharia e queria ser, além de escritor, calculista de concreto. Escrevia peças de teatro e, sobretudo, contos num estilo inteiramente novo e sobre um tema também novo: a vida dos imigrantes judeus. Pois era judeu e se queria judeu. Mas, porque havia perdido a fé mosaica e se abrasileirara nos costumes — bebia sua caipirinha, comia sua feijoada, saía com góis e ia dançar nas gafieiras —, vivia em choque com os pais, que descrevia como muito estritos em matéria de religião. Só tinha uma pessoa em quem se apoiar na família: a irmã Clara, que adorava.

Ficamos logo amigos, Fausto, Samuel e eu. Dos três, quem tinha mais dúvidas sobre a qualidade do que escrevia era eu. Rawet estava consciente de que era um grande escritor, e Fausto fazia crítica com a segurança de quem tinha atrás de si uma grande biografia. Se nos perguntassem, porém, na *Revista Branca*, quem era o melhor de todos nós, a resposta uníssona seria Jones Rocha. Havia entre ele e os outros uma diferença fundamental: vivíamos para escrever; ele escrevia para continuar a viver.

51

Antes de ir para a cama, costumava tomar a bênção a minha mãe. Naquela noite, depois do "Deus o abençoe", ela me disse:

— Marque amanhã hora com um médico de pulmões. Não estou gostando nada dessa sua tosse noturna.

O médico, dr. Alexandre Stockler, indicado por meu irmão Mário, foi bondosamente cauteloso, ao dar-me a má notícia:

— Você está com uma pequena mancha no pulmão direito. Não é grave. Se for disciplinado e constante no tratamento, em pouco tempo estará livre dela.

Saí do consultório tomado por uma estranha calma. Como se já estivesse, desde muito, à espera de um diagnóstico como aquele. Sempre soubera, na medula da alma, que morreria jovem. Começava a cumprir-se o que para mim repetidamente vaticinara. Cabia-me agora preparar-me para a morte. Com serenidade. Cumprindo todos os ritos de passagem, que seriam os de um cuidadoso tratamento.

Eu via a vida através da vidraça quase sempre fosca dos livros. Por isso, no ônibus, fui entretecendo rilkeanamente a minha doença e a minha morte. Não ignorava a seriedade de minha condição. Mas, despido de angústia, ressentimento ou amargura, sentia-me, aos dezenove anos, pronto para morrer.

Comecei, no dia seguinte, o repouso absoluto, a superalimentação e as injeções de estreptomicina. Senti, pela primeira vez, como era bom descansar. E, após uma semana entre cochilo e sono, quieto, quase sem pensar, minha mãe pediu-me que fosse ao telefone. Era a prima inglesa, Sybil Sloper de Araújo, a Billie, que foi logo me dizendo:

— Você vai o mais rapidamente possível para Campos do Jordão. Já providenciei tudo, pois você doravante estará a meu cargo. Ficará na casa de um ótimo casal, que hospeda algumas poucas pessoas doentes. Combine a partida com o seu médico.

O dr. Stockler considerou a decisão acertada e escreveu um relato sobre o meu caso para o colega que me indicou em Campos do Jordão. E depois, tendo sabido, não sei como, que eu era poeta, começou a falar de sua mãe, Albertina Berta, e de seu avô, Lafayette Rodrigues Pereira. Ficou surpreso, quando lhe disse que havia lido *Exaltação*.

— Minha mãe está inteiramente esquecida, e não só como romancista, mas também como defensora dos direitos femininos. Mas foi uma grande mulher, que merecia continuar a ser lembrada.

Depois de passar-me pela radioscopia, comentou, a acender um charuto, que eu estava reagindo bem e não demoraria em curar-me.

52

Fiz a viagem até Pindamonhangaba maltratado por uma fortíssima enxaqueca. O ar-condicionado do trem de aço não chegava a minorar minha aflição. Parecia que me arrancavam um dos olhos, e meu corpo inteiro estava tomado por uma estranha fadiga. Só quando comecei a subir a serra, no bondinho da estrada de ferro de Campos de Jordão, foi que comecei a melhorar. Atraía-me a paisagem lá embaixo, com seus quadriláteros de campos lavrados e suas matas a acompanhar os ribeirões. A beleza do cenário distraiu-me da dor. E comecei a me sentir animado, a banhar-me de um friozinho que vinha das janelas, e a imaginar como seria a minha nova vida. Já construíra Campos na minha imaginação, a partir de um denso romance de Paulo Dantas, *Cidade enferma*, que havia lido um ou dois meses antes, e me sonhava personagem de Thomas Mann n'*A montanha mágica*.

De repente, começaram a aparecer, no meio das araucárias, os grandes sanatórios e os hotéis. Paramos numa espécie de centro da cidade, Vila Abernéssia, com suas lojas e passeios. Na estação seguinte, Vila Jaguaribe, estavam à minha espera meu irmão Márcio, que, curado da doença, havia permanecido na cidade como advogado, e um casal baixinho, d. Vitalina e seu Joaquim de Oliveira, que iam cuidar de mim. Ela, da Galiza; ele, português.

Passamos por uma pinguela sobre um riacho, e subimos a pé, por uma estradinha cercada de árvores e matos, até a pequena casa, no alto da colina. O crepúsculo transformava-se em noite, quando chegamos e fui apresentado a meus companheiros de cura.

Éramos cinco: dois senhores, em véspera de alta, uma jovem risonha e um rapaz, que já estavam na casa há quase um ano. Este último, Luís Antônio Emboaba, de uma família de madeireiros paulista, seria o meu companheiro de quarto.

Não quis jantar. Tomei um chá com biscoitos, deitei-me e dormi profundamente.

53

— O seu caso não é grave — assegurou-me o dr. Radyr de Queiroz. — Você descobriu a doença logo no início. Em pouco tempo estará de volta à vida normal. Por enquanto, paciência. Repouso absoluto. Só se levante da cama para as refeições. Banho, uma vez por semana. Nada de leitura. Mas pode ouvir um pouco de música.

Não acreditei no médico. Deitado o dia todo, sabendo-me à espera da morte, comecei a sentir-me, mais do que tranqüilo, feliz.

54

Após dois meses de sonolência e preguiça, a minha alma foi apossada pela fantasia e a memória. Deitado, a fugir de olhar para as paredes, relembrava com minúcias cenas de minha infância. Lá ia eu a correr de patins pelas calçadas de minha rua. Ou, sentado na coxia, contava aos vizinhos um filme de caubói a que assistira na véspera. Revia meu pai, com um pequeno alicate, a cortar com cuidado as unhas. E o corrupião a arrepiar-se todo, quando lhe coçávamos a cabeça.

Pela janela sempre aberta entravam o frio e o cheiro de mato. A memória era um simulacro invertido da eternidade e me impedia de voltar a remoer dolorosamente os três pontos de interrogação de Gauguin, que haviam atazanado a minha adolescência. Eu deixara de perguntar-me quem somos, de onde vimos e para onde vamos, e me encantava com a demorada passagem do presente. A reconstituição de meus dias antigos e as fantasias sobre os mundos paralelos em que poderia estar vivendo traziam para dentro de meu repouso o movimento.

Nem sempre devaneava. Às vezes, a imaginação me ditava poemas que não podia escrever, ou saía caminhando em contos que, em busca de melhor destino, se modificavam a cada repetição. Num deles — naquele que mais insistentemente me freqüentava —, um rapaz, após uma noite de sono entrecortado por barulhos estranhos, abria, de manhãzinha, a janela, para ver, na praça defronte, um grupo de crianças de todos os tamanhos, armadas com o que pudesse ferir — chuços, porretes, machadinhas, facas, garfos, pás, enxadas, espingardas e revólveres. Haviam tomado de assalto a pequena cidade.

A resistência dos adultos fora quase nenhuma, porque este pai, e esta mãe, e aquele avô, e aquela avó se opuseram a que lhes machucassem os filhos e os netos. Agora a meninada estava nas ruas, feroz, senhora de tudo e a impor, como regra, a maldade e a desordem.

A partir daquele dia, o comércio não mais abriu as portas. As lavouras e as vacarias não mais tiveram quem delas cuidasse, nem quem pusesse óleo nos geradores de eletricidade. Ninguém mais varreu as ruas e recolheu o lixo. E a água sumiu das torneiras, enquanto as crianças brincavam. Estas, de esfolar os pais das outras. Aquelas, de costurar as pálpebras das velhinhas. Mais adiante, um grupo, sujo e remelento, impedia às pancadas que um rapaz lograsse sair do chiqueiro onde fora, entre os porcos, lançado. Houve um esboço de reação dos adultos, mas inútil, porque se tinham deixado, na noite da rebelião, desarmar. A resposta foi o massacre dos pais, tios e avós, entre cantigas de roda. Depois, veio a fome, pois as crianças tinham devorado tudo o que havia nos mercados, nas quitandas, nas tulhas, nos armazéns, nas hortas, nos pomares, nos currais, nas capoeiras e nas pocilgas.

Tudo se passava numa seqüência de águas-fortes. Onde nem uma só nesga era inteiramente clara ou limpa. E eu sabia quão estranho era sonhar uma história perversa, após tantas semanas de alma apaziguada.

Olhava ao redor a paisagem cheia de sol, o jardim fechado pela cerca alta e espessa de pinheirinhos, as araucárias a descerem a colina, e me sentia longe das aflições de anteontem, tranqüilo e perfeito em minha meninice, com a cabeça recostada no colo de meu pai.

55

As cousas corriam como esperava o médico. Por isso, interrompi as aplicações de estreptomicina. Continuava com o PAS, uma dezena de cápsulas a cada refeição. E passei para um regime de repouso mitigado. Podia ler na cama ou numa cadeira de repouso, na varanda, durante uma hora pela manhã e outra à tarde, conversar normalmente, escrever uma carta por dia e dar um passeio curto e sem cansar-me, pelos arredores, antes do almoço. No resto do tempo, leito.

Os meus únicos reencontros com o mundo exterior tinham sido telefonemas para a minha mãe.

Os telefones em Campos do Jordão eram ainda antigos: uma caixa de madeira presa à parede, com um bocal metálico no meio. De um dos lados, saía um fio com o fone. No outro, havia uma manivela, que se girava para chamar a telefonista. Esta fazia manualmente as ligações. Quando se pedia um interurbano, ela entrava em contacto com sua colega no Rio de Janeiro ou em São Paulo, e nos avisava:

— A demora será de duas horas.

Ou de três. Ou de quatro.

A vida tornara minha mãe uma pessoa nervosa, mas, se meu pai representava para mim o sonho, ela me atava à realidade. Por isso fez-me bem a maneira calma e segura com que me contou a conversa que tivera com o médico. O meu caso não era grave, e só tinha contra mim a idade, irrequieta. Tranqüilizei-a: nunca me sentira tão sereno. Mais do que sereno, preguiçoso.

Custava-me escrever a mais simples das cartas. Mas comecei a escrevê-las: a primeira de todas para a Billie, a dizer-lhe como tinham corrido os primeiros meses de tratamento. A segunda, para Lúcia Teresa, pois devia estar aflita com o meu silêncio.

Fora despedir-me dela, à noitinha, na faculdade onde estudava. Contei-lhe uma história capenga. Estava muito debilitado, e o médico me aconselhara uma estação de repouso na serra. Como tinha um irmão em Campos do Jordão, ia passar alguns meses naquela cidade.

Ela fingiu acreditar no que eu dizia, talvez indecisa entre pensar que a estava enganando ou que me estavam enganando. Tomou minha mão, e ficamos por algum tempo silenciosos, eu, pela primeira vez desde a ida ao dr. Stockler, com pena de mim mesmo.

Se a noite funcionasse como espelho, eu me veria no escuro, magro, pálido, meio curvo, ao lado de uma mocinha alegre, sobre quem baixara inesperadamente a tristeza. Fiz um esforço e tirei um sorriso de dentro do coração. Ela compreendeu que eu estava a dizer-lhe adeus.

— Vá tranqüilo e me escreva. Logo você estará de volta.

56

— As pessoas não morrem mais; ficam boas — assegurou-me d. Vitalina. — E descem a serra, felizes, de volta ao calor de suas cidades.

Se eu morresse — ela queria convencer-me —, seria a exceção, pois, desde vários anos, ninguém morria de tuberculose em sua casa.

Não morriam como dantes, mas algumas ficavam na serra, sem curar-se. E algumas já para ali traziam alguns anos de enfermidade. Uma jovem que chegou à casa de d. Vitalina, poucos meses depois de mim, era um desses casos. Wanda Gonçalves Martins já estava a tratar-se havia mais de três anos. No início tudo correra bem, mas, a partir de um certo momento, a doença estacionara, e ela ficara suspensa a meio caminho da cura. Era baixa, gordinha, morena, mais do que simpática. Estava sempre a sorrir, como se sentisse na obrigação de ser alegre. De vez quando, porém, desabafava: deixara de fazer planos e sufocara as esperanças, pois perdera os seus dezoito, dezenove e vinte anos, e sabia que ia perder outros mais.

Falar sobre o futuro era a conversa que mais corria entre as moças e os rapazes à espera de serem atendidos nos consultórios médicos. Uns, corados, a dar idéia de que vendiam saúde; outros, pálidos e olheirentos. Era difícil, porém, saber-se, pela aparência, quem estava melhor e quem estava pior. Como se repetia na cidade, "quem vê cara não vê pulmão".

Os projetos não escondiam a tristeza. Cada qual media a sua fragilidade, pois uma hemoptise podia ser o fim dos sonhos. As moças e os rapazes morriam, sim. Às vezes, já subiam a serra a morrer. E havia vidas que se esvaziavam, como a da rapariga cujo noivo se esgueirara para fora do compromisso ou a do jovem que queria ser tenista.

Muitas vezes, em casa, recostado na cadeira de repouso, repassava, de pálpebras cerradas, a minha coleção de olhares tristes. A melancolia embelezava algumas faces. Noutras, era possível reconhecer-se a tensão da revolta. A paisagem em derredor, com seu mar de morros nos mais diversos tons de verde, era serena e linda, mas ali estávamos, desarmados, a contar os dias da juventude que nossos próprios corpos nos roubavam.

57

De manhãzinha, o Emboaba me disse:

— Conheci ontem uma jovem muito interessante, que também escreve versos. Parece que já leu poemas seus e manifestou vontade de conhecê-lo. Prometi-lhe que iríamos vê-la, hoje à tarde, depois do repouso.

E fomos. A moça chamava-se Vera de Campos Queiroz e vivia numa casa em Emílio Ribas, um dos três principais bairros da cidade. Era bonita, muito alva, de cabelos quase negros, pálpebras e olhos grandes e um sorriso que devolvia a alegria ao mais triste dos seres. Estava acompanhada pela mãe, d. Elza, uma senhora ainda jovem, que se sabia bela, com uma larga mecha branca nos cabelos pretos, e que nos recebeu de cigarro e piteira na mão. Havia ainda na sala uma outra mocinha, pequena e de cabelos claros, Célia Esther López Luzuriaga, que falava um bom português, mas com sotaque, porque argentina.

A conversa não tardou em transformar-se num bate-boca. Falávamos de poesia espanhola e, ao surgirem os nomes de Antonio e Manuel Machado, entre eles se interpôs a figura de Franco. Dei-lhe combate, e Célia fez entusiasmada defesa de quem para ela era o Grande Caudilho. A discussão não chegou a azedar-se, graças a d. Elza, que nos levou para outros assuntos.

Lá pelas tantas, algo me correu pela cabeça e, apesar de ser Queiroz um sobrenome corriqueiro, perguntei a Vera, que me pedira que a chamasse de Verinha, se era parente de Andrade Queiroz.

— Sou filha, respondeu.

Não podia ser, contestei-lhe. O meu Andrade Queiroz não tinha filhos.

— Ah, você deve estar se referindo ao tio Alberto.

Ali estava a sobrinha de quem tanto me falava o meu xará. E estava explicado o nunca a ter visto em sua casa, apesar da insistência com que me dizia que precisava conhecê-la. Doente dos pulmões, os pais a trouxeram para Campos do Jordão. Já estava curada, mas, temerosa do verão carioca, continuava na serra.

Verinha vivera alguns anos em Buenos Aires, onde seu pai, Octavio de Andrade Queiroz, fora diretor do Lóide Brasileiro. Ali conhecera Célia, de quem se tornara grande amiga. Pouco depois do regresso ao Brasil, caíra enferma. Mas, ajudada por sua alegria, não tivera dificuldade em curar-se, apesar da gravidade de seu caso.

Ainda a visitei, duas ou três vezes, antes de ela voltar para o Rio. Na última vez, Vera estava com quem me apresentaram como seu noivo, um rapaz de cabelo empastado, que viera de Buenos Aires só para vê-la.

58

Uns dez dias depois de minha primeira visita a Vera, recebi pelo correio um pacote com os últimos números da *Revue de Paris*, da *Revue des Deux Mondes* e de *Temps Modernes*. Com as revistas vinha uma pequena carta de Alberto de Andrade Queiroz.

Foi a folhear essas revistas que descobri que o meu francês era muito melhor do que julgava. Comecei a lê-las, aos pouquinhos, como permitia o meu regime de repouso, e espantei-me ao verificar que só recorria ao dicionário uma ou duas vezes por página.

Na mesma livraria onde adquiri o dicionário de francês, encontrei, em tradução brasileira, os volumes sobre José e seus irmãos, de Thomas Mann. Desde as primeiras páginas, senti-me entre entusiasmado, pequenino e indefeso diante daquele perfeito enlace do poder da história com a inteligência da imaginação. Ou, melhor, da história com a poesia.

Deixei-me cair com o autor no poço do tempo. Mas, talvez porque não me fosse consentido ler mais de uma dúzia de páginas pela manhã e outra à tarde, eu, embora cercado por enormes tapeçarias, concentrava-me no focinho de um jumento, nos entalhes da bainha de uma adaga, na forma e decoração de uma taça de vinho e na delicadeza da mão que a sustinha. Passara a ler muito devagar, e mais devagar ainda caminhava, atentíssimo, de um parágrafo a outro do livro de Mann. Sem aviso, comecei a perceber que, ao acompanhar uma voz, ouvia outra, e outra, e mais outra, e dei-me, então, conta de que estava imerso numa polifonia.

Durante meses, tive José comigo, só o interrompendo para ler as revistas francesas, que me chegavam regularmente. De vez em quando, o correio trazia um pequeno pacote de livros, que me mandavam Saldanha Coelho ou Bráulio do Nascimento, com um bilhete ou uma carta. Outro que às vezes me escrevia era Fausto Cunha. O mais assíduo, porém, era Antônio Carlos Villaça, com sua letra inconfundível, firme, clara, derramada, aberta. Suas cartas não traziam nem pediam notícias. Eram desabafos de quem insistia em perseguir uma vocação religiosa que não tinha. De quem embalde procurava um abrigo.

59

— Você reagiu bem no início do tratamento — disse-me o dr. Radyr, a olhar-me na radioscopia. — Mas há meses a situação está estacionada. Você não melhora nem piora. Vou, por isso, procurar ajudar o organismo e instalar um pneumotórax no seu pulmão direito.

— Quando, doutor?

— Agora mesmo.

Deitei-me do lado esquerdo num leito estreito e elevado que havia na sala e pus minha mão direita atrás da nuca. O médico procurou o espaço entre duas costelas e nele introduziu uma agulha grossa e longa. Devagarzinho, até encontrar a parte exterior da pleura. Colocou, então, a ponta da agulha entre as duas membranas e, depois, acionou um êmbolo, que criou entre elas a bolsa de ar. Senti uma compressão, um peso no meu lado direito.

— Pus apenas um pouco de ar — explicou-me o médico. — Vamos ver se temos sorte. Volte daqui a dois dias, para sabermos se o pneumotórax está bem instalado e para aumentarmos a quantidade de ar na cavidade pleural. Depois, você terá de fazer aplicações uma vez por semana.

Tudo se passara de forma imprevista e rápido demais. Não tive tempo para ficar inquieto ou nervoso. Fui para casa, deitei-me, como me havia recomendado o médico, e, além de um certo incômodo, ao respirar mais fundo, nada senti, durante todo o dia, de diferente.

A minha serenidade poderia ser tida como apatia, entrega ou desalento. Não era. Eu me sentia bem, a respirar o ar frio e fino da serra. Tudo ao meu redor parecia sem sombras, como se iluminado por todos os lados. E eram cada vez mais raras as enxaquecas, e bem menos severas. Eu voltara à vida sem pressa de minha infância. Estava livre de rumo ou destino. E fazia poemas que não punha no papel, porque os queria assim, incompletos e efêmeros.

60

Condelac Chaves de Andrade era um caboclo de pele manchada, olhos esverdeados e cabelos negros e lisos, que, penteados para trás, teimavam em repartir-se e cair para os lados. Apresentados um ao outro pelo meu irmão Márcio, logo ficamos amigos.

Inspetor de polícia, Conde — como lhe chamávamos — pouco tinha que fazer numa cidade pacata como Campos do Jordão. Cuidava de alguns pequenos furtos e, de raro em raro, de um crime passional. A maior parte do tempo dedicava a escrever um romance que não terminava nunca, *O inferno de são Sebastião*, a cuidar das obras de uma Santa Casa que também parecia interminável, porque se ia construindo aos bocadinhos, conforme entravam os dinheiros, e a conversar com os amigos, que eram muitos e viviam nos mais distantes lugares. Chegava a Campos o Rubem Braga, o Sérgio Milliet ou o escritor que fosse do Rio, de Minas, do Rio Grande do Sul ou de São Paulo, e a primeira pessoa que procurava era o Condelac. E tinha razão para isso: não havia melhor conversador do que ele, fino, inteligente, imaginoso, irônico, capaz de ver de modo novo e, muitas vezes, inesperado, um fato, um livro ou um simples artigo de jornal. Mas era, acima de tudo, um homem afetuoso e bom.

Conde estava casado com uma professora, Dulce, filha de italianos, baixinha, alourada e suave, ainda que forte. Pareciam felizes, com seus quatro ou cinco filhos, numa casa cheia de livros. Eu gostava de ir lá, para mexer nas estantes, sem jamais tomar um só volume de empréstimo, para não acender os ciúmes do dono. Mas minha alegria era, em meus passeios matutinos, procurá-lo em Vila Abernéssia e passar com ele três quartos de hora, a caminhar entre os canteiros floridos.

Às vezes, inventávamos discordâncias. E quem nos visse a discutir, não poderia imaginar que o tira de uma cidade do interior comentava a música de Erik Satie, opunha a pintura de Di Cavalcanti ao abstracionismo geométrico de Ivan Serpa e buscava aproximações entre os romances de Henry James e *A mulher que fugiu de Sodoma*, *A quadragésima porta* e *A ladeira da memória*.

José Geraldo Vieira me fascinava. Para Condelac, era um pedante. Ele tinha como romancista por excelência Graciliano Ramos. Um escritor admirável, eu concordava, mas destituído de imaginação. E Conde me perguntava se eu sabia o que era realmente imaginação, e jogava contra o meu rosto *Vidas secas*. Não havia personagem mais patética na literatura brasileira do que a cachorrinha Baleia. Eu contra-argumentava: dos livros de Graciliano, só dois me tinham comovido, *Vidas secas* e *Infância*, este último um dos melhores livros de memórias que já lera. O resto era raso. O meu amigo, ao ouvir isso, me punha uns olhos de lástima.

Um dos nossos grandes assuntos eram as diretrizes, ou, melhor, as ordens de Zhdakov aos escritores e artistas comunistas, para que produzissem obras a serviço do partido. A utilidade política passava a prevalecer sobre todos os critérios de julgamento estético. No Brasil, começaram os ataques aos que não se rendiam ao chamado realismo socialista ou se distanciavam dos comunistas, como Manuel Bandeira e Carlos Drummond de Andrade.

Este último foi desancado à grande por causa de *Claro enigma*. Mal o livro saíra, eu o comprara e lera e relera, comovido e deslumbrado. Não podia entender como se sucediam, nas revistas literárias e nos jornais, as críticas negativas que lhe faziam e que às vezes chegavam ao insulto.

Não, o livro não era o de um poeta decadente, como diziam, incapaz de continuar *A rosa do povo*. Eu insistia com Condelac: *Claro enigma* era um grande novo avanço de Drummond e a sua obra mais densa e humana. O que os empolgados com o russo em Berlim não queriam perceber era que os melhores poemas de *A rosa do povo* — "A vida menor", por exemplo — já prenunciavam os de *Claro enigma*. Esqueciam eles que "Procura da poesia" podia ser tido como uma espécie de prólogo a *Claro enigma*, ao recomendar ao poeta que não fizesse "versos sobre acontecimentos", mas penetrasse "surdamente no reino das palavras", porque "lá estão os poemas que esperam ser escritos".

Conde concordava: havia evidente má-fé nos ataques, pois ninguém que fosse sensível à poesia poderia negar que "A máquina do mundo" e "A mesa" fossem criações altíssimas. E o livro estava cheio de outras obras-primas, como "Um boi vê os homens", "Entre o ser e as coisas", "Campo de flores", "Morte das casas de Ouro Preto", "Os bens e o sangue" e "Convívio". Não havia no volume um só poema que eu não quisesse ter escrito.

61

O meu irmão Márcio decidira mudar-se para São Paulo, onde iria casar-se com Lina, uma professora que conhecera em Campos do Jordão.

Deixava sua casa em Abernéssia, onde morava sozinho, uma casa grande, com muitos cômodos, quase todos usados como depósito do que colecionava — e colecionava selos, moedas, postais, caixas de fósforos, carteiras de cigarros e o que mais não sei. Nos outros, empilhava cuidadosamente as revistas e os jornais que lia. Quem quisesse dar-se ao trabalho, poderia ali encontrar, um sobre o outro, os diários de cinco anos passados.

De manhã, Márcio saía do quarto para a cozinha, e coava o café, a esperar a visita do bicheiro. Fazia seu joguinho todos os dias, assim como apostava semanalmente nas loterias. Ia, depois, ao barbeiro, pois não se barbeava em casa.

Dantes, era na barbearia que arriscava no jogo do bicho, mas o juiz de Direito chamou-lhe a atenção:

— Dr. Márcio, não fica bem que o advogado da prefeitura e que está substituindo interinamente o promotor seja visto em público a infringir a lei.

O meu irmão tranqüilizou o juiz: não seria mais visto a jogar na barbearia. E passou a receber o bicheiro em casa.

62

Iam-se embora, felizes e com alta, alguns hóspedes de d. Vitalina, e chegavam outros, doentes e esperançosos. Como um médico recém-formado, Valter Pellegatti, e um senhor alemão, Rolf Waldemar Wreszinski, que passaram a dividir um dos quartos.

Valter tinha pressa em voltar à atividade. Não queria passar um ano ou mais a curar-se.

— Minha lesão se resolve com a toracoplastia. Prefiro perder algumas costelas a ficar um ano de cama.

Operou-se uns três meses depois, e agüentou outros tantos de convalescença. Era um jovem risonho e irônico, que gostava de contar histórias de clientes que atendera no hospital. Lia muito, mas só livros de Medicina.

Já Rolf era um grande leitor de literatura, sobretudo em alemão e inglês. Moreno, pesado, mais para gordo do que para magro, de cabelos cortados à escovinha e sem a falangeta do indicador da mão direita, tinha pouco mais de quarenta anos. Fugira da Alemanha nazista, com a mãe e a irmã, para a Holanda, de onde, ajudados pela Igreja católica, tinham vindo para o Brasil. A irmã, médica, seguira para a Bolívia. Ele ficara no Rio, sob os cuidados de frei Pedro Sinzig, que lhe conseguira um emprego. Enquanto não recebia o primeiro ordenado, sobrevivera graças ao único bem que trazia consigo, um relógio de ouro, que não teve dificuldade em vender.

Com bons conhecimentos de latim, Rolf não demorou em fazer-se entender em português. E, a partir do que aprendera no colégio e nos primeiros anos de Medicina, começou a estudar sozinho as técnicas de conservação de alimentos, o que lhe permitiu chegar em relativamente pouco tempo à direção técnica da maior empresa brasileira no ramo. Naturalizara-se brasileiro, casara com uma médica nordestina e tinha um filho, ainda menino, Walter, que queria ser físico nuclear. Falava um português quase sem sotaque, claríssimo e preciso.

Tornamo-nos amigos. E, um dia, a observar-me folhear a revista *Time*, que ele recebia, perguntou-me se eu era mesmo incapaz de ler em inglês.

— Vai ver que não. Por que você não compra um dicionário e tenta ler esta peça de Bernard Shaw que tenho aqui?

E empurrou-me *Mrs. Warren's Profession.*

Foi assim que, de um momento para outro, comecei a ler em inglês, sempre orientado por ele, que parecia ter a noção exata das dificuldades crescentes de autor para autor.

— Agora — disse-me, uns dois meses depois — você já está em condições de abordar as peças de Shakespeare de que conhece os entrechos ou que já leu traduzidas. Vou conseguir uma edição anotada do *Romeu e Julieta*. Em qualquer idioma, os clássicos são menos difíceis do que os modernos, embora pareça o contrário.

Rolf obtinha livros de uma biblioteca de São Paulo, que alugava, pelo correio, livros em alemão e inglês. Mal terminava um livro, começava outro. Seu poeta predileto era Heine, que, segundo ele, só se podia apreciar em alemão. Pela sutileza de sua linguagem, dele não ficava quase nada nas traduções. Falei-lhe de Rilke, que eu tanto admirava, embora só o conhecesse por versões para o português, o espanhol e o francês.

— É nefelibata demais para mim — comentou. — Entre os modernos, prefiro Christian Morgenstern.

Nunca tinha ouvido falar nesse poeta alemão, como também desconhecia a norte-americana Dorothy Parker, de cujos versos agudos e irônicos ele me falou com entusiasmo. E mandou buscar, para que eu os lesse, os seus *Collected Poems*.

Com a partida do Valter Pellegatti, passei a ser seu companheiro de quarto. E, certo fim de tarde, durante o repouso mitigado (aquele em que podíamos conversar), eu puxei como assunto uma greve de estudantes que estava na primeira página dos jornais e comentei que as agitações estudantis eram sempre idealistas e generosas.

Ele quase me cortou a última palavra:

— Nem sempre. Não confunda idealismo e generosidade com excesso de entusiasmo e porosidade a idéias que explicam e resolvem tudo. Meu pai também acreditava que a juventude só abraçava grandes ideais. Mas foi vendo aumentar, dia a dia, até encherem a sala, os que vinham às suas aulas de camisa parda, e reconheceu entre os seus melhores alunos os que hostilizavam aqueles que não usavam a suástica e os excluíam do convívio nos corredores e nos refeitórios, a chamar-lhes covardes, traidores, vendidos e podres. Numa manhã, ao entrar na classe, meu pai foi recebido com batidas de pé no chão e um coro de "judeu! judeu!". Nunca mais os alunos, a patear o tempo todo, consentiram que desse aula. E o mataram de desilusão e desgosto.

Fez um breve silêncio. E continuou:

— Os estudantes estiveram entre os mais ativos, os mais intransigentes, os mais fanáticos e os mais ferozes dos nazistas.

Seu pai poderia ter emigrado, mas deixou-se ficar na Alemanha, confiante de que haveria uma reação ao avanço de Hitler. Não faltariam universidades nos Estados Unidos que quisessem acolhê-lo, pois Waldemar

Wreszinski, professor de história antiga na Universidade de Könisberg, era arqueólogo e egiptólogo conhecido, cuja obra, em três grossos volumes, sobre a medicina no antigo Egito estava nas estantes de todos os especialistas.

— Creio que meu pai não emigrou, porque julgava que não conseguiria viver em nenhum outro país que não a Alemanha. Era alemão até a medula dos ossos. E não queria acreditar que a sua Alemanha se pudesse transformar no que se transformou.

Não foram apenas os estudantes que o decepcionaram. Também os amigos mais chegados, professores como ele e que, uma noite por semana, costumavam reunir-se em sua casa, para, entre risadas e muitos copos de chope, tentar tocar os quartetos de corda de Mozart e Beethoven. Cada qual inventou sua desculpa e não mais apareceu.

63

— Depois da operação de Jacobeus, que eliminou as aderências da pleura, o seu pneumotórax está consolidado — disse-me o dr. Radyr. — Você pode perfeitamente ficar por duas semanas sem nova aplicação. Por isso, quero que vá passar uns dez dias no Rio, com a família e os amigos. Será uma espécie de férias. Você repousará por duas horas depois do almoço e procurará dormir cedo à noite. No resto do dia, faça o que tiver vontade, divirta-se.

Era a primeira vez que eu descia a serra. Ia pequenino, encostado à janela, a acompanhar as mudanças que luz e sombra faziam no verdor da mata e a imaginar a alegria com que me receberiam, após mais de um ano de exílio, minha mãe e minhas irmãs, Alice e Elisabeth. Acolheram-me naturalmente, como se eu tivesse voltado de um breve passeio. E recostei-me na minha cama como se nela tivesse dormido ontem.

Ninguém me falou de doença nem de ausência. Mas havia em mim um jogo de reencontro, afastamento e novo reencontro, a sensação de que eu recuperava o perfume de minha mãe, para outra vez perdê-lo. Porque, mais do que os móveis, os livros, o quadro rococó com quem pensávamos que fosse Mozart ao piano, era aquele perfume de flores de minha infância o que me ancorava à casa. Descobri, de repente, que era dele que tinha saudade.

No dia seguinte, no café da manhã, minha mãe se pôs a refazer-me com os olhos. Disse-lhe que estava ali de verdade e que, qualquer dia, ia voltar de vez. Dentro de mim, porém, estava convencido de que não seria assim, que ia arrastar a doença durante muitos anos, como tantos tuberculosos que conhecia. E foi isso o que tentei dizer a Lúcia Teresa, quando nos encontramos à tardinha. Que ela não se ligasse a quem, apesar da aparência de saúde, era um agonizante.

Como lhe falasse do modo mais oblíquo possível, ela entendeu que dela me despedia para sempre, mas não que eu estava lentamente a morrer. E se pôs mais linda contra o dia que findava, a luz serena a emendar com a paisagem o seu vestido estampado com minúsculas florinhas. Olhei para o chão, amarfanhado por dentro: ela calçava sandálias brancas de saltinho.

Ao levantar a cabeça, senti que estávamos ambos feridos: o punhal, em vez de cabo e lâmina, tinha duas pontas. Estávamos ali, sem coragem para nos tomarmos pelas mãos, num jardim que se fizera inteiramente branco. De súbito, não havia mais nada em derredor, nem rua, nem prédios, nem árvores. Éramos duas figuras sombreadas na alvura de uma folha de papel. E foi dessa ausência de paisagem, enquanto a minha mesquinhez se voltava numa tristeza mansa, que ela se afastou, a se fingir firme e serena.

64

No trem que ia do Rio para Pindamonhangaba, eu relembrava aqueles dias recentes, em que simulara para mim mesmo não estar enfermo. Minha mãe, que costumava falar muito, tinha acarinhado os meus cabelos em silêncio. Fazia-me bem deitar com a cabeça no seu colo. Dirinha, que cuidava de nós todos desde a minha infância, procurara fazer os pratos de que eu mais gostava. E os companheiros da *Revista Branca* me tinham acolhido com abraços de felicidade. O grupo havia crescido: agora também faziam parte dele Oswaldino Marques, Darcy Damasceno, Sérgio de Camargo, Renard e Rossini Perez, Élcio Xavier, E.C. Caldas. E Saldanha Coelho havia comprado uma prensa manual, para imprimir livros em pequenas tiragens.

Quem iria fazer o trabalho de composição e impressão era o Élcio, que combinava a condição de poeta com a de diretor comercial de uma siderúrgica. Olhava-se para ele e via-se um manso. Era mais que isso: era um homem bom. No momento, passava meia hora por dia a imprimir provas, para ajustar a prensa, da qual, meses depois, sairia um belo livro, o poema *Cravo bem temperado*, de Oswaldino Marques, com desenhos de Aldary Toledo.

Eu repassava aqueles rostos todos, a procurar fugir do de Lúcia Teresa, com a tristeza de um olhar que não ocultava o dó em que me tinha. Levava comigo a sensação de que me desligara da beleza da vida e que voltava ao exílio mais pobre. E isto pensava, quando passou pelo corredor do vagão uma jovem bonita e elegante, que segurou na barra à frente de minha poltrona com mão delicada e de unhas pintadas de vermelho. Havia algo de estranho na moça, que não demorei a perceber: ela tinha seis dedos em cada uma das mãos cuidadosamente manicuradas.

65

Luís Gonzaga Ferreira Lopes era um rapaz alto, com uma cabeça de estátua romana. As moças caíam por ele, que vivia a saltitar de uma para outra.

Chegou à casa de d. Vitalina muito magro, tristonho, olheirento e pálido. Poucos meses depois, era outra pessoa: ganhara peso, ficara corado e estava a caminho da recuperação.

Falou-me de suas irmãs, ambas atrizes, que haviam começado com Ziembinski e "Os comediantes". Uma, Virgínia Vanni, abandonara o palco, ao casar-se. A outra, Margarida Rey, continuava na ativa, e eu a veria, esplêndida, numa *Fedra* que me deixou arrepiado. Luís não dava para ator, pois era incapaz de simular: estava verdadeiramente apaixonado a cada mudança de namorada.

Um dia, surpreendi-o a rabiscar num papel. E, com surpresa, exclamei:

— Mas, que diabo, você desenha muito bem!

Confessou-me que sempre gostara de desenhar, mas jamais tomara aquilo a sério.

— Pois está na hora de fazê-lo. Você aqui tem todo o tempo do mundo.

Luís comprou papel, canetas, pincéis, nanquim e guache. E começou a fazer umas grandes cabeças de mulher, com cabelos que pareciam asas de pássaro. Cada novo desenho era mais belo do que o anterior. Para Condelac, que dividiu comigo o entusiasmo, Luís descobrira o segredo das máscaras: ocultar o rosto aparente, para revelar o secreto. Era assim que ele entrava no teatro.

Saíamos os três, quase todas as manhãs, a passear pela cidade. E víamos o Luís descobrir como se articulavam entre si as formas do mundo. Ele tinha um olhar novo, de quem dantes prestara pouca atenção ao seu redor. E o que saía de sua mão era só dele: não parecia com o de mais ninguém.

À medida que ia fazendo novos desenhos, rasgava os antigos. Terminado um trabalho, ficava horas a louvá-lo. E ia dormir deslumbrado com sua obra-prima. Na manhã seguinte, achava-a uma porcaria. Uma droga. Por isso, não me deu um só desenho. Dizia:

— Quando fizer um realmente bom, será seu.

Desenhava. Desenhava. Desenhava. E não deixou de desenhar, depois que voltou, curado, para São Paulo. Mas não fez carreira: um tumor no cérebro matou-o, três ou quatro anos depois.

66

Estávamos, Luís e eu, sentados na varanda, quando um automóvel parou defronte à casa. Dele, chamaram d. Vitalina. Esta acorreu e ficou a conversar durante alguns minutos com dois homens que desceram do carro. Depois, a carregar uma maleta, abriu o portão para uma jovem muito branca, bonita e risonha.

À noite, ficamos sabendo que o homem do automóvel era um importante dirigente do Partido Comunista, Diógenes Arruda, e que a moça, Walná, era filha de um dos seus líderes históricos, Octavio Brandão. Enquanto ela ficou conosco, jamais foi ao médico ou tomou qualquer remédio, pelo que supúnhamos que estivesse em perfeita saúde e que tivesse vindo para Campos do Jordão e para nossa casa de doentes em busca de abrigo. Pois, num fim de tarde, várias semanas depois, o carro voltou para buscá-la.

Descontraída e alegre, não estava a esconder-se. Saía conosco e, ao ser apresentada a pessoas que lhe eram estranhas, não hesitava em dizer o nome.

Creio que o partido assumira a obrigação de cuidar dela e, enquanto lhe buscava um destino, não encontrara melhor lugar do que a casa de d. Vitalina.

Walná, sem que disso tivesse a menor suspeita, mudou os nossos dias. Conversar com ela tinha gosto de aventura, porque suas referências culturais eram distintas das nossas. Pareciam-nos estranhas até mesmo algumas das metáforas com que descrevia a sua vida. Nascera em Moscou e lá passara a infância e a adolescência. Não desprezava a música de Mozart, embora o considerasse um jogral da aristocracia e a ele preferisse Tchaikovski, Rimsk-Korsakov e Borodine. Mas nunca ouvira Satie nem lera Proust. Aos nossos poetas — e a quase todos desconhecia — opunha Puchkin e muitos outros de quem nunca tínhamos visto sequer o nome.

Eu andava interessadíssimo nos anarquistas, após ter lido *O anarquismo ao alcance de todos*, uma espécie de catecismo escrito por José Oiticica. Como me haviam dito que Octavio Brandão havia sido anarquista antes de se tornar comunista, tentei conversar com Walná sobre o assunto. Ela quase se sentiu insultada. Tinha mais horror aos anarquistas e aos trotskistas do que à burguesia. Era ortodoxamente estalinista.

Rimbaud a indignava. Como era possível que nós considerássemos um grande poeta um mau-caráter daqueles! E grande pintor um alienado como Gauguin! A literatura para ela devia usar vestido sem decote, apertado ao pescoço, mangas longas e saia a dar nos tornozelos. E ser politicamente útil, e ensinar, e convencer. Mas não eram essas opiniões o que nos surpreendia. O que chegava a nos escandalizar era que uma jovem educada num país que considerava revolucionário se mostrasse impregnada de uma beatice que pouco se distinguia da de minhas tias-avós em Sobral. Só que, em vez de acompanhar procissões, ela ia a comícios.

67

Baixa, magra e delicada, de cabelo *à la homme* e roupas e sapatos masculinos, parecia um rapazola efeminado. Chamava-se Sara, mas havia publicado com o pseudônimo de Miguel Scott um livro de sonetos convencionais e atendia também por esse nome. Fumava muito e tinha os dentes e os dedos indicador e médio da mão direita encardidos de nicotina.

Os sonetos, nos quais se sucediam os lugares-comuns, não lhe refletiam a angústia, a solidão, o desamparo. Mais do que triste, Sara não se encontrava no espelho nem nos olhos dos outros. Não era o que era e era o que não era, sempre à beira do abismo, não se sabia se para a queda ou para o vôo. Conversávamos sobre livros e poemas, mas jamais nos fez uma confidência ou contou uma história de sua infância. Dizia-nos, contudo, muito de si ao comentar certos romances, como *O poço da solidão*, de uma autora inglesa que se vestia de homem como ela, e o desespero e os desencontros entre o corpo e a alma de personagens como os que encontrávamos em *Le Visionnaire*, de Julien Green, *The Santuary*, de Faulkner, e *Brighton Rock*, de Graham Greene, que líamos em português.

O riso de Sara era curto, como se ela, arrependida e sempre tensa, o cortasse a meio. Mais escárnio do que riso. Nunca a vi desprevenida, solta, menina. E mal saía da adolescência. Uma adolescência que eu imaginava sem flores e sem valsas de fim de ano, e que lhe deixara, além da tuberculose, cicatrizes nos pulsos.

Tínhamos medo de que ela de novo se debruçasse para a morte. E a vigiávamos afetuosamente.

Mais difícil, porque não morava conosco, era acompanhar a raiva da vida de Newton Sant'Anna, um jovem pintor que arrastava a doença havia alguns anos, porque não tinha a paciência de curar-se. Mal melhorava, descia a serra e abandonava o tratamento. Alguns meses mais tarde, ao vê-lo pior, a família o mandava de volta. E se repetia o enredo.

Newton pintava ferozmente, com cores e pinceladas fortes. A praguejar. Não via sentido em nada, nem mesmo na pintura. E, se a dor deixasse, arrancaria de si próprio, às dentadas, para pôr nos quadros, pedaços de carne.

68

Foi num desses fins de tarde em que, após a chuva, uma luz mansa resiste a despedir-se. Saíamos do cinema, onde víramos um filme banal, e andávamos na direção do ponto do ônibus, quando, de repente, num átimo, tudo parou ao meu redor. Desceu sobre mim a felicidade, e eu parecia estar no meio de uma grande flor de pétalas inteiramente abertas. O mundo nascia de mim e voltava para mim, no mesmo instante. E a vida era aquilo: a revelação intensa e fugaz da eternidade.

Um minuto depois, já refeito da alegria do espanto, eu me perguntei se não seriam assim as experiências dos místicos, se não tivera eu, apesar de incréu, a visita de Deus, ao sentir abrir-se em mim o esplendor do mundo. Nem todas as aparições, pensei, se passam na solidão ou no escuro. Também o mistério aspira à claridade.

Tudo foi mais do que breve — um simples respiro mais fundo. Nem Wanda, nem Sara, nem Luís notaram algo em mim de diferente. Não houve sequer uma pausa na conversa. No entanto, para mim tudo mudara, pois foi nesse fim de tarde, após a chuva, quando uma luz mansa resistia a despedir-se, que soube que não ia morrer jovem.

69

Chamaram-me ao telefone. Era Verinha — Vera de Campos Queiroz —, que voltara a Campos do Jordão, para fugir do calor carioca. Estava hospedada na casa de sua irmã de criação e comadre, Cleonice de Holanda Camargo, que se casara na serra e lá decidira ficar.

Fui vê-la no dia seguinte, e ela passou a sair com o nosso grupo. Passeávamos juntos e, juntos, íamos ao cinema, o único da cidade, que mudava de filme a cada dois dias.

Certa manhã, Condelac me disse:

— Você talvez ainda não saiba, mas está caído por essa moça, a Vera.

Brinquei com ele: que não, que éramos apenas bons camaradas e herdeiros de uma amizade de família. Mas que a admirava. Era bonita, inteligente, culta, alegre, luminosa.

— Que bonita, que nada! É linda! — exclamou Condelac. — E não tem mais compromisso, pois rompeu com o argentino.

Eu estava avisado do que não adivinhara, porque encoberto. Porém não cuidei disso, enquanto a minha alma ia florindo no meu corpo arisco. Verinha chegava, e eu me punha feliz.

Certa noite — guardamos a data, 5 de setembro —, ela veio jantar conosco. Tínhamos planejado ir depois ao cinema. E fomos, de táxi, como éramos obrigados a fazer, sempre que saíamos à noite. Na volta, d. Vitalina e seu Joaquim vinham no banco da frente, com o chofer. No detrás, entre Wanda e Verinha, eu abraçava as duas. Num determinado momento, voltei-me para ela e naturalmente nossos lábios se juntaram. Eu descobrira a bem-amada.

70

Eu estava em Campos do Jordão há dois anos. A doença regredira, mas não a ponto de receber alta: havia um reduto que resistia aos tratamentos.

Uma tarde, seu Joaquim voltou do correio com uma caixa e uma carta de minha prima Billie. Ela tinha ido à Suíça, ver o filho, Edwin, que estudava administração de empresas em Lausanne, e lá soubera de um novo medicamento contra a tuberculose, de que me mandava cinqüenta frascos. Recomendava-me que mostrasse o remédio a meu médico.

O dr. Radyr ficou exultante. Já sabia da hidrazida, pelas revistas que assinava, mas ainda não a tinha visto, pois acabara de ser lançada na Europa. Passei a tomá-la e, três meses depois, todos os meus exames recomendavam a alta.

— Você está pronto para voltar, lentamente, à vida normal. Vamos mantê-lo aqui ainda por um tempinho, em observação e para consolidar a cura. Marque seu retorno para junto da família aí para fins de abril ou princípios de maio, quando o Rio começará a refrescar. No Rio, você manterá, ainda por alguns meses, o pneumotórax, dormirá cedo e fará uma sesta diária de duas horas. Mas poderá freqüentar a faculdade e concluir a sua antologia de lendas indígenas.

71

Vivia dias felizes, quando, numa tarde, chegou-me carta de Bráulio do Nascimento, com a notícia da morte de Jones Rocha.

Jones era diabético e, nos últimos meses, fora também tocado pela tuberculose. Refugiara-se com a mulher, Mary, e com a filha, Jane, em Itaipava, de onde me escrevera. Trocamos algumas cartas — as dele, inquietas, inconformadas, densas, sofridas.

A notícia deixou-me entre o espanto e a revolta. Eu não esperava por aquela morte. Nem contava com a perda de uma amizade que se ia construindo à distância e que, para mim, representava uma resposta ao ato do poema, que assim não se perdia. Tinha a impressão de que Jones era o meu melhor leitor. E eu, talvez, fosse o dele. Certo é que nos aproximava a necessidade e a ânsia da procura, o desejo da afirmação total, do testemunho sério que queríamos fossem nossas vidas. Aspirávamos a ser mais do que escritores: queríamos ser bons, puros, incontaminados pelas falsidades do século, repetir Thoreau, Simone Weil e Léon Bloy, encostar ao menos a ponta dos dedos no espelho da santidade. De uma santidade sem Deus, porque não acreditávamos Nele.

Jones personificava um ideal que era nosso, de boa parte de nossa geração: o da busca da autenticidade, da coincidência da vida com o que se crê e se pensa. Estava em permanente revolta, a começar contra si próprio, pelo menor dos desvios, pela mais ínfima concessão que fizesse às conveniências ou ao que tinha por coação dos interesses. Para ele, o maior pecado era a traição. Se fizéramos nossa a causa dos homens, tínhamos — como costumava afirmar — de não transigir com a sua falsa alegria e de acompanhá-los na solidão e na pobreza.

72

Uma carta de Constantino Paleólogo, que então dirigia a revista *A Cigarra*, manifestava alegria pela notícia do meu retorno e me convidava para cuidar de uma nova seção, um concurso permanente de poesia, semelhante ao de contos, que se mantinha desde muitos anos e revelara João Guimarães Rosa. Que me preparasse, pois ele iria anunciar a nova seção e, quando de minha chegada ao Rio, encontraria certamente algumas dezenas de cartas com poemas.

Mais de uma centena me esperava. E, durante os quatro anos em que respondi anonimamente pelo concurso, não houve mês em que não viesse para as minhas mãos mais da metade de toda a correspondência recebida pela revista. Chegavam poemas de toda parte, até de vilarejos que não se encontravam nos mapas. Mais do que perplexo, atemorizado, eu, que tinha o escrever poesia como dificílimo, e o poema como um algo raro, despejava em minha mesa, mensalmente, versos, e versos, e versos, com emoções que, embora pudessem ser sinceras em quem os escrevia, nos poemas eram imitadas.

De vez em quando, uma surpresa: alguém que escrevia um poema e, às vezes, um bom poema. Foi no concurso de *A Cigarra*, que começaram a revelar-se Walmir Ayala, Luiz Bacelar, Sebastião Uchoa Leite, Yone Rodrigues e também Cícero Sandroni, que trocaria a poesia pelo conto. Entre os que foram mais de uma vez premiados, havia dois rapazes de grande talento, Camilo Rocha, de Bagé, e Mário Vieira, do Rio, de quem nunca mais ouvi falar. Por seu lado, por duas vezes, Verinha me tapeou: mandou-me sob pseudônimo poemas que premiei.

Mas a seção n'*A Cigarra* era apenas o começo do que me preparavam os amigos. Ao descer, no bondinho, de Campos do Jordão para Pindamonhangaba, se vinha a assobiar para dentro, não podia imaginar que, fora de minha casa, fosse tão querido. Logo na primeira visita à *Revista Branca*, Bráulio me anunciou:

— O seu livro está a caminho. O Saldanha Coelho deu de presente o papel, o Darcy Penteado fez as ilustrações, e o Élcio Xavier se dispôs a compô-lo e imprimi-lo na prensa manual. Vamos fazer algo bonito como os livros inconsúteis do João Cabral de Melo Neto e o *Cravo bem temperado*, do Oswaldino.

E, assim, pouco depois de meu regresso ao Rio, foi publicado, fora de comércio, numa edição de menos de cem exemplares, *O parque e outros poemas*.

73

Só ao regressar ao Rio, soube da morte de minha avó, da única avó que conheci, que atendia por Aroca. Menino, ela me parecia muito moça. E era, porque apenas 14 ou 15 anos mais velha que minha mãe.

A minha avó era uma bela mulher: morena, de cabelos negros e perfil forte, com um ar de sefardita, que os olhos azuis não desmentiam. Não sei se tinha sangue judaico: na família guardara-se a história de um francês, Jean de Fontenelle, que viera para o Brasil no século XVIII, em busca de minas de prata, e ficara em Viçosa, onde se casara com moça da terra. Se, ao longo das gerações, entraram na linhagem um ou mais cristãos-novos, suas feições foram reaparecer na minha avó.

Nunca a vi em desalinho. De manhãzinha, ao sair do quarto, já estava bem penteada e vestida de negro, num luto, que não tirou nunca, por um marido que a traíra desde praticamente o dia seguinte ao casamento. Na roupa de mangas compridas e fechada até o pescoço, a viuvez só se via abrandada pelas rendas brancas do colarinho e dos punhos.

Não era, porém, uma pessoa triste. Trazia no íntimo a confiança de quem se criara num casarão com mais de vinte janelas e os valores de uma aristocracia rural que não apenas tinha o gosto do mando, mas também prezava servir, proteger e ajudar. Mais de uma vez, ela me censurou gestos de egoísmo, dizendo-me:

— Nós não temos importância, mas, sim, os outros. É para os outros que vivemos.

A sua educação fora a das meninas das famílias de posse de sua época, nas cidades do interior do Brasil. Os pais não concebiam sequer a idéia de mandá-la à escola. Em casa, com mestres particulares, aprendera a ler e a escrever — e escrevia bem, numa bela caligrafia —, e a fazer contas, coser, bordar e tocar piano. Casara-se com um homem culto, que lia os seus clássicos em latim, e se tornara a sogra de um poeta. Tinha bom gosto e saudades dos requintes da Manaus do auge da borracha, e horror à intolerância, à prepotência e a tudo que impedisse o homem de respirar bem fundo. Antifascista desde sempre, não tinha paciência com Stálin nem com os que lhe entoavam loas. E procurava nos retratos de Mao Tse-tung o bigodinho de Hitler.

74

Entre os livros que chegaram durante minha longa ausência e que minha mãe guardara cuidadosamente, estavam os três volumes do *Panorama do simbolismo brasileiro*, de Andrade Muricy. De muitos poetas que nele figuravam nunca tinha lido um só verso. O que mais me tocou, no entanto, foi a história de suas vidas. Quase todos penaram na pobreza e acumularam malogros, desencantos, frustrações e amarguras. Houve alguns, como Jacques d' Avray, Guerra-Duval e Félix Pacheco, que tiveram dinheiro, renome e êxito. Os demais andavam de roupas puídas e sapatos cambaios. Mesmo entre aqueles poucos que não padeceram maiores agruras financeiras, os desencontros amorosos, o alcoolismo, a sífilis, a tuberculose, a melancolia e a inclinação ao suicídio lhes marcaram a existência.

O extraordinário em gente tão sofrida era a fidelidade à poesia, como se esta não fosse a maldição que os acossava, mas refúgio e consolo. Sabiam que não eram lidos, ou só o eram pelos poucos da mesma grei. E se gastavam em empregos pequeninos, nos jornais, nas repartições públicas, no comércio, à espera dos momentos de acesso à beleza.

A leitura do *Panorama* me fez mal. Eu vinha de uma demorada estação de cura, durante a qual cultivara a serenidade. Ainda que raros, não me faltaram, contudo, os dias de angústia, nos quais me senti a me olhar da janela da morte. Não era a morte, porém, o que mais me amedrontava: era o destino incompleto, a vida sem vôo, mesquinha e acanhada.

75

Fui ao velório de Jorge de Lima, na Câmara Municipal. O salão, a escadaria, a calçada e a praça defronte estavam cheios de gente. E, quando o féretro saiu, o acompanhamento foi enorme. Nunca assistira a um cortejo funerário tão grande, exceto quando morreu Catulo da Paixão Cearense. Menino de 15 anos, eu me assombrara com a massa humana a cantar "Luar do sertão". Agora era diferente: havia uma profusão de táxis, lotações, camionetes e até ônibus a seguir o carro funerário e a fechar literalmente as ruas. Não era ao poeta que se endereçava a maioria das homenagens, nem tampouco ao vereador que presidira a Câmara, mas, sim, ao médico dos choferes, que os atendia, quando solicitado, no seu consultório particular, com devotamento, carinho e, muitas vezes, sem cobrar-lhes nada. Alguns deles choravam.

Mais tarde, o Villaça me contaria que os últimos meses de Jorge de Lima tinham sido terríveis e que o poeta, para suportar as dores, estava quase sempre sob efeito da morfina. E mostrou-me um exemplar de *Invenção de Orfeu*, em cuja última página, Jorge, já muito enfermo, escrevera, de alto a baixo, com letras grandes: "Christus Christus Christus Cristo Cristo Cristo Cristo Cristo Xto Xto Xto Xto Até o Juízo Final!"

76

A volta à faculdade, que interrompera no início do curso, foi melancólica, e não só porque os meus colegas já estavam matriculados no último ano. Cansavam-me e irritavam-me as aulas e os livros de direito. Eu não tinha gosto por aquilo. Face a cada questão, os professores apresentavam, quase sempre, duas teses antagônicas e uma terceira, a eclética, que as diluía e combinava. Tinha-se a impressão de que faziam acrobacias sem tirar os pés do solo.

Só duas classes não me aborreciam: a de direito romano e a de teoria do Estado, esta última por causa do professor, que costumava sair do ponto e divagar sobre história. Eu me interessava, por exemplo, pela evolução da família e do Estado na antiga Roma — li e reli, na época, *A cidade antiga*, de Fustel de Coulanges — e acompanhava atentamente as digressões de Feijó Bittencourt sobre o elefante como animal de guerra na Índia e em Cartago.

Não iria ser advogado. Isso eu já havia decidido antes de seguir para Campos do Jordão. Pensara, na época, em mudar de rumo e cursar antropologia. A doença me vedara esse caminho, porque não poderia mais fazer o que desejava: pesquisa de campo, viver meses numa tribo ameríndia ou num vilarejo africano. Decidi retornar à faculdade de direito, enquanto me preparava para uma outra profissão, na qual também estaria diante da diferença que me fascinava. O melhor de minha curiosidade se endereçava aos povos que pensavam e agiam de maneira distinta da nossa, e não me escapava da leitura atenta um só texto sobre a China, o Japão, a Índia, o mundo islâmico e, sobretudo, a África. Eu iria ser diplomata.

A diplomacia era o destino para o qual sempre me tinham apontado amigos mais velhos como Gustavo Beutenmüller, Luiz Gallotti e Alberto de Andrade Queiroz. Era, aliás, a carreira que meu pai ambicionara seguir. Eu bem sabia disso, pois crescera com a história de que havia sido o próprio Rio Branco quem lhe cortara o sonho.

O barão escolhia pessoalmente os futuros diplomatas. Convidou meu pai para um almoço a dois. À sobremesa, disse-lhe:

— Da Costa, você é um rapaz de talento e possui o dom das línguas, mas não serve para diplomata, porque é muito feio.

E rematara, cruel:

— Você parece um macaco!

Eu revia a tristeza e a humilhação de meu pai, magro, curvo, estrábico, a descer a escadaria do Itamaraty. Se eu conseguisse ser diplomata, não só me vingaria de Rio Branco, mas realizaria o que para si próprio o meu pai desejara. Desde o momento em que assim pensei, entrar para a diplomacia tornou-se para mim uma obrigação filial. Não escrevera meu pai, num poema, quando nasci, que seria em mim tudo o que havia sonhado ser? Cabia-me fazer o que estivesse ao meu alcance para que se cumprisse o vaticínio.

Minha decisão não se deu, no entanto, sem um debate íntimo. Criara-me cercado por governos arbitrários, totalitários ou autoritários. Convencera-me, por isso, de que — para usar uma frase de Jones Rocha, que eu costumava repetir — "a vocação de César era oprimir e fragmentar a pessoa humana". Não estaria a trair minhas convicções, ao resolver servir, e como agente político, ao Estado, àquele ente que temia e cujas ações repetidamente me horrorizavam? Não estava desistindo de meu propósito de não pactuar com o erro nem com a mentira e de não espalhar sofrimento ao meu redor? Mas não estava eu, por outro lado, arrogantemente, em busca de um destino impossível de pureza? Era-me difícil conceder que não se vive sem sujar-se.

77

Verinha morava na Gávea, no fim de uma pequena rua que terminava num riacho e na floresta. No jardim da casa, cheio de antúrios, bromélias, helicônias, filodendros, crótons, hibiscos e bananeiras bravas, havia até mesmo uma pequena araucária, cuja muda fora trazida de Campos de Jordão e inexplicavelmente crescera no Rio de Janeiro. A casa abria-se para um lado do terreno, que prolongava o jardim até o fundo do quintal, onde havia várias árvores — mangueira, abacateiro, jabuticabeira — de cujos troncos pendiam xaxins com avencas. O chão do terreno estava coberto por lajes de cimento, na qual se abriam, ao longo do muro e ao redor das árvores, canteiros com uma profusão de plantas. Era um jardim de poucas flores e muitas folhas, verdes, avermelhadas, castanhas, amarelas e salpicadas de diferentes cores. Harmonioso e sereno, por ele respondia a mãe de Verinha, d. Elza, que procurava imitar, em pequenino, Roberto Burle Marx. Era ali que ela descansava sua sensibilidade, muito mais do que nas paisagens a óleo e nos retratos que pintava. E não pintava nem desenhava mal; faltava-lhe aquele quê de audácia e vôo. Na verdade, sua primeira vocação artística fora o piano. Estudara com Lúcia Branco e se preparava para uma carreira de concertista, quando o casamento lhe interrompeu os planos. Pouquíssimas vezes a vi ao piano, e era raro que acompanhasse a filha.

Gostei de d. Elza desde o dia em que a conheci. Às vezes, fazia um gesto ou dizia uma frase que nos lembravam de que era uma mulher bonita, e paulista de quatrocentos anos, e filha de Laura de Melo e Souza, que fundara o colégio que lhe guardara o sobrenome, e sobrinha de professores famosos como João Batista, José Carlos, Nelson e Júlio César de Melo e Souza, este último mais conhecido como Malba Tahan. Tinha o ar de quem estava sempre, sonhadoramente, a acompanhar a fumaça do cigarro, mas era determinada e sabia impor sua vontade.

Quem me advertiu disso foi o pai de Vera. Numa noite de cadeiras de balanço no fundo do quintal, quando, segundo Verinha, eu ficava a namorar-lhe o pai, ele me disse:

— Aprendi, desde muito, a não resistir à Elza, quando sei que ela quer de verdade uma coisa. O melhor é fazer logo, porque não deixará de insistir até obter o que pretende.

Seu Octavio era um homem baixo, atarracado, de pescoço grosso e rosto risonho. De natureza alegre e curiosa, amigo dos livros, da música e das pessoas, podia passar uma hora a conversar com um eletricista ou um pedreiro sobre problemas de seus ofícios. E gastava boa parte dos domingos, deitado debaixo do carro, a examiná-lo e, às vezes, consertá-lo.

Rapazola, trabalhava numa firma alemã, em Belém do Pará. Um dia, o chefe lhe disse que estavam à procura, na matriz, em Hamburgo, de quem pudesse responsabilizar-se pela correspondência em português. Aceitou o emprego e foi para a Alemanha.

— Naquela época não era como hoje em dia, quando se criam todos os tipos de obstáculos à circulação das pessoas: passaportes, vistos, cartas de chamada e os demais absurdos que são verdadeiros atentados ao direito que tem o homem de locomover-se livremente e de viver onde queira. Tomei o navio, e pronto: cheguei em Hamburgo como se ali tivesse vivido desde sempre.

Ficou pouco tempo na Alemanha, porque lhe ofereceram um lugar em Hollywood, como tradutor das legendas dos filmes mudos. E lá se foi para Los Angeles, sem que lhe fizessem qualquer exigência.

— Era divertido trabalhar para o cinema — confessou-me. — Conheci muitos artistas daquela época. Da maioria deles não sabemos mais os nomes. Estão, porém, na capa das pastas, que ainda guardo, com as traduções que fiz. E me comovo, confesso, quando revejo um filme mudo.

Nos Estados Unidos, percebeu a importância que estava assumindo nos negócios a propaganda. E trouxe os seus métodos, quando veio para o Rio de Janeiro e se tornou sócio de uma indústria pioneira na produção de casimiras no Brasil. Foi depois para Buenos Aires e, no regresso, tornou-se diretor de uma grande empresa multinacional.

Se d. Elza beirava a aristocrata, seu Octavio era inteirinho um plebeu. Ela sonhava e procurava afastar de perto de si os problemas e o sofrimento; ele tinha os pés fincados no chão e a alma aberta ao mundo. Quis bem a ambos desde o primeiro encontro, e não mudei de sentimento, quando começaram, embora sem alterar em nada a maneira carinhosa como me tratavam, a se opor ao meu namoro com Verinha.

Nada tinham contra mim, afiançavam, mas éramos ambos ex-tuberculosos, dois vasos partidos e remendados. Cada um de nós devia procurar outra pessoa, com saúde, para fazer a vida juntos. E, a fim de nos afastar, mandaram Verinha passar uns meses, com uma família amiga, os Sidrim, em Fortaleza.

78

Conheci João Guimarães Rosa na sala do José Simeão Leal, no Ministério da Educação:

— Este é o Alberto da Costa e Silva, filho do poeta e também poeta. Vai ser seu colega, pois pretende fazer exame para o Itamaraty.

Rosa apertou os olhos atrás das lentes grossas dos óculos, levantou-se, ergueu os braços e declamou:

— *Ouro em flor! flores de ouro! áureas flores de mel!*

Sabia de cor, inteiro, esse soneto de meu pai, e pedaços de outros, que nos foi recitando.

Empertigado, quase a inclinar-se para trás, usava uma gravatinha-borboleta e fumava, enquanto nos dizia que ninguém pusera em palavras uma lagartixa ou um caramujo como Da Costa e Silva. Nem descrevera melhor o ipê ou uma queimada.

— Não lhe esqueço as lições. As palavras precisam mover-se, eriçar-se, amolengar-se, ciciar e cantar.

Rosa era então o autor de *Sagarana* e de um pequeno livro que poucos haviam lido, *Com o vaqueiro Mariano*. Comentava-se, contudo, à boca pequena, que tinha uma série de novelas, barroquíssimas, por publicar e que não acabava nunca de escrever um romance enorme sobre os bandidos do sertão.

79

Vera tinha uma bela voz de soprano lírico *spinto*. Estudara canto no Rio e em Buenos Aires. A doença a afastara do canto, mas, curada, retomara as aulas com o antigo professor, o maestro Maximilien Hellmann.

Certo dia, logo após o regresso de Fortaleza, Verinha telefonou-me e pediu-me que a fosse a buscar, na manhã seguinte, no fim da classe de canto. E lá fui eu para o Leme, onde morava o maestro.

Tomamos o bonde que nos levaria ao Leblon. De início, calados. Depois, Vera começou a explicar-se. Que não podia nem queria magoar os pais, a cuja dedicação devia tudo, inclusive a cura. Que os pais tinham razão: éramos duas pessoas que a doença tornara frágeis, e uma fraqueza não se apóia noutra. Que o melhor era voltarmos a ser apenas bons amigos.

À medida que ela falava, eu me dilacerava por dentro. As palavras, pronunciadas com voz doce, me lanhavam a alma. Argumentei. Supliquei. Talvez tenha dito mais de uma frase dura. E, após um tempo imenso, durante o qual nos repetimos várias vezes, deixei-a ir para a casa, com o amargor de havê-la perdido.

Mas continuamos a ver-nos. Como amigos que em alguns momentos se esqueciam de que só isso deviam ser. O irmão de Vera, Joaquim, o Kim, organizava festas dançantes todos os sábados. A maioria delas, em sua casa, e ali não era raro que as animasse uma banda de rapazes, amigos de Raul, irmão mais novo de Verinha, que tocava pistom, e muito bem. O Kim sempre me convidava para essas festas e eu ia a quase todas.

Só então revia a bem-amada. E esta ora se aproximava de mim, ora se afastava, ora me dava esperanças, ora me desesperançava. Em algumas dessas festas, ela dançava mais de uma vez comigo; noutras, procurava interessar-se por outros rapazes, ou, para aquietar os pais, simulava fazê-lo, e escolhia algum deles, para meu sofrimento, como par constante. Eu é que não tinha olhos para nenhuma outra moça.

Durante vários meses, prolongou-se esse jogo de aproximação e afastamento, com o qual ela talvez procurasse manter-me perto e confortar-se com a minha adoração aflita. Certa madrugada, ao regressar para casa, com raiva de mim mesmo, convenci-me de que a situação não podia continuar. Eu estava a magoar-me, a amargurar-me, a acumular motivos de ressentimento e a desviar o espírito dos estudos. Tinha um compromisso com a memória de meu pai, comigo mesmo, com minha mãe e com minhas irmãs. Era graças a elas que eu podia pagar as minhas aulas de francês e de inglês e comprar os livros de que necessitava, pois o que recebia pelo Concurso de Poesia e por traduções de contos para as revistas *A Cigarra* e *Detetive* não dava para cobrir as minhas despesas. Não. Não iria mais às festas do Kim. E, ainda que isso me doesse, me afastaria definitivamente de Vera.

Assim decidi, e assim fiz, embora me tivesse custado algumas horas de pranto seco. Durante várias semanas, não voltei à Gávea nem telefonei para Vera. Até que, numa manhã, inesperadamente, chamou-me ao telefone d. Elza. O que havia?, perguntou-me. Qual a razão de meu sumiço? Dei-lhe uma resposta maltrapilha: que estava às voltas com o acúmulo de matérias para estudar, com provas na Faculdade e com várias traduções urgentes. Ela não se convenceu e intimou-me:

— Não aceito desculpas. Estamos todos — e grifou a palavra todos — com saudades suas. Venha jantar conosco, cedinho, no sábado. E, se tiver jeito, fique para a festa dos meninos.

80

Decidido a ser diplomata e, portanto, a fazer exame para o Instituto Rio Branco, tinha os meus dias rigorosamente programados. Às segundas, quartas e sextas, começava a estudar às sete e só me levantava às onze e meia. Ia para o telefone, falar com Verinha, almoçava, fazia minha sesta até as três, estudava mais um pouco, vestia-me e seguia para a faculdade, para evitar perder o ano por faltas. Boa parte das manhãs de terça era tomada pelas aulas de francês, em casa de madame Louise Jacquier, em Copacabana, e das de quinta, a subir e descer a ladeira da Glória, para as classes de inglês, com o professor John Knox. Já as tardes desses dias, passava-as a escrever minhas matérias e a fazer traduções para *A Cigarra* e *Detetive*. Se sobrava tempo, voltava aos estudos. Deitava-me por meia hora, antes do jantar. Depois, ouvia música e lia. Dormia cedo.

As manhãs dos sábados e domingos eram de leituras. À tarde, após o repouso, ia para a Gávea. O telefonema de d. Elza fora o sinal de que mudara tudo, e estávamos, Verinha e eu, livres para estar juntos o quanto quiséssemos.

Aos sábados e domingos, aproveitávamos parte da tarde para Verinha me dar aulas sobre os usos da língua inglesa. Sorridente, dizia-me que estava pagando as explicações de latim que lhe dera, quando retomou o curso clássico, que a doença interrompera. Verinha herdara da família a vocação de professora e dominava o inglês, como, de resto, o francês, o espanhol e o italiano. De pronúncia perfeita, sofria o diabo comigo, que, embora quisesse ser diplomata, não tinha talento para falar línguas estrangeiras. Tudo saía com um forte sotaque cearense.

Com a partida do Kim para Pernambuco, para onde fora continuar, na firma em que trabalhava, seu treinamento como especialista em algodão, acabaram-se as festas de sábado. Passamos a ir ao cinema e ao teatro. O cinema era um vício antigo. O teatro tornou-se uma nova paixão. E havia motivo para nos empolgar. Era aquela uma época de excelentes atores, de excelentes companhias, de excelentes cenógrafos e de excelentes diretores. Passávamos de *O canto da cotovia*, de Jean Anouilh, com Maria Della Costa, dirigida por Gianni Ratto, para *Pega Fogo*, de Jules Renard, com Cacilda Becker, montada por Ziembinski, ou para *O profundo azul do mar*, de Terence Rattingan, pelo Teatro Brasileiro de Comédia. Quase todos os atores eram jovens — Cleyde Yacónis,

Kalma Murtinho, Margarida Rey, Tônia Carreiro, Cláudio Melo e Castro, Jardel Filho, Paulo Autran, Sérgio Brito, Sérgio Cardoso — e, mesmo os mais velhos, reapareciam remoçados, como Jayme Costa em *A morte do caixeiro viajante*, de Arthur Miller. Não perdíamos — éramos amigos de Maria Clara Machado — as peças de "O tablado", e ali vimos *O auto da compadecida*, de Ariano Suassuna, *O tempo e os Conways*, com Maria Sampaio, e uma representação inesquecível de *Nossa cidade*, de Thornton Wilder. O grande assombro, porém, e que nunca mais me saiu da alma — semelhante ao que me tomou quando ouvi pela primeira vez a *Missa em si menor*, de Bach —, foi *Le Livre de Christophe Colomb*, de Paul Claudel, encenado no Teatro Municipal por Jean-Louis Barrault e Madeleine Renault. O velame da nau a abrir-se no palco imenso, o jogo entre grandes áreas de sombra e grandes áreas de luz, e o rumor do mar, vencido pelas vozes dos marinheiros, tornavam ainda mais fortes as palavras do poeta. Saímos do teatro alagados de alegria, e, durante algum tempo, persistiram em minhas pálpebras as imagens do espetáculo. Fechava os olhos e reentrava no palco, que parecia navegar no escuro.

81

Minha mãe não gostava de que eu saísse à noite e voltasse tarde. Temia por minha saúde. Mas não me dizia nada nas raras vezes em que eu chegava depois da meia-noite. Tinha um modo sutil de atuar, que me deixava com maiores cuidados e remorsos do que se ralhasse comigo.

Entrado em casa, eu subia as escadas devagar e em silêncio. Ao chegar ao alto, via, pela fresta da porta fechada, que minha mãe estava nos seus aposentos de luz acesa, provavelmente a ler, e que a apagava no mesmo instante em que eu abria a porta do meu quarto.

82

Foi na faculdade que conheci José Constâncio Austregésilo de Athayde, um rapaz muito moreno e de porte e feições tão delicadas que passaria despercebido numa rua da Indonésia. De inteligência aguda e língua rápida, andava apaixonado por Bertrand Russell e subia nas tamancas quando lhe dizia que mais interessante e estimulante do que Russell era George Bernard Shaw.

Mais do que pelas leituras filosóficas, José Constâncio era conhecido por seu violão, que tocava como um virtuose. O violão compunha-lhe o lado boêmio, que cultivava nas noites de sábado, a bebericar com os amigos.

José Constâncio também estava a preparar-se para o Instituto Rio Branco, e combinamos tomar juntos aulas de inglês com o professor John Knox. O professor Knox e a professora Louise Jacquier me tinham sido recomendados por um rapaz grande e risonho, que acabara de passar nos exames, Carlos Eduardo Alves de Souza, o Didu.

Didu convidou-me a ir à sua casa, onde me apresentou ao pai, o arquiteto Wladimir Alves de Souza, e dedicou um bom tempo a explicar-me a mecânica dos exames para o Itamaraty:

— São muitos candidatos para poucas vagas. Uns quinhentos a seiscentos candidatos para vinte lugares. Todas as provas escritas são eliminatórias, mas as mais rigorosas são as quatro primeiras: português, francês, inglês e geografia. Após geografia, é de esperar-se que sobre pouca gente, menos de quarenta ou trinta, para as provas de história do Brasil, história geral, economia e noções de direito. Pode-se ser reprovado até mesmo no penúltimo ou no último exame, mas, se o número de candidatos já se tiver reduzido a vinte ou menos de vinte, você só não passará se fizer uma prova catastrófica.

Didu recomendou-me muita atenção para geografia:

— O examinador costuma ser Hilgard O'Reilly Sternberg, que é exigentíssimo.

E deu-me vários artigos desse professor, publicados em revistas especializadas, com a recomendação de que os estudasse bem. Por eles verificaria como Sternberg gostava que se estruturasse o pensamento. Li-os, reli-os, deles fiz resumos e os passei ao José Constâncio. Atuávamos como companheiros de estudo: trocávamos indicações de livros, dúvidas e perplexidades.

83

Saldanha Coelho telefonou-me para comunicar que me havia inscrito no Congresso Internacional de Escritores, a realizar-se dentro das comemorações do IV Centenário da Cidade de São Paulo. E lá fomos em grupo: Saldanha, Bráulio e eu, que éramos congressistas, e E.C. Caldas e Samuel Rawet, que queriam assistir ao encontro.

Viajamos tensos e pesados de preocupação. Dois dias antes, 5 de agosto, à uma e meia da madrugada, tinha havido um atentado contra o jornalista Carlos Lacerda, no qual morrera um major da Aeronáutica que o acompanhava, Rubens Vaz. O crime causara uma comoção enorme e, desde o primeiro momento, se apontara como provável mandante para o Palácio do Catete.

Havia meses, Lacerda mantinha uma campanha feroz contra Samuel Wainer e o jornal *Última Hora,* campanha que tinha como destinatário final o presidente Vargas.

A imprensa se modernizava. E apresentavam-se com feições diferentes daquelas a que estávamos acostumados tanto a *Tribuna da Imprensa,* de Lacerda, quanto a *Última Hora,* de Wainer, esta última impressa em duas cores, azul e negro.

Lacerda, que havia sido amigo de Wainer, alegava que este não podia ser dono de jornal, uma vez que não era brasileiro nato, e acusava a *Última Hora* de haver sido criada e continuar a ser mantida com recursos oficiais. Vargas tinha contra si a imprensa carioca que formava opinião — sobretudo o *Correio da Manhã* e o *Diário de Notícias.* Daí o seu interesse num vespertino popular, que o defendesse. E a *Última Hora* surgiu getulista e admiravelmente bem-feita, tornando-se rapidamente um dos periódicos mais vendidos na cidade. O próprio Wainer, muito mais tarde, num livro de memórias, confessaria não ser brasileiro nato, mas nascido, como apregoava Lacerda, na Bessarábia, e que fizera o seu jornal com dinheiro público. Mas, na época, as opiniões cindiram-se: havia quem desse toda a razão a Lacerda e quem o considerasse caluniador e mentiroso.

Lacerda, a falar pelo rádio, era imbatível. Só o deixou em situação embaraçosa, e por alguns brevíssimos momentos, a ironia de Marques Rebelo, que assumiu a defesa de Wainer. Mas a cada dia revelavam-se novos sinais de envolvimento do Catete em operações pouco recomendáveis, quando não claramente ilegítimas.

Eu sabia que as cousas não iam bem ao redor do presidente, porque, alguns meses antes, o tio de Verinha, Alberto de Andrade Queiroz, havia deixado o governo, com uma carta na qual reafirmava a sua amizade intocada por Vargas, mas manifestava sua inconformidade com o que se passava nos desvãos do Catete. A impressão que tinha — isto disse-me — era a de que Getúlio não dava mais ouvidos aos velhos amigos. Um grupo palaciano o havia isolado da realidade.

Ao debate político, cuja violência se estava tornando incontrolável, somava-se a inquietação militar que, desde o início do ano, com o chamado Manifesto dos Coronéis, apresentava sinais de expandir-se e aprofundar-se. O assassinato do major Vaz aumentara a agitação nos quartéis, e alguns de seus colegas da Aeronáutica já punham em causa o interesse da polícia em apurar o caso e começavam a fazer as suas próprias investigações.

Sentado a meu lado no ônibus, Rawet comentava a situação política. Mas a conversa foi passando, sem aviso, da angústia coletiva para a angústia pessoal. Samuel confessou-me que, sob o pretexto do Congresso, ia a São Paulo para tentar encontrar-se com Teresa Rachel, por quem estava apaixonado. Era um amor não correspondido, pois a atriz o desconhecia como homem, embora o estimasse como escritor de teatro e manifestasse interesse em levar ao palco as suas peças. Depois, derramou-se sobre os seus problemas com a família, a queixar-se da incompreensão dos pais e da hostilidade dos irmãos:

— Querem quebrar-me, reduzir-me a mais um. Não sei se isto se passa nas outras famílias, mas a minha nos quer todos iguais na conformidade. E comigo não pode ser assim, porque, desde que nasci, sinto-me um cisne entre patinhos feios.

84

Miguel Torga foi um congressista atuante. Robert Frost, também. Já William Faulkner ficou quase todo o tempo no hotel, entre o bar e o quarto, e compareceu a apenas uma reunião plenária da seção de poesia.

Bichos tinha sido um dos grandes deslumbramentos de minha adolescência e creio que de toda a minha geração. Como eu, muita gente não esperava a hora de conhecer Miguel Torga e tomou um susto, ao encontrá-lo carrancudo e quase intratável.

Logo no primeiro dia, um grupo de moças, estudantes universitárias, chegou-se a ele, com exemplares de livros seus, para que os autografasse. Torga tratou-as com rispidez:

— Não sou artista de cinema!

Uma delas começou a chorar. Adolfo Casaes Monteiro procurou, sorridente, acalmá-la:

— Não faça caso. Nem pense mal dele. O que está por trás de tudo isso é uma imensa timidez.

Torga não discordava da imagem que dele colhíamos em seus livros. Era terroso como a raiz da urze de que tirou o pseudônimo, e anguloso, e áspero. Alto, magro, de gestos largos e esqueleto vigoroso, tinha o ar de um lavrador calado. Os cabelos negros e grossos formavam dois tufos laterais, como se estivesse com um chapéu de toureiro. O rosto, vincado, mais parecia sola velha, dando a impressão de ter estado sempre exposto à chuva e ao sol. O nariz, este era adunco e forte. As sobrancelhas, espessas. Os olhos, agressivos. Descobria-se nele o montanhês acostumado ao cheiro de esterco e à aspereza da rocha, com suas desconfianças, seu medo das aglomerações, seu desamor às palavras vãs e aos gestos sem rumo.

Já Robert Frost era um homem amável. Apesar de seus oitenta anos e de queixar-se de várias mazelas, dava a impressão de solidez e vigor. No início, nós, os mais jovens, olhamos com desconfiança aquele homem corado, de cabelos brancos e sobrancelhas espessas: afinal ele era em tudo distinto de Eliot, cummings e Pound, que tínhamos por nossos. Era-nos difícil aceitar um poeta para quem escrever versos livres, sem metro e sem rima, se assemelhava a jogar tênis sem rede. Mas Frost, simples, discreto e gentil, acabou por conquistar-nos. E todos nos apressamos em lembrar uma outra frase sua, com a qual nos identificávamos: as palavras pertencem à boca dos homens, e não, aos livros.

Se Torga e Frost se pareciam com suas obras, Faulkner, baixo, franzino, com olhinhos de rato espantado, era todo o contrário do que imaginávamos. Entrou na sala com Osmar Pimentel, e sentaram-se os dois ao meu lado. Logo que o viu chegar, Afrânio Coutinho, que presidia a sessão, pediu ao público uma salva de palmas e o convidou para a mesa. Entreolhamo-nos, Osmar e eu, apavorados: embora fosse cerca de dez horas da manhã, Faulkner estava completamente bêbedo. Teve dificuldade em levantar-se, mas, à medida que caminhava pelo corredor na direção do palco, o seu corpo ganhou prumo e firmeza. Quando, logo a seguir, Afrânio lhe passou a palavra, improvisou o mais belo discurso, ainda que breve, de todo o Congresso, um discurso sobre o amor à poesia, que, infelizmente, os taquígrafos deixaram de registrar.

Osmar contou-me que Faulkner se queixava o tempo todo da saúde e de fortes dores na coluna, e que só se animara ao visitar uma fazenda de café, quando se interessou por tudo o que lá se passava. E confidenciou-me: naquela manhã, ao sair do hotel, o americano pedira-lhe socorro, para dar discretamente destino à grande quantidade de livros, enviados pelos autores, que chegavam ao seu quarto — livros em português, idioma que não lia.

85

Nas salas de sessão, Roger Bastide, Jaime Cortezão, João Cabral de Melo Neto, Miguel Torga e João Cruz Costa somavam idéias sobre como a Europa via a América, e Florestan Fernandes, António Soares Amora, Lúcia Miguel Pereira e o conde da Aurora, sobre como a América via a Europa. Ouvíamos, fascinados, Rodrigues Lapa falar sobre as origens da poesia lírica medieval portuguesa, e Casais Monteiro, sobre Fernando Pessoa, o insincero verídico. Nos corredores, porém, e nos intervalos das palestras, todos mostravam aflição por notícias do Rio de Janeiro. E estas eram cada dia piores: o governo parecia ter perdido o controle da situação, os oficiais da Aeronáutica, que atuavam discricionariamente, haviam assumido as investigações, e todos os indícios apontavam para a guarda pessoal de Vargas, comandada pelo tenente Gregório Fortunato, como responsável pelo crime.

Um dos mais exaltados nos corredores era Paulo Duarte, que, contudo, como presidente do Congresso, dava a impressão de procurar impedir que a crise política brasileira contaminasse o encontro. O que tinham a ver com nossos problemas Leopoldo Zea, Costa Pimpão ou Paul Rivet? Mas estes e os demais estrangeiros não escondiam sua apreensão. E ninguém entendia o que se passava com Vargas, que sempre fora mestre da política e, agora, se deixava acuar ou, pior, parecia imobilizado e incapaz de reação.

— Está perplexo, comentou alguém, por não ter sequer suspeitado do que se passava às escondidas em sua própria casa. E cheio de amargura porque foi traído.

86

Tinha subido para o meu quarto e começava a estudar, quando minha mãe me chamou:

— Ligue o rádio, correndo. O presidente Vargas acaba de matar-se.

No rádio, lia-se e repetia-se a carta-testamento. O país parara, assombrado e comovido. Na véspera, só se ouviam palavras de condenação a Vargas e em favor de sua renúncia ou deposição. Poucos arriscavam uma frase tímida em sua defesa. Confirmado o envolvimento da guarda pessoal no crime da rua Tonelero, não parecia haver outra saída para a crise.

Os olhos de minha mãe cheios de lágrimas e o pranto e a indignação das ruas mostravam que, sim, havia: o suicídio como ato político. Um tiro de revólver um pouco abaixo do mamilo esquerdo revirara a situação pelo avesso. De acusado, Getúlio se tornara acusador. E sobre Carlos Lacerda caía o peso de sua morte.

O corpo de pijama, estendido no leito, no quarto mobiliado modestamente, apagava todas as culpas do ex-ditador, que ressuscitava como o herói do povo. Do povo que, contrito, lhe repetia o nome.

As causas da crise deixaram de ser o mau uso dos dinheiros públicos e o assassinato como forma de calar oposicionistas. Eram apontados como responsáveis por ela, e pelo suicídio que a rematara, os interesses externos e internos que se opunham ao nacionalismo de Vargas e ao desenvolvimento e à independência do país.

Entre os meus, sentiu-se a morte de Vargas muito de perto. Minha mãe correu os dedos pelo rosário de lembranças de Porto Alegre, quando fora recebida com amizade por d. Darcy e o dr. Getúlio. Verinha relembrou-me o carinho com que o presidente a tratara, todas as vezes em que, menina, com ele estivera, na companhia do tio. E eu próprio recordei o dia em que o fui ver no Catete e conheci Múcio Leão e Olegário Marianno.

87

Ia pela rua México quando encontrei Manuel Bandeira e Osório Borba. A conversa escorregou para as eleições, nas quais Bandeira havia sido candidato a deputado pelo Partido Socialista Brasileiro. Eu fora um dos poucos eleitores que votara num certo Manuel Carneiro de Souza Bandeira Filho, professor, como dizia um cartaz, e que muito pouca gente sabia ser o nome completo do poeta. Constava que Bandeira não pedira votos nem mesmo aos seus alunos de literatura hispano-americana, na Faculdade Nacional de Filosofia, e que, no dia das eleições, ficara apavorado com a perspectiva, ainda que remota, de ser eleito.

Borba, que era vereador pelo mesmo partido, provocou Bandeira. E este, rindo, nos contou que fizera a campanha eleitoral em silêncio, trancado no quarto, a ler na cama os seus livrinhos.

88

Verinha perguntou-me:

— Poderia você ir encontrar-se comigo no local onde, duas vezes por semana, vou ensaiar com o coro da Sociedade Brasileira de Cultura Inglesa? Vamos apresentar, no Municipal, em forma de oratório, *Dido e Enéas*, de Purcell. O ensaio termina tarde, e não quero voltar para a Gávea sozinha.

Eu chegava geralmente quando os trabalhos já estavam no fim. Não assistia senão a alguns minutos de ensaio, mas o suficiente para perceber o quanto era difícil preparar uma orquestra ou um coro. Menino, vira mais de uma vez um grupo de oito ou dez senhoras a bordarem juntas uma grande toalha de mesa, com a contramestre a vigiar o trabalho e a recomendar que esta apertasse o ponto e aquela o fizesse maior, a fim de que não houvesse diferença entre um bordado e outro. Se algum saía torto, podia-se desmanchar e fazer de novo, sem que do erro ficasse rastro: era a toalha pronta a obra de arte coletiva. Já numa peça musical é o próprio ato de bordar que nos comove. A música desenvolve-se no tempo e só existe para nós, ouvintes, no processo de fazer-se. Daí, pensava eu, que as correções num ensaio de orquestra ou de coro fossem diferentes dos retoques nos bordados, porque não eram definitivas. Por mais que o maestro Lionello Forzanti mandasse repetir a mesma frase, até que saísse como desejava, nada garantia que, no momento da apresentação final, aquilo que tinha por erro não voltasse. Também era possível que os intérpretes, diante do público, superassem a sua lição e cantassem e tocassem melhor e com mais rigor e emoção do que previra.

Na noite do festival Henry Purcell, com o Municipal sem uma cadeira vazia, tudo se passou como o maestro imaginara. Verinha estava felicíssima, à frente do coro, com os demais solistas: Maria de Lourdes Cruz Lopes, Dircéa Amorim, Lília Nunes e Roberto Galeno. A parte de Verinha era pequena: a do Espírito, que só aparecia no segundo ato. Mas ela a cantava lindamente.

Foi isso o que escreveu, dois dias depois, no seu rodapé do *Jornal do Comércio,* Andrade Muricy, a confirmar o que me dissera, no fim do espetáculo, Oswaldino Marques, que ouvia os seus discos em pé, no meio da sala, para manter-se em perfeita concentração:

— A tua amiga possui uma belíssima voz. Eu gostaria de vê-la no papel de Dido.

89

Fui levar minhas colaborações para *A Cigarra* e, como sempre, passei na sala de Constantino Paleólogo, para abraçá-lo.

— Eu estava mesmo querendo falar com você — ele me foi dizendo. — Vou criar um caderno de literatura na revista e pensei que você o poderia abrir, mensalmente, com uma entrevista com um escritor. Vamos trazer para as nossas páginas, em vez desses que não saem dos jornais, aqueles que, sendo excelentes, ficam em geral na sombra. E também os autores mais novos.

Constantino Paleólogo Elefteriades, filho de gregos, era um homem elegante, simples e bom. Não tinha aspirações a Proust nem a Thomas Mann; desejava escrever de forma limpa e clara, para as pessoas comuns. No seu primeiro livro, *Histórias verídicas,* compusera contos a partir de notícias de jornal, e os seguintes, *Os condenados* e *A mulher de um marido,* ainda que mais trabalhados pela imaginação — numa de suas histórias, premonitoriamente, um indivíduo planeja matar o Papa —, seguiam a mesma linha de um escritor que desejava sobretudo entreter. Além disso, em seus textos, ao contrário do que estava de moda, não se encontravam — e esta era a epígrafe de um de seus livros — nem a "apologia das gaivotas nem o epitáfio dos peixes".

— Precisamos de livros que animem os leitores a buscar outros livros — costumava dizer. — De Zane Grey em Zane Grey pode chegar-se a Joyce.

90

Viajei a São Paulo, a fim de entrevistar José Geraldo Vieira. O romancista recebeu-me, ao lado da mulher, Maria de Lourdes Teixeira, no seu apartamento, cujas paredes estavam cobertas por quadros do teto ao chão. Um óleo grande, de Milton Dacosta, com duas mulheres a retorcerem com os dedos as pontas dos cabelos, acompanhou-me o olhar durante toda a conversa.

Bisonho, comecei por perguntar-lhe sobre a crise de nosso tempo. Como se não soubesse que não há na história do homem um só momento sem crise, e que esta é permanente, José Geraldo definiu-a como insuportável, odienta e odiosa, e afirmou que estávamos a preparar uma terceira grande guerra. Diante dessa perspectiva — acrescentou — e dos antagonismos contemporâneos, os escritores se mostravam gratuitamente apáticos ou a alimentar rancores. E, após dizer-me que o livro que lhe custara mais sofrimento fora *A quadragésima porta*, confessou-me:

— Você pensa que iniciei o meu romance *A Ladeira da Memória* num trem por puro azar? Não. Quando viajo, sou surpreendido por inspirações extraordinárias. Minhas antenas se aguçam e recebo impressões de grande intensidade. Precisaria de uma taquigrafia mental, capaz de recolher tudo o que, quando viajo, penso e sinto.

Fiquei a matutar que também aquele solilóquio de um escritor na terceira classe de um trem da Paulista, que cobre várias páginas de *A túnica e os dados*, era mais memória do que ficção, e a rever como se desenhara mais de uma vez a si próprio, como personagem de romance, aquele homem atarracado, muito branco, quase totalmente calvo, de olhos vivos, voz firme e ar sereno, que, tendo na mão esquerda um cigarro, com a outra me tocava o braço, a convocar minha atenção para os nomes de Octavio de Faria, Cornélio Pena, José Lins do Rego e Jorge Amado, que tinha como os melhores romancistas brasileiros contemporâneos. Não tive coragem de dizer-lhe que, para mim, o maior de todos eles era José Geraldo Vieira.

91

Nos meses seguintes, entrevistei Afrânio Coutinho, Josué Montello, Fausto Cunha e Lygia Fagundes Telles.

Afrânio, um senhor ainda jovem, de óculos, rosto redondo, cabelo cuidadosamente penteado rente ao crânio e vestido com apuro, recebeu-me em sua casa à rua Paul Redfern, em Ipanema, uma casa onde quase todos os cômodos tinham as paredes cobertas de livros. Havia acabado de lançar o segundo volume, aparecido antes do primeiro, de uma obra coletiva, *A literatura no Brasil*, e foi sobre ela e o seu significado que me falou. Durante a entrevista, ele notou o interesse com que eu olhava para as estantes, onde reconhecia obras que sempre tinha querido ler, ou, ao menos, folhear, mas que jamais encontrara nas livrarias, e, depois que lhe fiz a última pergunta, dedicou-se a mostrar-me, gentilíssimo e sem esconder o contentamento, as preciosidades que possuía. Ali estava a biblioteca particular mais atualizada sobre literatura, e especialmente sobre teoria e crítica literária, que já vira na vida. O curioso é que não podia imaginá-la com outro dono que não Afrânio, que nos revelava semanalmente novos livros e novas idéias, na seção "Correntes cruzadas", que mantinha no *Diário de Notícias*.

Com Fausto, a conversa caiu naturalmente sobre Joaquim de Sousândrade, por quem ele andava entusiasmado havia mais de um ano, e sobre José Severiano de Rezende, cujos poemas corais não cessavam de assombrar-me. Andávamos a aborrecer todo o mundo com o que tínhamos por nossas descobertas. Ele a empurrar nos amigos o *Guesa errante*; eu, os *Mistérios*; e ambos, o Raul Brandão de *Húmus*, que já estava conosco desde muito.

Na entrevista, Fausto revelou-me um projeto a que nunca se lançou: uma *Antologia dos esquecidos*, com belos poemas de autores que não ficaram na nossa memória literária. E não por injustiça, mas por não terem escrito, além de um ou dois poemas, nada mais que valesse a pena.

Como eu lhe perguntasse se acreditava que, na história da literatura, o melhor sempre sobrevivia, respondeu-me:

— Em primeiro lugar, o que, ou quem, é o melhor? Um Shakespeare é sempre o melhor. Mas Byron, tão endeusado no princípio do século XIX e hoje tão por baixo? Pondo de lado a discussão estética, consideremos o que sobrevive: muita coisa ruim preservada pelo capricho dos historiadores, pelo interesse dos editores e pelas instituições culturais que ressuscitam, com grande pompa crítica, umas sensaborias cujo único mérito é terem sido escritas há duzentos anos. Sobrevivência deve ter aqui um sentido mais estrito. Se a obra não desaparecer materialmente, por destruição dos originais, incêndios de bibliotecas e livrarias ou expurgo total, há uma chance de cair nas mãos de um pesquisador que por ela se interesse, lhe reconheça méritos e tenha bastante autoridade e amizades para a impor aos contemporâneos. Isto quando se trata de um grande valor. E os valores menores, aqueles que podem aspirar a apenas uma fração da eternidade?

Fez uma pausa, o que nele era raro:

— Cada obra tem seu momento de vida. Nesse momento é que ela se afirma e realiza o seu destino estético.

E pôs-se a falar às carreiras das injustiças literárias. Carlos Ferreira, entre os românticos, e Artur Lobo, entre os parnasianos, mereciam continuar a ser lidos.

— Eu coloco Artur Lobo ao lado de Alberto de Oliveira e acima de Raimundo Corrêa — disse-me. — Era muito mais poeta e tem muito mais substância do que o sonetista de "As pombas". A figura humana de Raimundo Corrêa é tão simpática, que ninguém tem coragem de derrubá-lo da Suprema Trindade Parnasiana. Mas Raimundo é um poeta medíocre, um romântico de vocação simbolista extraviado no Parnasianismo, que o perdeu. Tirando "Plenilúnio" e mais dois ou três sonetos, Raimundo pode ser deixado à margem. Outro parnasiano muito cantado é Francisca Júlia. Certa ocasião, tive de ler cinco vezes *Esfinges* para escolher um soneto. E cheguei à conclusão de que esse soneto não existia. Júlia Cortines, autora de *Versos* e de *Vibrações,* está algumas atmosferas acima de Francisca Júlia, poetisa de vida interior atribulada, que, no entanto, legou obra fria como o mármore de um de seus títulos.

E emendando uma frase na outra:

— A ditadura imposta pela Trindade Parnasiana fez, desde logo, uma vítima: Vicente de Carvalho. Tem dado um trabalhão convencer que o seu livro *Poemas e canções* é um dos maiores de nossa literatura. Um Maranhão Sobrinho, na província, nunca teve a sua vez. E Maranhão Sobrinho é um poeta que ombreia com Bilac.

Se a entrevista com Fausto teve por tema o passado, a conversa com Lygia não saiu do presente. Fui vê-la na sede de *O Cruzeiro*, onde ela autografava para a imprensa exemplares de um livro seu recém-saído, *Ciranda de pedra*. No caminho, lembrava a moça morena, de cabelos muito pretos, que conhecera, meses antes, num coquetel que Maria de Lourdes Teixeira e José Geraldo Vieira ofereceram aos participantes do Congresso Internacional de Escritores, em São Paulo.

A zoada era grande, pois quase toda a gente falava alto e ao mesmo tempo. De súbito, fez-se um silêncio, e todos os olhares se voltaram para a aparição, na porta do apartamento, de Lygia Fagundes Telles, acompanhada pela ruiva Hilda Hist. Hilda era uma jovem bonita; Lygia, um deslumbramento. Rawet me cochichou:

— Além de linda e inteligentíssima, é uma das pessoas mais doces que já conheci.

E doce foi, durante toda a entrevista. Ainda que firme em suas opiniões. Disse-me, por exemplo, discordar da afirmação de Mário de Andrade de que conto era o que o autor chamava conto, e lamentou que qualquer coisa, impressão de viagem, recordação da infância, divagação sentimental, estivesse sendo rotulada como conto.

— O conto possui características e exigência estéticas que não comportam esse arbítrio do autor. Ouço muita gente dizer que o conto moderno não exige *plot*. Essas pessoas invocam logo os nomes de Katherine Mansfield e Anton Tchekov. Mas quem foi que disse que os contos de Mansfield e Tchekov não possuem enredo? O fato de esses autores insinuarem, sugerirem — e com que força de sugestão! — mais do que contarem, não significa que os seus contos não sejam, antes de tudo, histórias. Veja "Felicidade", de Mansfield, e note como há um enredo, e um grande e pungente enredo, por trás daquele jantar e da macieira florida. Creio que alguns contistas brasileiros contemporâneos não compreenderam isso. Resultado: estão fazendo coisa vaga e inconsistente.

Com José Geraldo, Josué e Fausto, eu tentara, na medida do possível, pôr no papel tudo o que falavam, como se estivesse tomando ditado. Com Lygia, foi diferente. Eu a ouvi cativado e procurei guardar na memória o que me dizia, anotando apenas uma ou duas palavras como lembrete.

A partir de então, foi sempre assim que fiz entrevistas. Ouvindo muito e escrevendo pouquíssimo. Mal chegava em casa, ia para a máquina de escrever e deixava que me comandassem as lembranças. Nenhum entrevistado jamais se queixou de que lhe fui infiel.

92

Os exames para o Instituto Rio Branco estenderam-se por cerca de dois meses, porque, sendo eliminatórias todas as oito provas escritas, entre cada uma delas havia um largo intervalo, a fim de que os trabalhos dos candidatos pudessem ser corrigidos e se tornassem públicas as notas.

Estava bem preparado, mas temia a perseguição das enxaquecas. E com razão, porque acordei com uma, feroz, no dia do exame de inglês. Tomei contra ela um remédio suave e fui para a sala de exames tonto e mal podendo abrir os olhos.

Recebi o papel com as questões da prova e, antes de lê-lo, procurei acalmar-me. Tinha quatro horas para as responder, o que não era muito, uma vez que devia escrever um pequeno ensaio, fazer o resumo de um texto e verter um outro, sobre economia, do português para o inglês. Deixei-me descansar um pouco e, depois, a alma arrastou-me o corpo doído versão afora. Pedi um copo d'água gelada e, de vez em quando, o esfregava na testa, em busca de alívio. Sem saber de mim, minhas mãos escreveram o ensaio. E com a cabeça seguidamente apunhalada, fiz o resumo e procurei responder às perguntas de gramática. Não consegui reler o que escrevera: os meus parágrafos tremiam no papel, duplicavam-se, quebravam-se, dividiam-se.

Levantei-me, entreguei a prova e fui para casa convencido de que iria ser reprovado. Eu fora muito bem em português e francês, provas que haviam reduzido os candidatos a pouco mais de uma centena, mas me via derrotado, não pelas dificuldades do exame, mas pela minha velha inimiga, a enxaqueca.

Para minha surpresa, passei em inglês. Com uma nota baixa, mas passei. E, se tive outras enxaquecas durante o período, foram sempre em dias em que não havia exame.

Às provas escritas sucederam-se as orais, que eram apenas classificatórias. Mas uma delas assustava a todos: a de cultura geral. A banca que nos examinou era composta por Francisco de Assis Grieco, João Guimarães Rosa e Renato Almeida. Quem primeiro me argüiu foi Grieco: sobre o difusionismo e *O Ateneu*, de Raul Pompéia. Depois foi a vez de Renato Almeida. Tive sorte: pediu-me que falasse sobre Wagner e, depois, sobre o bumba-meu-boi. Estendi-me sobre o bumba-meu-boi e cheguei a cantar-lhe pedaços do auto que sabia, desde menino, de cor. O seu rosto iluminou-se, feliz.

Com Rosa rocei o descaramento. Os animais na literatura foi um dos temas sorteados. O outro: pintura abstrata. Não saí do primeiro. Comecei com o Rocinante de Cervantes, passei para o Platero de Juan Ramón Jimenez e caí em cheio no burrinho Pedrês. Meu despudor valeu-me um cem.

Já recebera a nota máxima de Américo Jacobina Lacombe, em história geral, e, em economia, de Carlos Haroldo Porto-Carreiro de Miranda, aquele mesmo professor Porto-Carreiro que me ensinara latim e a estudar com método. O antigo mestre tornara-se juiz de Direito e lecionava economia. Quando descobriu que me dera cem, não escondeu o contentamento. Já o havia experimentado, junto com um enorme espanto, ao ver-me na sala de exames, pois me tinha por morto.

Algumas semanas antes, eu andava pela avenida Rio Branco, quando vi, caminhando no sentido oposto, um ex-colega de colégio. Ao chegarmos perto um do outro, chamei-o pelo nome, em voz alta. Ele, que ainda não me tinha visto, parou, se é que não deu um passo para trás, assombrado.

— Alberto! Mas você não morreu?

Convidou-me para um café, que aceitei, embora não gostasse de tomar café na rua. Era uma forma de assegurá-lo de que não estava diante de um fantasma, como primeiro — confessou-me — pensara.

Minha ausência durante quase três anos — ou, mais que ausência, desaparecimento — fizera correr entre alguns de meus ex-professores e colegas de ginásio o boato de que falecera. Embora os suplementos literários tivessem publicado, naquele período, uma dezena de poemas meus, esses passaram despercebidos por muitos amigos ou não foram tomados como sinal de que continuava vivo. Afinal, era comum que aparecessem nos jornais versos de poetas mortos.

O que era incomum — Porto-Carreiro brincou comigo —, e nunca sucedera antes com ele, era corrigir prova de defunto. E de um defunto feliz, eu poderia ter acrescentado, pois experimentara, durante aquele período de exames, uma enorme euforia. Descontada a de inglês, eu saía das provas, por mais longas que fossem, descansado e contente. E chegava para os exames sempre sereno: ao não estudar na véspera das provas, deixava de ficar nervoso com o muito que não sabia.

Fiquei em terceiro lugar entre os dezessete aprovados. Mas com um rasgão no meu contentamento: o José Constâncio Austregésilo de Athayde, que partilhara comigo a longa preparação para o exame, fora inabilitado na penúltima prova, quando, já tão poucos, julgávamos que ninguém mais cairia. Fiquei com a sensação amarga de que, para equilibrar o mundo, ele pagava pela minha felicidade.

93

Fora da sala das provas vivia-se a crise da eleição de Juscelino Kubitschek. Falava-se insistentemente em golpe, com a anuência ou cumplicidade de Café Filho. E aqueles que haviam passado a vida na oposição a Vargas, não se conformavam que ele houvesse, depois de morto, voltado a ganhar as eleições. O contragolpe preventivo de 11 de novembro, com o objetivo de garantir a posse dos eleitos, não diminuiu a tensão: falava-se abertamente que os derrotados se estavam reorganizando para a desforra.

Como muitos outros, não tinha dúvida de que os políticos, apesar de suas enormes diferenças, encontrariam um espaço de convívio. Temia, porém, que fosse duradoura a cisão entre os militares. Boa parte da Marinha e da Aeronáutica havia tomado posição contrária ao general Teixeira Lott, e mesmo no Exército havia setores que não o apoiavam. Ao se recomporem os comandos — o que era, após uma crise como aquela, natural —, agravaram-se as mágoas e os ressentimentos. Os vencidos sentiam-se feridos na honra, humilhados, preteridos e perseguidos. Havia quem olhasse para os do outro grupo com desprezo e rancor.

Se a tensão política preocupava a todos, não parecia ter efeito sobre os nossos exames, nem tampouco, pelo que eu percebia, sobre os trabalhos no Itamaraty. Tudo continuava a fluir como se estivéssemos na mais completa normalidade. Chegamos a conversar, o Gallotti e eu, sobre esse quarto poder, o administrativo, que, por ser apartidário, do Reino Unido ao Império, do Império à República, da República Velha ao Estado Novo, e deste à Democracia, mantinha, até mesmo nos momentos de mais aguda crise, íntegros e funcionando os serviços públicos.

94

Minha mãe convidara um grande amigo de meu pai, Gustavo Linhares Beutenmüller, para meu padrinho de crisma. Esta nunca se deu, porque eu perdera a fé ainda menino e o dr. Beutenmüller era agnóstico e marxista. Apesar disso, ele sempre me tratou como afilhado, e sua mulher, d. Laura, como se fosse minha madrinha.

Mal se divulgou o resultado do Rio Branco, o dr. Beutenmüller intimou-me:

— Você precisa descansar longe do Rio. Vai comigo para Itacuruçá.

Rapazola, o dr. Beutenmüller quisera ser oficial de Marinha, mas fora reprovado nos exames médicos, por um problema de visão. Formou-se em direito e, depois, fez carreira no Ministério da Fazenda, como fiscal do imposto de consumo. Lá pelas tantas, voltou-lhe o antigo sonho, e ele começou a comprar o que sobre navios e navegações lhe caía nas mãos: livros, gravuras antigas, bússolas, astrolábios e o que mais fosse. Adquiriu até mesmo uma roda de leme e um painel de comando de um navio que saíra de uso ou naufragara, e o instalou num quarto que tinha sobre a garagem de sua casa na Tijuca. A sala do comandante, como lhe chamava, foi-se enchendo de tralha, como dizia d. Laura, ou de preciosidades, como afiançava ele. Até que um dia, ele chegou com a notícia de que havia adquirido um terreno defronte ao mar na ilha de Itacuruçá, para nele construir o seu navio.

E assim fez. Ancorou em terra o casco de concreto de sua embarcação, mas com a proa a sombrear a praia. E sobre esse casco pôs tudo o que devia ter um navio de verdade, exceto a casa de máquinas. Em vez de quartos, camarotes com beliches. Vigias no lugar de janelas. E conveses. E mastros. E chaminés. Na cabine de comando, não faltava um único instrumento ou aparelho, ao que se acrescentava uma grande coleção de cartas marítimas.

Com sua japona azul, o dr. Beutenmüller, feliz, brincava de mandar sinais com bandeiras aos barcos que passavam. E estes lhe respondiam, bem como aos silvos que emitia o seu navio de faz de conta. O sessentão deixou nele prevalecer a alma de adolescente que jamais perdera. Aquele navio de concreto era a sua alegria.

D. Laura não estava para navegações. O navio lhe parecia estreito, quente e desconfortável. Construiu ao lado dele o seu cais — uma casa normal, com telhado em duas águas, janelas, sala, quartos, cozinha e varanda. E de lá raramente saía, enquanto o marido girava a roda do leme ou descansava nas dependências privativas dos oficiais, como li na porta a que elas dava acesso.

Fui tratado como um almirante. Pouco ia à praia, com medo das enxaquecas. Preferia a sombra do convés, onde ficava deitado numa cadeira de lona, a ler. E, lendo, passei duas semanas, durante as quais só tive um minuto de espanto e surpresa. Certa manhã, cedinho, vi sair de um pedrouço uma cobra coral, linda e veloz.

95

Uma vez cada dois meses, ia ver Darcy Damasceno, na seção de manuscritos da Biblioteca Nacional, e Samuel Rawet, no escritório de engenharia de Joaquim Cardoso.

Entre os jovens, Darcy era o poeta de minha predileção, *il miglio fabbro. Fábula serena, A vida breve seguida de O pajem constante* e *Jogral caçurro* eram livros cujos versos de uma limpidez extraordinária eu lia e relia, comovido. Ninguém compunha poesia tão bem quanto ele, e ninguém era mais exigente com o que imprimia. Ao reunir os seus poemas, cortava mais do que acrescentava.

Darcy era miúdo, de rosto comprido, olhos apertados e sorriso irônico. Contra a luz da janela junto à qual punha a mesa de trabalho, nos seus cabelos clareavam o musgo e o ouro velho. Sua voz era mansa, e o julgamento, firme e severo.

Darcy avizinhava a poesia da prece, de um rito religioso estranho à bulha do mercado. Por isso, nada o irritava tanto quanto ver poetas por quem tinha apreço a cederem à exibição e à publicidade. A poesia exigia recato.

Uma e outra vez, fomos juntos ver o Rawet no escritório do Joaquim Cardoso, que ficava a duas quadras de distância. Cardoso era um homem alto e magro. Magro e encurvado. De rosto longo e queixo comprido, pálpebras grandes e olhos vivos, partia os cabelos ao meio. Andava sempre com ternos tão amarrotados, que dava a impressão de ter dormido com eles. Se nós o admirávamos como poeta, Samuel, que trabalhava sob suas ordens, o tinha como excelente matemático e o maior calculista de concreto do país. Era Cardoso quem fazia os cálculos para os prédios de Oscar Niemeyer.

Quando estive no seu escritório pela primeira vez, disse-me que seu irmão mais velho, também poeta, havia sido, no Recife, amigo de meu pai. E que se lembrava vagamente de, menino, ter visto o meu pai na companhia do irmão.

A conversa de Joaquim Cardoso era fascinante. Homem de larga cultura, não lhe faltavam palavras sobre nada. Passava de Holbein para Le Corbusier, de Le Corbusier para Marsilio Ficino, de Ficino para as campanhas de Garibaldi, de Garibaldi para François Villon, de Villon para as gravuras de Hokusai ou as esculturas de Gândara, e sobre cada assunto não deixava de ter uma observação original.

96

Pascoal Longo mantinha um programa de debates culturais na Rádio Ministério da Educação e, de vez em quando, me convidava para dele participar. Foi ali, na praça da República, que conheci Marques Rebelo, um senhor franzino, de óculos, cabelo à escovinha e bigode cortado rente, rápido no debate, e que sabia espicaçar, com leveza e graça, o interlocutor. Formávamos uma boa dupla para atiçar a polêmica: ele, irônico e, alguma vezes, sarcástico; eu, desaforado e arrogante, senhor do que não sabia.

Leitor entusiasmado de seus contos, era comum que tirasse da estante um livrinho dele, *Cenas da vida brasileira*, para reler uma ou duas páginas e redescobrir o que era escrever bem. Sentia-me desvanecido em sentar à mesa, ali na emissora, com quem já era um grande escritor, e dividir com ele a tarefa de animar um debate. Penso que se divertia com a minha audácia irresponsável. Brincava comigo, depois do programa:

— Hoje, estivemos mais malvados do que nunca.

Pascoal Longo punha diante de nós um bloco de papel sem pautas. Nele, durante o programa, costumávamos desenhar — e não só Marques Rebelo e eu, mas também vários outros participantes. O que não sabíamos, é que Pascoal recolhia os nossos rabiscos e com eles viria a fazer uma exposição no *foyer* de um teatro de bolso, em Ipanema. Alguns dos desenhos de Marques Rebelo eram caricaturas dos convidados ao programa. Os meus, variações sobre um arlequim a tocar guitarra.

97

Desde criança, não podia ver um papel em branco sobre a mesa. Começava imediatamente a pôr nele as minhas garatujas. Herdara de meu pai o gosto pelo desenho e, se meu traço não era tão bom quanto o dele ou o de meu irmão Benedicto, não o desprezava como de todo mau. Tinha um jeito matreiro para arremedar ou parodiar alguns dos grandes e dos pequenos artistas. Fazia, por exemplo, imitações dos desenhos de Santa Rosa, de Jean Cocteau e do Pablo Picasso da fase grega.

Aos que me diziam que deveria tomar aulas de pintura, sempre retrucava que o meu lápis desconhecia a invenção do desenho. O homem que eu punha, com poucas linhas, a correr sobre o papel ou a montar num cavalo não saía de minha alma: era cópia do que já fora feito por uma outra mão.

98

Desde o dia em que nos conhecemos, ainda em Campos do Jordão, Joaquim, irmão de Verinha, tornou-se meu amigo. E grande amigo. Quando ele estava no Rio de Janeiro, passávamos um tempo enorme a trocar histórias. Mais de uma vez, ele me repetiu a saga de seu tio-avô, de cuja vida eu sabia o esqueleto, pelo que me contaram o pai de Verinha e o seu tio Alberto, e de quem começava a compor o retrato pelas historietas que surgiam nas conversas da família. O Kim não gostava do velho (a quem todos, mesmo aqueles que ele não batizara nem crismara, chamavam padrinho Zezinho), e o seu relato tinha um tom travesso.

Na passagem do século XIX para o XX, o jovem José Júlio de Andrade desbravara as terras que ficavam à margem do rio Jari. Homem forte, determinado, derrotara a malária e se entendera com a floresta que para os outros era inimiga. Aliara-se aos índios e tomara posse de um enorme território, de onde passara a tirar borracha, castanha-do-Pará, madeiras e ouro. O seu domínio era completo: contava-se que atravessara uma corrente no rio e cobrava pedágio das embarcações.

Eu tinha para mim que o coronel José Júlio montara o seu império casando-se com as filhas e as irmãs dos tuxauas. Pois, rico, riquíssimo, mantinha um harém, alimentado por indiazinhas do Jari, em seu casarão de Santa Teresa, no Rio de Janeiro. As moças eram controladas por uma peruana surda e muda, de rebenque na mão. Evitavam-se, assim, problemas com a mulher legítima, da ilha da Madeira, d. Laura ou, melhor, para todos, inclusive as indiazinhas, a madrinha Laura.

Quando o coronel se cansava de ter uma das cunhãs na rede, dava um jeito de casá-la. Se possível, com um português.

Depois de observar muito um entregador de pão, mandava chamá-lo:

— Seu João, o senhor gostaria de ter uma padaria?

— Quem sou eu, coronel, respondia o rapaz, para ter uma padaria?

— Pois está vendo aquela moça ali, a Maria? Case-se com ela, que dou aos dois uma padaria.

E assim foi colocando as suas meninas. Como um senhor medieval que escolhesse os seus vassalos. Não tenho dúvida de que era inteligentíssimo e um grande conhecedor dos homens. Prova: consta que nenhum dos casamentos que arranjou — e foram muitos — se dissolveu, e, com eles, ganhou a gratidão das cunhãs e de seus maridos.

Quando d. Laura completou 80 anos — o coronel José Júlio já morrera havia bastante tempo —, assisti ao desfile dos casais a lhe pedirem a bênção. D. Laura estava sentada numa rede branca com varandas lindamente bordadas. Cada par, acompanhado de seus filhos, se inclinava diante dela e lhe beijava a mão.

Não cheguei a conhecer o desbravador do Jari. Mais de uma vez, porém, fiquei diante de seu retrato, na sala do casarão de Santa Teresa, a admirar-lhe o porte. Era um mameluco atarracado, com um olhar enérgico num rosto bonachão. Vestia um terno branco e tinha uma grossa corrente de ouro a atravessar-lhe o colete.

99

Ao entrar na sala de espera de Danton Jobim e Saldanha Coelho, no Ipase, dei com António Boto e a mulher a ler os jornais. Era ali, no ar acondicionado, que o casal passava as tardes, a fugir do calor e da solidão. Não faltavam visitantes para um dedo de prosa.

Boto vestia um terno cinza puído, camisa branca e uma gravata ensebada. D. Carmelinda estava, como sempre, de preto. Os dois viviam em grande pobreza, de uns poucos dinheiros que o Danton e o Saldanha lhes conseguiam por colaborações do poeta em jornais e revistas. Danton publicava no *Diário Carioca*, uma ou duas vezes por semana, uma crônica de Boto. Quando este não a escrevia, buscava entre as antigas uma qualquer e a mandava imprimir de novo, na esperança de que dela não se lembrassem os leitores. Assim não faltava ao poeta o único rendimento certo.

Boto queixou-se da má saúde, e só disto. Continuava a se ter por assunto predileto, mas quase sempre com os verbos no passado. Falava de António Boto — e havia em sua voz um toque de tristeza — como de outra pessoa, que já se fora.

100

Conheci Sérgio de Camargo na *Revista Branca*. Ele chegara de Paris, acompanhado da mulher, Marie Louise, e das crianças, e morava num apartamento em Laranjeiras, próximo ao palacete do pai, o escritor Cristóvão de Camargo, aquele que inventara o Vovô Índio para substituir no Natal o Papai Noel.

Apresentaram-me:

— Este é o Da Costa.

E o Sérgio, um rapaz gordo, de rosto redondo, calvície precoce e olhar feliz, começou a falar comigo sobre pintura e a dizer que admirava o rigor e a sobriedade de minha obra. Percebi que ele me tinha pelo Milton Dacosta, mas não sabia, sem parecer indelicado, como explicar-lhe que eu era outra pessoa, embora tivesse gostado de ser o pintor.

Alguém me acudiu e começou a tratar-me por Alberto. Sérgio percebeu o equívoco e foi habilmente mudando de tema, enquanto eu me rendia à sua inteligência. O qüiproquó nos fez de imediato amigos e o tornou num dos meus leitores mais fiéis. Conhecia poesia como poucos e era um prazer ouvi-lo conversar com o Darcy Damasceno.

Uma noite, fomos, Rawet, Fausto Cunha, ele e eu, à casa de Darcy e Iracilda, no Grajaú. Tivemos de mudar de lotação duas vezes, porque o Sérgio se insurgira contra a velocidade com que guiavam os choferes. Era um homem de reações como essa. E de várias manias. Detestava todas as frutas tropicais; só comia maçã, pêra, ameixa, pêssego, morango e uva. E tinha medo de segurar bebês. Marie Louise nos contou que ele só tinha posto no colo os filhos, depois que esses começaram a engatinhar.

Certa noite, após um coquetel em seu apartamento, Sérgio deu pela falta de uma de suas esculturas, uma pequena sereia em bronze (nessa época, ele ainda era um artista figurativo). Ficou possesso e a remoer, inconformado, a idéia de que alguém que considerava amigo lhe pudesse ter furtado a peça:

— Se me pedisse — repetia —, eu lhe teria dado a escultura.

Meses depois, fomos a uma festa pré-carnavalesca. E, na sala de quem a oferecia, o Sérgio viu a sua sereia. Não teve dúvidas:

— Alberto, vamos embora!

Pegou a escultura e foi com ela até o dono da casa:

— Esta sereia é minha. Se você não a furtou, entenda-se com quem o fez.

101

Deu o que falar a entrevista com Oswaldino Marques para *A Cigarra*. E não só porque, sendo poeta, declarou que a música lhe proporcionava emoções muito mais altas do que a poesia.

— Não há termo de comparação — disse-me — entre a emoção que me comunicaram, de um lado, o terceiro movimento e o início do quarto movimento da *Nona sinfonia* e os últimos quartetos de Beethoven, o *Cravo bem temperado*, a cantata número 210 e a ária "*Mache dich, mein Herze, rein*", da *Paixão segundo são Mateus*, de Bach, a *Sinfonia concertante* em mi bemol, de Mozart, a *Noite transfigurada*, de Shoenberg, e, de outro, os mais belos poemas que já li, entre os quais se incluem a "*Ballade des dames du temps jadis*" e "*L'Epitaphe en forme de ballade*", de Villon, "*The Rime of the Ancient Mariner*", de Coleridge, "*Les Chercheuses de poux*" e "*Bateau Ivre*", de Rimbaud, os *Sonetos a Orfeu*, de Rilke, "A flauta vertebrada", de Maiakovski, a "*Ballade à celui qui chanta dans les supplices*", de Aragon, "Plenilúnio", de Raimundo Correia, o "Noturno de Holanda número três", de Cecília Meireles, e o "Canto ao homem do povo Charlie Chaplin", de Carlos Drummond de Andrade.

O que na verdade irritou alguns e lavou a alma de outros foram as afirmações que se seguiram:

— Causa-me assombro e espanto o milagre da vida criadora em nosso país, pois tudo, ou quase tudo, nos falta. Não possuímos, a rigor, uma cultura. Carecemos de universidades dignas desse nome, de museus, de quase todos os instrumentos de aperfeiçoamento cultural. E os que aspiram entre nós a um estudo sério e sistemático têm de permanecer autodidatas, mesmo contra suas inclinações mais profundas. Falta-nos a atmosfera universitária, o amor desinteressado do estudo, o convívio com mestres verdadeiros pelo conhecimento, pela compreensão e pelo devotamento à causa da cultura, o intercâmbio salutar das inteligências.

E continuou:

— Por enquanto, não temos propriamente uma vida cultural brasileira, pois ela se baseia no êxito pessoal e social dos artistas. No caso da vida literária em nosso país, enormes são os males que a afligem. O apoio aos escritores é feito na base da amizade, de grupos que não estimulam o trabalho sério. O que se procura não é realizar uma obra consistente e autêntica, mas vantagens de ordem pessoal. Não tenho o menor respeito por esses geniozinhos fabricados periodicamente pelos jornais e pelas panelinhas literárias. Se fossem menos ignorantes, não teriam tanta empáfia e não se acreditariam os primeiros palmilhadores do continente da poesia. Nem sequer se pode dizer deles, como Chesterton, que deram a volta ao mundo para redescobrir as ilhas Britânicas, porque não arredam da porta dos cafés, e livro é coisa que a maioria não sabe como manusear. Penso que deveríamos exigir de quem quer que mostrasse pendor para as letras que começasse a se exercitar no ofício desde os três anos de idade, como acontece com os violinistas e os bailarinos. É por isso que nos acercamos sempre com reverência de um bom executante: sente-se logo que o domínio do instrumento é o resultado de uma ótima tarimba.

102

Entrevistei em seguida Alceu Amoroso Lima ou, melhor, Tristão de Athayde, pois foi ao ex-crítico literário que endereçei minhas perguntas.

No seu amplo jaquetão cinzento, Alceu parecia ter a cabeça pequena para o corpo. Sessentão, guardava nas feições traços de um menino. E, mais que polido, afetuoso, seguia a fala com as mãos — mãos grandes e de dedos muito longos.

Assim me respondeu, quando lhe perguntei por que abandonara a crítica literária:

— Um pouco por cansaço, por ter que me ater à disciplina dos livros. O meu maior defeito é a tentação do amadorismo. Tenho, se posso assim dizer, o terror do profissional. Fiz poesia, sem ser poeta; tentei o conto, sem ser contista; e sempre fui um crítico amador. Toda a minha vida tenho tido medo dos laços, da prisão. O principal drama de minha conversão ao catolicismo foi justamente este: temia que a Igreja me maniatasse. Não compreendia então o que só entendi depois: que a universalidade católica não é uma prisão, mas o único caminho da liberdade. Nunca consegui anular minha personalidade e, embora tenha lançado no Brasil o expressionismo crítico, isto é, aquela crítica em que saímos de nós mesmos para nos colocarmos do ponto de vista do autor, nunca atingi esse fim. A minha crítica foi sempre criadora: de homem de arte e não de ciência. Nunca tive espírito científico, confesso, e o que sempre busquei como crítico foi descobrir o "outro".

Acrescentou que trocara a crítica de livros pela de idéias, mas sem abandonar a literatura, pois era a ela que basicamente se dedicava como professor universitário.

— Em minha cadeira — disse-me — costumo empregar um método de ensino que chamo de "aviatório" e que é o oposto do método indutivo, que parte da observação do particular para o geral, de um pedaço de madeira, de um punhado de relva ou de uma pedra, por exemplo, para chegar à teodicéia. Esse o método científico, que busca a síntese e a lei. A literatura e a arte têm de ser estudadas de um modo diferente, pois o fim da arte não é o geral, mas o singular, o particular. É claro que ambos os métodos devem coexistir harmonicamente, para melhor apreender e explicar os fatos. Começo por estudar o século, os movimentos estéticos, os autores, até chegar ao que realmente importa: a obra-de-arte. É sobre a obra-de-arte que deve ser dada a ênfase. Faço, pois, como um avião: percorro primeiro os círculos maiores, que vou estreitando pouco a pouco até o pouso. E procuro ensinar aos meus alunos que a obra-de-arte é a dignidade mais alta. E que a literatura é uma coisa grave, séria e essencial. Pelo meu método, ao procurar salientar as obras e não, os autores, afirmo que toda literatura termina no estilo, que literatura é estilo.

Isso não implicava, porém, sua adesão ao *new-criticism*.

— O *new-criticism* trouxe uma enorme contribuição para a crítica literária: a objetividade. Oferece, porém, um grave perigo: o de chegar ao extremo oposto, ao formalismo. Temo que ele retire da análise da literatura o universal e o humano. Que, detendo-se no estudo puro da expressão artística, deixe de considerar as relações humanas que a obra-de-arte implica, e caia, assim, num novo verbalismo e na confusão da literatura com a lingüística. O *new-criticism* poderá, se mal orientado, nos conduzir a um retorno às academias que floresceram na aurora do Renascimento e deram uma importância essencial à palavra. Elas provocaram a dicionarização, a hipertrofia da palavra e uma ditadura da crítica, contra cujos abusos se levantou o Romantismo. Não rejeito os métodos do *new-criticism*. Aguardo apenas que ele se humanize. Continuo fiel ao lema: *Truth is proportion*. Devemos ser equilibrados, sem ser medíocres.

103

Dinah Silveira de Queiroz era uma mulher bonita, de pele muito lisa e branca e olhos vivos e bondosos. Forçava o riso, talvez porque era triste. Comentava-se que o marido, o grande jurista Narcélio de Queiroz, primo distante de Verinha, cada vez mais se abandonava à bebida. Do casal, quando noivos, contava um tio de Vera que chefiara, durante a guerra, a censura telefônica, que dera ordem aos seus subordinados para que o chamassem, tão logo Narcélio, no Rio, pedisse uma ligação para Dinah, em São Paulo. Não se cansava de ouvir suas conversas, tão inteligentes e interessantes que eram.

Quando fui entrevistá-la para *A Cigarra*, falamos sobre uma peça de teatro que Dinah acabara de publicar, *O oitavo dia*, e sobre a diferença entre escrever um romance e criar para o palco. Sentira-se, confessou-me, como quem se muda de um casarão para um apartamento. E disse-me que esperava que sua peça pudesse comunicar sua mensagem tanto no plano da leitura quanto do palco. Falamos, então, do que eu tinha por duas obras-primas, *Of Mice and Men* e *Burning Bright*, com as quais havia John Steinbeck dado fôlego ao *play novelette*, isto é, uma peça de teatro fácil de ler e que era ao mesmo tempo uma novela que podia ser representada.

O melhor da entrevista não foi publicado. Dinah, no meio da conversa, levou-me até uma janela, onde tinha uma espécie de pequeno telescópio.

— Vigio os vizinhos — confidenciou-me. — Com esta luneta, viajo pela rua e corro as janelas dos apartamentos que tenho em frente, procurando adivinhar o que as lentes me passam. Vejo as cenas as mais diversas e recolho matéria para as minhas crônicas. Tenho medo de me viciar nisso, se é que já não estou viciada em bisbilhotar a vida dos outros pelo buraco das fechaduras.

104

Parecia que Nikita Kruchev tinha feito suas denúncias ali ao lado. Não se falava de outra coisa, como se não se soubesse, desde havia muito, que Stálin era um tirano. Mas poucos, por medo de serem tachados de reacionários, se arriscavam a mencionar os campos de concentração soviéticos, os fuzilamentos de adversários e simples desafetos, o silêncio imposto aos intelectuais e artistas que não seguiam a linha do Partido Comunista. Se alguém mencionava Anna Akmatova ou Osip Mandelstam, ouvia esses nomes serem maltratados como poetas alienados, saudosos do tzarismo e dos salões aristocráticos. E Stravinsky e Prokofief se tinham vendido ao Ocidente.

Os meus amigos comunistas andaram uns dias de cabeça baixa. Depois, foram ganhando de novo confiança. Para este, a União Soviética agora se libertava do culto da personalidade e retomava o rumo certo, após ter cedido ao autoritarismo de Stálin. Para aquele, os excessos estalinistas se tinham originado da necessidade de coesão interna, a fim de fazer frente ao cerco capitalista. Para aquele outro, Kruchev tinha cometido, ele, sim, um erro, e havia um novo líder a seguir, Mao Tse-tung. Não faltavam argumentos aos que insistiam em fazer do pesadelo um instante sem importância de um bom sonho.

Houve, porém, os que se desalentaram. E os que andaram, envergonhados, a esperar que esquecessem os versos que escreveram em louvor do déspota. Ainda dois ou três meses antes, eu lera numa revista de São Paulo, um longo poema ao grande guia, ilustrado por um desenho de Portinari — um retrato de Stálin jovem, belo e heróico.

105

No primeiro dia de aula do Instituto Rio Branco, estávamos todos, os dezessete, felizes. E arrumadíssimos, com gravatas que nunca mais tiveram laços tão bem dados. Éramos duas moças, a Cecília Prada e a Laura Malcher de Macedo, dois rapazes casados, o Ivan Veloso da Silveira Batalha e o Leonardo Marques de Albuquerque Cavalcanti, dois filhos de embaixadores, o Carlos Antônio Bettencourt Bueno e o Sérgio Thompson Flores, dois poetas, o Sérgio Queiroz Duarte e eu, dois Renés, o Haguenauer e o Cavé Raínho, e mais o Álvaro Valle, o Bernardo de Azevedo Brito, o Livieto Justino de Souza, o Luís Orlando Carone Gélio, o José Maria Diniz Ruiz de Gamboa, o Marcos Castrioto de Azambuja e o Moacyr Martins Ferreira.

Aos aprovados nos últimos exames acrescentara-se um rapaz moreno, baixo e esbelto, um pouco mais velho do que nós, Joayrton Martins Cahu. Havia alguns anos, ele passara nas provas intelectuais, mas fora reprovado nos exames médico e psicológico. Entrara na justiça, ganhara a causa e fora matriculado em nossa turma. Enquanto corria o processo, Cahu iniciara uma outra carreira: a de professor universitário de língua e literatura gregas.

Não havia no grupo um só gordo, mas não faltavam o tímido, o atrevido, o irrequieto, o calmo, o barulhento, o ingênuo, o ambicioso, o dissimulado, o discreto, o brincalhão, o capiongo, o almofadinha, o desleixado, o generoso, o irritadiço, o afetuoso, o pachorrento, o falastrão, o que se derramava em confidências e o que fugia dos outros ou se enovelava em segredos — dois, três ou quatro desses tipos a coexistirem ou a se alternarem numa só pessoa.

O que ficou logo claro, no terceiro ou quarto dia de aulas, é que dentro de cada um daqueles rapazes e moças compenetrados havia um moleque de quem não se queriam apartar e que os fazia lançar bolinhas de papel uns nos outros, jogar futebol no meio das carteiras, fazer caricaturas no quadro-negro, amarrar os cadarços do sapato de um colega aos de um outro. Era como se tivéssemos voltado ao curso primário.

Não demorei em aproximar-me de Ivan Batalha, de quem me falara tão bem Samuel Rawet, que dele havia sido colega de turma e amigo no secundário. Ivan dava a impressão de estar sempre lavado, escovado, limpo.

Era exigentíssimo consigo mesmo e com os outros. Cultivava a rabugice, tocava violino e tinha na música sua grande alegria. Embora jamais tivesse saído do Brasil, conhecia como poucos, pelas reproduções dos livros, a pintura européia. E era um leitor voraz.

Num sábado, fomos, Verinha e eu, lanchar em seu apartamento, no alto da rua Lopes Quintas. Lá conhecemos Zina, sua mulher, uma jovem fina, sensível, inteligente e mansa. E ficamos, os quatro, desde essa noite, amigos. Amigos, mesmo. Destes que não se esquecem uns dos outros, no silêncio e na distância.

Era raro, nas conversas com Ivan, que se resvalasse para a banalidade. Eu aprendia com ele o tempo todo. Principalmente a pôr nas gavetas certas, bem arrumado, o que sabia. Mostrou-me como ouvir música. E como olhar para um quadro.

Aproveitava o tempo como ninguém. Pela manhã, cumpria suas tarefas de funcionário do Banco do Brasil; à tarde, ia às aulas do Instituto Rio Branco; e, à noite, estudava as horas necessárias para ser o melhor aluno da classe.

106

O pai de Verinha perguntou-me se, no domingo, eu podia ajudá-lo a ciceronear um grupo de chineses que tinham vindo ao Rio comprar algodão. A idéia era levá-los a passear num pequeno iate pela baía da Guanabara.

Fomos. No meio da baía, para onde olhássemos, a paisagem era um esplendor. Mas os três homens de Pequim não davam por ela. Um deles chegou a dormitar, enquanto os outros dois me explicavam por que a escrita mandarina era um óbice ao desenvolvimento da China. Seu Octavio e eu estávamos arrependidos: bem podíamos ter ficado a conversar na pérgola do hotel.

Descemos em Paquetá, para o almoço. O peixe pareceu insosso aos chineses, que pediram pimenta. O garçom lhes trouxe uma garrafa com malagueta no azeite, fortíssima, de queimar o gogó. Derramaram-na inteira nos pratos e comeram as pimentas como se fossem ervilhas.

No caminho de volta ao cais, seu Octavio e eu íamos desolados. O passeio tinha sido um malogro. E eis que, de repente, um dos chineses gritou para os outros, e os três pararam, embevecidos, diante de um grande cacto.

Um deles tirou uma câmara do bolso e começou a fotografá-lo. Os outros encostaram-se ao muro do jardim, para melhor olhar o cacto, e nisto ficaram por muitos minutos. Felizes.

O passeio foi para mim uma primeira aula sobre as dificuldades de ser diplomata, de lidar com pessoas que vêem, ouvem, sentem e pensam diferente de nós. Semanas depois, recebi uma segunda lição, desta feita sobre os juízos apressados em matéria de estrangeiros.

Comentei com o pai de Verinha que o Sérgio de Camargo nos havia convidado, a mim e a ela, para ir, na noite de sábado, a uma apresentação de jongo na casa do poeta Solano Trindade:

— Não sei bem onde fica. Creio que em Duque de Caxias.

Seu Octavio indagou-me se podia ir também e levar com ele um casal de visitantes espanhóis, clientes de sua firma. Telefonei para o Sérgio, que me disse que sim.

Os espanhóis eram nobres — condes ou marqueses — e apareceram quase que vestidos a rigor para uma festa de subúrbio. E para lá seguimos, em dois carros: Marie Louise, Verinha, Sérgio e eu, no primeiro; d. Elza, seu Octavio e os dois visitante, no outro. Ia de coração aflito, prevendo que a noite, com aquele casal que não disfarçava os seus requintes de elegância, fosse ser um desastre.

A casa do poeta era pequenina, no centro de um grande terreno cheio de árvores altas e copadas. A sua modéstia era sacudida pelos quadros que tinha nas paredes — de Heitor dos Prazeres, Pancetti, Santa Rosa e outros mais. Para minha surpresa, Solano Trindade encantou-se com o espanhol. E ficaram a conversar sobre García Lorca e Antonio Machado.

Quando o grupo de dança dirigido pelo poeta entrou no pátio frente à casa, iluminado pelas lâmpadas que pendiam dos fios estendidos entre as árvores, olhei para os espanhóis. Os dois estavam fascinados, na ponta dos pés, atentíssimos à música e aos dançarinos. E a acompanhar com todo o corpo o ritmo.

No fim do espetáculo, uma jovem convocou todos para a dança. O conde ou marquês, que me declarara, minutos antes, nunca ter visto um conjunto de moças tão bonitas, caiu no samba, abraçado a duas delas. A mulher o seguiu com um dos bailarinos. E só saíram da dança, quando o terreiro começou a esvaziar-se.

Cerca de dois meses depois, seu Octavio me disse:

— Você se lembra daqueles espanhóis que foram conosco ao espetáculo de danças folclóricas na casa do poeta seu amigo? Recebi hoje uma carta deles. Sabe o que dizem? Que aquela noite é a mais bela de todas as belas recordações que guardam do Brasil.

107

Samuel Rawet lançara o seu primeiro livro, *Contos do imigrante*, e fiz questão de entrevistá-lo para *A Cigarra*. Quando a revista saiu, Samuel ficou felicíssimo: narrou-me o espanto quase incrédulo dos pais diante das três páginas com fotografias a ele dedicadas, numa publicação que estava em todas as casas. Os velhos não paravam de receber telefonemas dos amigos: haviam visto a revista. Samuel tinha a impressão — isto disse-me — de que aquela fora a primeira alegria que, desde a adolescência, lhes dera.

Contente pelo amigo, não escondia a irritação comigo mesmo. A matéria era uma droga. Eu deixara de fazer uma grande entrevista. Minhas perguntas tinham sido equivocadas. Pusera Rawet a responder sobre a situação do conto, do teatro e da crítica no Brasil — e ele dissertara sobre tudo isso com inteligência e sensibilidade —, quando devia tê-lo feito falar sobre o seu livro, um livro amargo, áspero, duro, difícil, sobre um tema, o do imigrante judeu, até então só abordado num outro livro e num outro tom, *No exílio*, de Elisa Lispector.

Eu o devia ter instado a que se estendesse sobre os dias de sua infância e adolescência, os embates entre a casa e a rua e entre uma e a outra metade de sua alma, o que vivera e presenciara ao seu redor, e as histórias que ouvira de inadaptação, conflitos, desilusões, incompreensões, desencontros e desespero de muitos dos que saíram de um gueto polonês para um subúrbio carioca e não conseguiam entender os vizinhos, que para eles olhavam com estranheza e desconfiança e podiam até censurar-lhes ou achar cômicos o comportamento e as preces. Não o fiz, por incompetência ou pudor, e fiquei sem a confissão de Rawet de que Judith, a moça banida da família por haver casado com um gói, era ele próprio, e de que o Profeta fora desenhado a partir de seu pai.

Adulto, Rawet abandonara a religião dos seus. Mas os *Contos do imigrante* provavam que não os havia traído.

108

— Você sabia que o Herman Lima está terminando um livro monumental sobre a história da caricatura no Brasil?

Não, eu não sabia, mas, instigado pela informação, telefonei-lhe e pedi-lhe que me marcasse uma entrevista.

Passei uma tarde de sábado inesquecível, com Herman Lima a mostrar-me preciosidades de sua coleção de revistas antigas. Ele conhecia o que havia por trás de quase todas as caricaturas, assim como a história daqueles que as haviam feito. Queixou-se da decadência do gênero, que não tinha mais a liberdade e a irreverência de dantes, quando Angelo Agostini punha na sua revista o duque de Caxias como o macaquinho do imperador e d. Pedro II travestido em Juanita.

— Você imagine — disse-me — que já esteve quase para ser aprovado na Câmara um projeto de lei que punia com dois anos de prisão o autor de caricatura que ridicularizasse qualquer personagem pública. O que se pretendia era extinguir definitivamente a caricatura no Brasil, já que sua função é exatamente esta: ridicularizar os poderosos.

Dediquei cinco páginas de *A Cigarra* ao livro que Herman Lima só lançaria, em quatro grossos volumes, sete anos depois. A sua melhor obra, me disse:

— A única, tenho a certeza, que ficará.

109

Roberto Alvim Corrêa não me fez as revelações que dele esperava. Editor em Paris, privara com Gide, Mauriac, Raïssa e Jacques Maritain, Cocteau, Charles Du Bos, Emmanuel Moulnier, Albert Béguin e Charles Plisnier. Mas foi lacônico sobre todos eles. De Charles Du Bos disse ter sido "o homem mais integralmente homem, no sentido superior da palavra, que conhecera na vida". Definiu Raïssa Maritain como a um só tempo angélica e real. E chamou Moulnier de apóstolo. Como eu insistisse em perguntar como eram eles pessoalmente, respondeu-me:

— São todos parecidos com os livros que escreveram.

Alvim Corrêa era simpático e tímido. Parecia desconfortável dentro de suas roupas. O cabelo começava a embranquecer, mas as sobrancelhas eram muito negras e grossas, e o nariz e o queixo, fortes. Falamos das Editions Corrêa, em Paris, e ele mencionou por alto que, por causa de uns problemas com o sócio, resolvera passar uns tempos no Brasil. Aqui o surpreendeu a guerra e não pôde voltar à França. Retomou, então, a vocação inicial, a do ensino, pelo livro e pela cátedra, como professor e como crítico. E um crítico severo.

— Cada ano — declarou-me — saem alguns bons livros no Brasil. Em geral, não mais do que dois ou três. O crítico, que tem de orientar toda semana os seus leitores, pouco encontra de realmente significativo sobre o que falar. Um livro da importância de *Corpo de baile*, de Guimarães Rosa, é coisa rara. Quase tudo que sai dos prelos é medíocre e não pode contar. Por isso, sou favorável a que o crítico leve em conta também os livros estrangeiros. Porque eles influenciam a nossa vida literária e são importantes para nós.

Após uma breve pausa, prosseguiu:

— Não temos, aliás, o que recear das influências. A vida do espírito é uma troca permanente, que desconhece fronteiras. Sem esse intercâmbio constante, sobrevém a estratificação. As influências são necessárias ao progresso do espírito como o ar que respiramos. Elas refazem o sangue e mudam em força a fraqueza.

E rematou:

— Países mais evoluídos culturalmente do que nós, donos de uma enorme bagagem cultural e de uma tradição admirável, dão exemplos disso. Todos sabemos a influência decisiva que o romance e o teatro norte-americanos estão exercendo nas letras francesas. No campo do teatro, na França, há uma predominância dos autores estrangeiros e mesmo uma redescoberta do grande teatro espanhol. Ano passado, Calderón e Lorca obtiveram êxitos sem precedentes nos palcos franceses. Isso contribuirá para abrir novos horizontes ao drama francês, quer os franceses queiram ou não. Aliás, a vontade não intervém nesse processo.

Perguntei-lhe ingenuamente:

— Quer dizer que a nossa literatura será fatalmente brasileira, sofra influências ou não?

— Claro que sim — respondeu-me. — E será mais brasileira, na medida em que sofrer influências. Nós vivemos como aquele indivíduo que não comia pão com medo de virar pão, esquecido de que, em nosso organismo, o pão se torna em vida.

110

O professor de português do Instituto Rio Branco era Carlos Henrique da Rocha Lima. No início, não fui com ele. Dava a impressão de querer que escrevêssemos como se vestia: o terno de bom corte ajustado ao corpo, o colarinho engomado, o nó da gravata apertado, o lenço a sair dois dedos do bolso do paletó, os sapatos reluzentes. Passadas algumas semanas, compreendi que o vestir-se bem correspondia ao apuro e à elegância de seu espírito. O seu gosto literário nem sempre coincidia com o meu, mas Rocha Lima sabia muito e dominava a arte de ser mestre.

Desde o início, ao ensinar-nos a redação diplomática, pediu que fôssemos concisos, diretos, claros. E, um dia, trouxe para a aula, como exemplo, um memorando escrito pelo chefe da Divisão de Fronteiras, João Guimarães Rosa:

— Vejam como é simples, precisa e perfeita a redação. Mas vejam também como está distante, porque o espírito e o objetivo são outros, dessa obra-prima que é *Sagarana.*

E acrescentou que a linguagem de um texto oficial podia uma ou outra vez ser expressiva, mas o que dela se reclamava é que se fizesse compreendida à mais rápida das leituras. No caso de um documento diplomático, este podia exigir de seu redator que fosse também capaz de escrever parágrafos propositadamente obscuros ou dúbios. Nunca, porém, nos pediu que nisso nos exercitássemos.

Mais difícil seria fazê-lo em francês ou em inglês. Eu não era capaz desses requintes no manejo daqueles idiomas, porém a maioria de meus colegas, sim. Havia entre eles quem escrevesse melhor em francês ou em inglês do que em português, para a tranqüilidade dos professores Louise Jacquier e John Mulholland.

Madame Jacquier, a mesma que me preparara para o exame de admissão, era uma senhora entroncada e de ar severo, que o convívio logo mostrava ser um disfarce. Rigorosíssima ao corrigir nossas redações, reclamava, a fingir-se escandalizada, de cada um dos erros de lógica ou de gramática. E não se cansava em passar-nos truques que resolviam problemas no uso da língua e calavam dúvidas. Desde que descobrira que eu era bem lido em literatura francesa, encantou-se por mim, mas o seu ai-jesus era o Batalha, que não perdia ocasião para rabujar com ela.

Mulholland, alto, magro, desengonçado, cabelos a caírem, curtos, sobre a testa, rosto longo e feio, sobrava dentro de suas roupas. Tinha um jeito tristonho, de quem se sentia no exílio. E reforçava as lições de Rocha Lima: queria redações simples, diretas, nítidas.

Mais do que isso nos pedia Barreto Leite Filho, que ensinava política internacional. Barreto Leite, sempre vestido com um safári cáqui e usando botas de camurça, parecia preparado para caçar leões no Quênia. Ele dava a medida exata dos textos que nos encomendava — tantas palavras — e castigava com más notas quem dela se apartasse.

O esmero no vestir de Rocha Lima e o traje estudado de Barreto Leite contrastavam com o à-vontade do professor de geografia, Hilgard O'Reilly Sternberg. As roupas folgadas deste, apesar do guarda-pó que usava em classe, pareciam sempre sujas de giz. Sternberg dava aulas com um entusiasmo que beirava a alegria. E reclamava de nós mais do que atenção: que comungássemos de seu discurso indignado sobre os erros que se cometiam no combate às secas no Nordeste, sobre a ausência de reforma agrária, sobre as práticas predatórias de nossa agricultura, sobre os esforços que não poupávamos para fazer de um país potencialmente rico um país pobre. Um ótimo professor, fazia os alunos pensarem com ele ou contra ele.

Era curioso contrastar as suas aulas com as, também excelentes, do padre Fernando Bastos de Ávila, que lecionava problemas brasileiros. O padre Ávila, um jesuíta ainda jovem, recém-chegara da Bélgica, onde cursara a Universidade de Louvain. No seu *clergyman* cinza-escuro, ele nos transmitia uma visão otimista do Brasil, sobretudo de suas relações humanas, ao mesmo tempo que, ao expor as teses mais recentes, desempoeirava as nossas noções de sociologia.

Fino e discreto, Carlos Delgado de Carvalho, mais parecia um francês de 1910, desses com o bigode cuidadosamente frisado. Suas aulas de história diplomática mundial não traziam novidades — já havíamos estudado tudo aquilo na preparação para o concurso —, mas eram dadas com tamanha elegância e, algumas vezes, ironia, que nos rendíamos à sua voz. Era um grão-senhor, educadíssimo, de vasta cultura e não menor bondade.

Delgado de Carvalho era um homem sereno; Jaime Magrassi de Sá, mais do que inquieto, agitado. Foi ele quem despertou o meu interesse pela economia. Eu havia estudado no livro clássico de Paul Samuelson, na tradução de Octavio Dias Carneiro, mas quem verdadeiramente me seduziu foi

John Maynard Keynes. Li meia dúzia de vezes *The General Theory of Employment, Interest and Money*. E mergulhei nas obras de Joseph Schumpeter. Deste, jamais esqueci as páginas sobre a evolução das manufaturas têxteis na Europa no fim da Idade Média e início do Renascimento, porque complementavam o que havia lido, em tradução inglesa, num livro que me deslumbrara, o *Outono da Idade Média*, de Johan Huizinga.

Outro desassossegado: o meu ex-chefe na Divisão de Manuscritos e Obras Raras da Biblioteca Nacional, José Honório Rodrigues. José Honório amava a contestação e a polêmica. Suas aulas de história diplomática do Brasil eram interessantíssimas e instigantes. E os textos que distribuía após as classes, sobre o que nelas dissera ou quisera dizer, também. Mas, tão logo os recebíamos, apressávamos em corrigi-los, pois José Honório tinha má sorte com as datas. Se, na aula, datava um fato de 1828, saía na apostila 1882, 1858 ou 1823.

III

De vez em quando, encontrava-me com Guimarães Rosa, a caminhar junto ao lago ou à porta do "Bife de Zinco" — nome que dávamos, numa alusão ao Bife de Ouro do Copacabana Palace, ao restaurante do Itamaraty.

Uma tarde, logo que me viu, encaminhou-se para mim com o jeito de quem ia dar-me um abraço:

— Muito obrigado. Você me fez feliz.

No caderno de literatura de *A Cigarra*, eu procedera a um levantamento do que se publicara nos últimos doze meses e lhe dera o título "1956: ano Guimarães Rosa". Metade da primeira das quatro páginas estava coberta por uma fotografia de Rosa a cavalo, a conduzir alguns bois. Na outra metade, eu afirmava que Rosa dominara literariamente o ano, ao reeditar *Sagarana* e publicar, além de *Grande sertão: veredas*, os dois grossos volumes de *Corpo de baile*. E contava como os que amavam os livros se haviam dividido em dois partidos: os rosistas, que nele tinham um grandíssimo escritor, e os anti-rosistas, para os quais era um verborrágico estrambótico e ininteligível. Eu me alinhava entre os primeiros.

O que não dizia em minha matéria é que, embora *Grande sertão: veredas* me tivesse assombrado, era com os poemas de *Corpo de baile* que se casava a minha alma. Reli várias vezes "Campo geral" e fui Miguilim lá no bem dentro. Emocionei-me com "Lão-Dalalão (Dão-Lalalão)", uma das mais belas histórias de amor que já havia lido, e procurei decifrar os vários segredos que havia em "Cara de Bronze", sobre cujo texto projetei as sombras do meu tio-avô que se tinha por leproso e de seus vaqueiros.

Rosa reclamou que, havia meses, não punha os olhos, nos jornais, num só poema com a minha assinatura. Expliquei-lhe que costumava fugir da poesia, que só escrevia versos quando estes praticamente comandavam as minhas mãos. As duas, porque só sabia escrevê-los à máquina.

— Não deixe que o Rio Branco tome todas as suas horas — recomendou-me.

Não as tomava, mas sobre elas punha o olhar guloso. Havia uma competição, na turma, pelas melhores notas, pois era no Instituto que começavam a formar-se as reputações. Aqueles que ficassem nos primeiros lugares iriam para as divisões de prestígio e, ao serem removidos para o exterior, teriam os melhores destinos. Eu, que sempre tivera horror a qualquer tipo de competição, não podia furtar-me àquela, na qual entrava com uma grande desvantagem: a bisonhice ao escrever e sobretudo falar línguas estrangeiras. Tinha, por isso, de destacar-me nas outras disciplinas. E esse argumento servia de pretexto para não deixar que percebessem que gostava de estudar, que sentia prazer em perseguir um assunto até onde pudesse.

112

Marcamos, Verinha e eu, nosso casamento para o início das férias de julho. E tínhamos tudo pronto, quando, um mês antes, o pai dela teve um enfarto.

Mal recebi a notícia, precipitei-me para a Gávea, a lembrar-me, no caminho, do que seu Octavio me tinha dito, havia pouco tempo, ao voltarmos do velório do irmão dele, Alberto:

— Sinto-me muito cansado. O próximo serei eu.

Na casa de Verinha, vi repetir-se tudo o que se passara com meu pai, noutro mês de junho, só que mais antigo. O médico julgou imprudente tentar levar seu Octavio para um hospital e mandou instalar no quarto dele a tenda de oxigênio e os demais aparelhos.

Num momento de melhora, seu Octavio chamou a filha:

— Aconteça o que acontecer, não adie o casamento.

E aconteceu o pior: um novo enfarto, que o levou.

Verinha saiu do luto na véspera do casamento. Serena e menina. Ao descermos as escadas da igreja, de mãos dadas, senti-me tomado pelo que passaria a experimentar tantas vezes ao seu lado, e que bem se expressa numa palavra inglesa intraduzível: *bliss.*

113

A Cigarra me pediu uma longa reportagem sobre o dia-a-dia das escritoras. Entrevistei cinco: Lúcia Benedetti, Dinah Silveira de Queiroz, Heloneida Studart, Làsinha Luís Carlos e Emi Bulhões Carvalho da Fonseca. Foi esse o último texto que publiquei em *A Cigarra,* porque a revista se findou logo em seguida.

A melhor conversa foi com Lúcia Benedetti. Pequenina, delicada, com um constante sorriso no rosto redondo, mal lhe indiquei o que pretendia com a entrevista, ela foi me perguntando:

— Você conhece alguém que trabalhe tanto quanto o Raimundo Magalhães Júnior? Conhece?

E diante de meu silêncio:

— Eu, sua mulher. Trabalho duro em casa, escrevo, traduzo, ponho em ordem as suas coisas. Raramente escrevo para a imprensa, mas traduzo muito. Livros e peças de teatro. Ponho minhas idéias no papel de preferência pela manhã, embora não disponha de muito tempo, perseguida pelos afazeres de casa. Escrevo diretamente a máquina, levantando-me de vez em quando para atender ao tintureiro, conversar com o encanador, fazer o rol das roupas, falar ao telefone, ver se as coisas estão em ordem na cozinha, pregar um botão, arrumar os livros, brincar com o meu cachorro, o Tantão, com quem jogo um divertidíssimo futebol. Você sabe, o que cansa na vida de uma dona-de-casa são as coisas miúdas.

Fiz uma cara de quem não sabia.

— À noite, revejo o que lancei no papel pela manhã e leio muito. Tanto, que meus olhos já estão pedindo aposentadoria. Não faço vida social, embora adore as amigas que tenho. Saio pouco, quase sempre para ir ao teatro, pois assisto a todas as peças que posso. Quando perco alguma, é porque estava doente. Em compensação, vou pouco ao cinema. E converso muito ao telefone.

Fez uma breve pausa:

— Minha filha já completou dez anos e é parecidíssima com sua avó materna. Antigamente, usava tranças, mas agora resolveu cortá-las. Brinco pouco com ela, pois a menina não tem tempo para isso. Seguindo a tradição da família, é ocupadíssima.

— Como é que você harmoniza a vida de escritora com a de dona-de-casa?

— As duas atividades se misturam na mais pura confusão. Não distribuo o meu tempo: sou distribuída por ele. Bordo à mão, e bem. Costuro como mestra. Não gosto, no entanto, de costurar para mim mesma, porque fico revoltada com as mudanças na moda feminina. A gente faz um vestido, pensa que está na última moda, usa-o duas vezes e, pronto... o modelo está ultrapassado! Por isso, só gosto de costurar para crianças. Para a minha, principalmente. Sei cozinhar, mas não vou à cozinha a não ser em caso de extrema necessidade. Aos domingos, descanso: leio, vou à missa, vejo televisão, saio com minha filha, faço visitas. O Raimundo, no único dia de folga, aproveita a ocasião para ficar gripado.

E rematou:

— Paciência. Gosto da vida do jeito que é.

114

O Instituto Nacional do Livro publicou a minha *Antologia de lendas do índio brasileiro*. Saíram na imprensa várias resenhas elogiosas, mas o melhor texto que sobre ela se escreveu só foi lido por Fausto Cunha e por mim. Seu autor: M. Cavalcanti Proença, a quem admirava mas não conhecia pessoalmente.

Após elogiar a escolha das histórias, Cavalcanti Proença censurou a ligeireza e os descuidos das notas. E enumerou, pacientemente, ao longo de três ou quatro páginas todos os erros, os pequenos e os graves, por mim cometidos. Foi caridoso comigo, ao não publicar o artigo que laboriosamente escrevera e deixava o livro nu. Mandou-me o original, com um cartão gentilíssimo, por intermédio do Fausto.

Mencionei a Nunes Pereira, num encontro casual na avenida Rio Branco, o gesto bondoso de Cavalcanti Proença.

— Gestos como esse são naturais no Proença, que é um sábio.

E Nunes Pereira penteou com os dedos a vasta cabeleira branca, que nele contrastava com a pele cafuza. Ainda que se considerasse um pouco responsável pela antologia, uma vez que me instara, depois do meu regresso da estação de cura, a que a concluísse, não me pediu para ver o artigo. Preferiu contar-me histórias de sua mãe, que havia sido vodunce na Casa das Minas, em São Luís do Maranhão. Embora soubesse que o filho estava escrevendo, com a melhor das intenções e enorme carinho, a história do santuário, ela nunca lhe revelou um só de seus segredos.

115

O *Sputnik* corrigiu as sombras que as revelações de Kruchev sobre Stálin e a brutal intervenção do exército russo na Hungria haviam lançado sobre a União Soviética. Entre os colegas do Instituto Rio Branco, o mais entusiasmado com o lançamento do satélite era o Luís Orlando Gélio, todo ele generosidade e coração. Para o Gélio, só um país socialista, não comandado pelo lucro, podia ser capaz da proeza. E não faltaram os que viram no *Sputnik* a prova clara de que a União Soviética estava, científica e tecnicamente, muitíssimo à frente dos Estados Unidos, a repetir, com diferença de alguns anos, um dos argumentos daqueles que me traziam manifestos para assinar em favor de Alger Hiss e do casal Rosenberg: só podiam ser inocentes, uma vez que, estando num estágio superior da história, os soviéticos nada ganhariam em espionar os americanos.

O lançamento do *Sputnik* foi um momento de euforia e otimismo. Nunca antes a URSS tivera o seu prestígio tão alto. Estávamos os homens começando a conquista do espaço, e já nos víamos a tripular naves planetárias, como o Flash Gordon e o Buck Rogers dos quadrinhos e dos filmes seriados de nossa meninice.

116

Terminamos o curso em dezembro e começamos a trabalhar no início de janeiro. A nossa nomeação para cônsules de terceira classe só saiu, porém, dois meses depois.

Quando tivemos de escolher um paraninfo para a formatura, alguns colegas propuseram o presidente Kubitschek. A maioria opôs-se, alegando que poderia parecer bajulação. E outros poucos apresentaram Guimarães Rosa, que era o nome do Itamaraty com maior ressonância nacional.

Numa das últimas aulas do único diplomata dentre os nossos professores, o assunto, não sei como, veio à baila. Geraldo Eulálio do Nascimento e Silva coçou a cabeça onde a calvície aumentava e, pondo em nós os olhos cujo estrabismo os óculos não disfarçavam, disse-nos com voz calma que Rosa era mais escritor do que diplomata. E sugeriu-nos vários outros, entre os quais Edmundo Penna Barbosa da Silva, que, havia anos, chefiava o Departamento Econômico e Comercial. Barbosa da Silva era uma grande figura da Casa, exercendo um papel na formulação e condução da política econômica brasileira muito mais importante do que o posto que detinha. Nada que pudesse ter repercussão nas relações externas se decidia sem que fosse consultado. Nós já conhecíamos de vista e de renome aquele homem bonito, sóbrio, elegante, amável, de quem se dizia que falava inglês com todos os tiques de um nobre da corte de Saint-James e cuja inteligência e saber eram admirados pelos que trabalhavam com ele.

Como professor de direito internacional público, Geraldo Eulálio pouco mais nos trazia do que alguns casos recentes para acrescentar ao que vinha no *Tratado* do Embaixador Hildebrando Accioly. Mas foi utilíssimo, então e depois, no curso de aperfeiçoamento, ao nos ensinar, além de métodos de trabalho, de normas de comportamento e de regras de protocolo, muitos dos segredos do ofício. Dava-nos aulas, a seguir Harold Nicholson, de como ser diplomata.

Escolhemos Barbosa da Silva como paraninfo. Mas a notícia de que tínhamos recusado o nome de Juscelino deve ter chegado ao Catete. Nos anos anteriores, o decreto de nomeação dos novos diplomatas saíra entre o primeiro e o sétimo dia após o fim do curso; no nosso caso, demorou dois meses.

117

Fui trabalhar na Divisão Comercial. Seus chefe e subchefe eram os primeiros-secretários Antônio Corrêa do Lago e Sérgio Armando Frazão. Pouco depois, porém, foi ela partida em duas: uma, dedicada às relações comerciais com o continente americano, ficou com Lago; à outra, sob o comando do Frazão, coube o resto do mundo.

Lotaram-me nesta, juntamente com Paulo Amélio do Nascimento Silva, um segundo-secretário que servira em Paris e em Lima e se tornou nosso subchefe, e os terceiros-secretários da turma anterior à minha: Sérgio Paulo Rouanet, Amaury Bier e Sérgio da Veiga Watson. Rouanet e Watson dividiam a Europa Ocidental; Bier cuidava da Europa Oriental; eu, da África, da Ásia e da Oceania.

Paulo Amélio era grandalhão e cabeçudo. Expansivo, enchia as salas com a sua voz. Tinha formação de filólogo e dava aulas de língua portuguesa numa faculdade em Petrópolis. Com paciência, cuidava de nossa escrita: cortava de nossos telegramas as palavras desnecessárias, atenuava as respostas negativas, clareava as instruções. Competentíssimo, estava atento a tudo.

Com os cabelos sempre despenteados e a escrever à máquina com a força de quem toca Liszt ao piano, Rouanet era o mais aplicado de todos nós. Escavava fundo o que estudava. E dir-se-ia que só estudava, se não tivesse namorado e se casado com a minha companheira de turma Cecília Prada, que já então escrevia contos e fazia matérias para os jornais.

As regras da época eram altamente injustas com as mulheres. Mais do que injustas, impiedosas. Se uma diplomata se casava com um colega de carreira, a lei a obrigava a pedir demissão. Foi o que se deu com Cecília.

Demitiu-se por amor, sem pressentir que não poderia, caso o matrimônio se desfizesse, voltar à carreira que tão duramente conquistara.

Do Rouanet, Cecília nos contava, com um ar divertido, que, se ele estivesse, ao ser chamado para o almoço, a meio de uma leitura, levava o livro para a mesa e o continuava a ler, enquanto comia. Nós o sabíamos capaz de concentrar-se no meio da maior das balbúrdias. E no desarrumado de sua aparência reconhecíamos uma inteligência disciplinada e meticulosa. Sabia não apenas fazer bem, mas fazer com audácia.

Amaury Bier se autoqualificava como teuto-tapuio. Filho de alemão com amazonense, seria um índio de livro de antropologia, se não fosse tão magro e tão comprido. De vez em quando, passava a mão nos cabelos muito negros e lisos, que teimavam em repartir-se ao meio e cair para os lados. Tinha um sorriso triste. E uma hipersensibilidade lhe alimentava a inteligência.

O seu setor, na divisão, era o mais dinâmico e politicamente sensível. Tratava das negociações de acordos comerciais com as chamadas democracias populares, os países do Leste europeu com a maioria dos quais o Brasil não mantinha relações diplomáticas. Os acordos comerciais funcionavam como estágio para o estabelecimento das relações políticas. E estas, como prelúdio à retomada das relações, primeiro, comerciais e, depois, plenas, com a União Soviética. Todos os avanços tinham de ser, por isso, dosados e bem dosados, para não provocar bloqueios nem, muito menos, recuos.

Bier era um rapaz nervoso; Watson vestia-se de calma. A sua mesa era a mais bem arrumada de todas: não havia lápis que não estivesse em seu copo. Nós vínhamos para o trabalho de ônibus ou lotação; ele chegava de motocicleta, às vezes com as mãos sujas de óleo. Para limpá-las, tinha uma garrafa de álcool e uma toalha numa das gavetas. Parecia que tomava conta de nós, os seus colegas de sala, para os quais talvez olhasse como uma penca de amalucados.

A sigla da divisão era DEA — e logo criamos um conjunto vocal, os Namorados da Déa, que interpretava sambas antigos e outros, de breque, que compúnhamos, satirizando os colegas e nós mesmos. O problema era que o Rouanet lograva ser ainda mais desafinado do que eu e não conhecia sequer os sambas de Noel Rosa. Ameaçamos, de brincadeira, excluí-lo do conjunto. Não se passaram alguns dias, e o Sérgio Watson descobriu um caderninho no qual o Rouanet havia copiado várias letras de samba, que estava procurando decorar com afinco.

Completava o grupo o economista Édison César de Carvalho, que era o redator-chefe da revista *Conjuntura econômica*, publicada pela Fundação Getúlio Vargas. O Édison não apenas nos socorria em matéria econômica, mas também, com seu amigo Ademar da Nóbrega, que trabalhava três salas adiante, nos dava, sem perceber, lições de música erudita.

Era difícil decidir quem era o mais desengonçado dos dois. Mas sabíamos que, em matéria de música, ao contrário do que se passava com economia, Édison tinha Ademar por mestre. Mais de uma vez, ao chegar perto da mesa de Ademar, o encontramos a ler a partitura de uma sonata de Beethoven e a ouvi-la com os olhos.

Não se saía de uma conversa com Édison César de Carvalho sem uma boa frase. Uma tarde, como comentássemos a feiúra de certa moça, Édison foi peremptório:

— Mulher, quanto mais feia, melhor. Faz mais esforços para agradar.

Quem, na pausa do cafezinho, entrasse na nossa sala — uma sala enorme, onde cabiam mais de oito mesas —, demoraria em perceber que estava numa repartição devotada ao comércio — e éramos todos dedicadíssimos ao trabalho —, pois nos encontraria a falar sobre os sonetos de Vinicius de Moraes, o livro de Jessie L. Weston, *From Ritual to Romance*, e sua influência em T.S. Eliot, a cantata *Ein feste Burg ist unser Gott*, as relações do mito com a história ou a última obra de Darcy Ribeiro, que havia sido contemporâneo no curso de antropologia da mulher de Amaury, Wilma, de quem ficara amigo.

Também Watson era casado de pouco. Com uma jovem suave, Leda, que se dedicava à gravura em metal e era sobrinha do pintor Quirino Campofiorito.

Uma e outra vez, reuníamo-nos na casa de um de nós. E a conversa entrava noite adentro. Watson andava entusiasmado com o programa de siderurgia de quintal da China de Pequim. O país iria triplicar em poucos anos a produção de aço, graças a pequenos fornos que custavam quase nada e que duas ou três pessoas podiam manejar. Eu já tinha visto fornos semelhantes em textos que lera sobre a África, sabia que neles se podia produzir um ferro excelente, mas sempre em diminuta quantidade, para fazer peças pequeninas. O custo de cada uma delas seria, numa sociedade moderna, altíssimo, e o aumento de produção em tonelagem, mínimo.

Para mim, o programa chinês era uma tolice, que ia terminar sem que ninguém desse por isso.

As discussões mais animadas se travavam em torno da construção de Brasília. Eu era contrário à mudança da capital. Não via por que sair de um Rio de Janeiro culturalmente rico e onde as coisas funcionavam, para instalar o governo numa cidade nova, que demoraria décadas para ter vida própria e mais ainda para deixar de ser provinciana. Para mim, os poderes da República iam exilar-se, fugir para longe da agressividade da opinião pública. Em Brasília, conseguiríamos finalmente zecatatuzar a nossa política. Se o objetivo era a ocupação do Oeste, mais valia que se usassem os recursos que a inflação arrancava do povo para ampliar e renovar a rede ferroviária, tão maltratada e esquecida.

Rouanet, Amaury e Watson me moíam de pancadas. Só uma ou outra das moças saía em meu socorro. E nem sempre a concordar comigo.

No que havia unanimidade era no temor de que a agitação militar contra Juscelino, que parecia haver esmaecido, estivesse apenas hibernando. Em muita gente ainda ressoava o episódio de Aragarças, e, a nosso ver, continuava forte nas Forças Armadas o espírito do tenentismo, a convicção de que os militares deveriam conduzir o país ou, quando menos, intervir e ter voz alta na política. Tanto que se consideravam não apenas como fatos heróicos, mas também como exemplos a serem seguidos, o levante dos 18 do forte de Copacabana e a Coluna Prestes.

Nessa altura da conversa, eu lembrava o que costumava dizer meu tio Oswaldo, um dos próceres do PSD do Piauí e que era contra o clero e os militares na política:

— Padre é para ouvir confissão e rezar missa; soldado é para bater continência e receber ordens.

118

Desde manhãzinha, chegaram-me em ondas saudades de meu pai. À tarde, depois da sesta que me permitia o sábado, a memória me devolveu o poeta, sentado na varanda de nossa casa em Fortaleza, a levantar-se, aflito, quando me viu cair da bicicleta. Murmurei imediatamente dois versos:

A bicicleta deslizando no mosaico: a pedra
que o joelho feriu e estância do pranto

E os seguintes começaram a cantar em meus ouvidos. Fui para a máquina de escrever, e as mãos correram sobre as teclas, menos rápidas do que me saía um longo poema, "As cousas simples". "Cousas", como sempre ouvi na minha infância e até hoje digo e escrevo.

Num só momento parei, porque, de súbito, me vi a encaixar no meio de uma estrofe os primeiros versos de um poema que havia escrito meses atrás e abandonado por não encontrar para ele começo nem fim:

Um minuto talvez, o tempo apenas
para passar a mão no pêlo limpo
de um cão enrodilhado, ou de morrer.

Abri a pasta onde o havia guardado e o transcrevi inteiro até o último verso:

Tombaram o mundo e os deuses nos teus braços.

Mal datilografei a palavra "braços", e o poema que escrevia continuou a fluir, como se me estivesse a ser ditado. No entanto, esse poema que fiz sem a hesitação de um só verso, pareceu-me, quando o reli, cuidadosamente construído. Talvez, desde muito, eu o repetisse, em silêncio e segredo, dentro de mim.

Não era a primeira vez que isso me sucedia. Com outro de meus poemas de fatura complexa, "O espaço vazio", se passara igual. Eu voltava de uma visita ao sítio de Roberto Burle Marx, lavado de beleza, quando me veio a primeira quadra:

Quem fez de tua corola
a boca que não responde
e se verga à brisa e corta
nosso espanto e nossa fome?

E o resto foi para o papel sem indecisão ou demora.

119

Desde a minha leitura de *Casa grande & senzala*, punha atenção em tudo que sobre a África via impresso. Era pouco. Quase nada. Não dava para amansar a minha curiosidade. Começara, no entanto, com três livros, a minha estante africana: Augusto Meyer dera-me os *Diários de viagem* de Lacerda e Almeida, que mandara publicar havia alguns anos, e, num sebo da rua São José, eu conseguira um exemplar de *Civilizations négro-africaines*, de Maurice Delafosse, e um volume desparceirado da obra de Hermenegildo Capello e Roberto Ivens, *De Angola à Contracosta*.

No Itamaraty, cabia-me cuidar do comércio com a África, a Ásia e a Oceania. O Japão me tomava quase todo o tempo. Sempre sobrava, porém, meia hora para ler os relatórios e as publicações que sobre a África e o processo de descolonização chegavam das embaixadas em Londres, Paris, Washington, Lisboa e Bruxelas. E não tardei em ampliar as leituras, ao tomar emprestados da biblioteca do Ministério o *Esmeraldo de Situ Orbis*, de Duarte Pacheco Pereira, o *Manuscrito* de Valentim Fernandes, as *Viagens* de Ramúsio, as *Navegações* de Cadamosto e várias outras obras que me davam notícias sobre a África nos séculos XV e XVI.

Pouco a pouco, construía o meu mapa do continente e nele punha as figurinhas de africanos. Muitas vezes no lugar errado e com as feições que imaginava que tivessem. Cada uma delas trazia, entretanto, outra pelo braço, e todas me ajudavam a mudar, sem que me desse conta, o que era interesse em paixão.

120

Amaury Bier pôs um livrinho de capa cinzenta sobre a minha mesa:

— Você já leu isto? É um assombro!

Levei *Aleph* para casa e o li de uma assentada. Diabo, se havia um grande escritor, era aquele, de quem, até então, só de muito longe tinha ouvido o nome. Jorge Luis Borges pareceu-me um Kafka ao contrário, porque nele o absurdo nascia da excessiva lógica e clareza. Isso disse ao Fausto Cunha, ao emprestar-lhe o livro. Depois de o ler, Fausto transbordou de entusiasmo:

— Troco o que você quiser por esse Borges. E aposto que saio ganhando.

Escrevi a Célia López Luzuriaga, em Buenos Aires, e pedi-lhe que me mandasse tudo que assinado por Borges encontrasse nas livrarias. Ela, espantada com a nossa descoberta tardia de um autor que, desde muito, era um de seus prediletos, enviou-me meia dúzia de livros, entre os quais *Discusión*, *Historia de la eternidad* e *Manual de zoologia fantástica*.

Os ensaios de Borges eram tão bons quanto os seus contos — ou ainda melhores — e pareciam feitos da mesma matéria. Amaury comentou que estávamos diante de aventuras em sucessivos labirintos, sem que o argentino ansiasse por deles encontrar a saída. O que lhe ocupava a imaginação e seduzia a inteligência — acrescentou — eram as ilusões e os enganos de vários percursos que ele sonhava sem fim.

121

Acordei às sete e meia, como de costume. E, pela primeira vez, percebi que a mente dava ordens ao corpo:

— Apóie-se no cotovelo e ponha as pernas para fora de cama, que você se levanta.

Mas o corpo não respondeu. Tentei mover o braço — e não consegui. Pedi à mão que se fechasse, e ela continuou aberta. Baixou-me o terror: eu estava sem poder mexer-me, inteiramente paralisado. Com a cabeça a correr, vi-me envelhecer assim, imóvel num leito.

Não vou conseguir falar, pensei, enquanto resistia a que tudo se fizesse negro ao meu redor. A voz, porém, me saiu, aflita:

— Acuda-me, Verinha, que estou paralítico.

O médico do bairro, dr. Honório, chegou às carreiras. Mais meia ou uma hora, e eu teria morrido, envenenado. Aplicou-me soro e remédios na veia. Pus o que pude para fora. E me voltaram os movimentos.

Na véspera, tinha ficado conversando, até altas horas, com o Kim, meu cunhado, que viera de São Paulo, onde morava. Às tantas, resolvemos ir tomar um chope e comer um cachorro-quente em Ipanema. Coube-me por azar uma salsicha velha.

122

A partir desse dia, tudo ou quase tudo me caía mal. E as enxaquecas recrudesceram, violentíssimas.

— Vá por uns vinte dias para uma estação de águas — aconselhou-me o médico.

E fomos, Verinha e eu, para Caxambu.

Cheguei com febre e passei malíssimo os primeiros dois dias. Depois, as águas foram fazendo efeito e me fui sentindo limpo por dentro.

Todas as manhãs, saíamos para um longo passeio a pé. E começamos a ter por companhia uma outra hóspede do hotel, uma senhora morena e simpática. Não tardou muito, a conversa resvalou para livros e nos descobrimos a comentar *Mrs. Dalloway*, *Orlando* e *To the Lighthouse*. A nossa nova amiga havia lido tudo de Virginia Woolf e, para surpresa nossa, chamava-se Elisa Lispector e era a autora daquele pequeno romance que eu lera com tanta emoção, *No exílio*.

As caminhadas matutinas transformaram-se numa troca de indiscrições de leituras e de algumas confidências pessoais. Elisa falou-nos de sua irmã, Clarice, cujo marido, Maury Gurgel Valente, era também diplomata. Eu havia gostado muito de *Perto do coração selvagem* e de *Cidade sitiada*, mas fora com *Alguns contos*, uma plaquete editada por Simeão Leal, nos Cadernos de Cultura, que me rendera de vez à sua prosa.

Elisa tinha orgulho da irmã e nos contou como acompanhara, enternecida, a sua formação. Clarice se revelara uma grande escritora na adolescência — tinha 18 anos quando escreveu *Perto do coração selvagem* — e era, desde menina, uma leitora de altíssima sensibilidade. Embora fosse quatorze anos mais velha, Elisa não sabia dizer qual das duas havia primeiro apresentado à outra Tchekov, Katherine Mansfield, D.H. Lawrence, Virginia Woolf e Joyce.

123

O que o Itamaraty nos pagava por mês dava apenas para o aluguel de um apartamento modesto de sala e dois quartos na Tijuca ou no Jardim Botânico. Aqueles que não moravam com os pais ou deles recebiam ajuda complementavam a renda dando aulas, escrevendo nos jornais ou traduzindo livros e até os balões das revistas de histórias em quadrinhos. Eu não tinha mais as seções n'*A Cigarra*, mas continuava a traduzir contos policiais, ajudado por Verinha, que também dava, em casa, classes de inglês.

O Batalha, obrigado a demitir-se do Banco do Brasil, onde ganhava o dobro, teve, então, a idéia de criarmos um curso para preparar candidatos ao vestibular do Instituto Rio Branco. Não havia nenhum na cidade. Nem no país.

Facilitava as coisas o ser uma tia de Zina proprietária de um pequeno estabelecimento de ensino, que funcionava no largo da Carioca, num dos andares do prédio do Liceu Literário Português. O curso ELPE preparava, durante o dia, moças e rapazes para os trabalhos de escritório em empresas privadas e para concursos públicos. À noite, não funcionava e, a partir das seis e meia, podíamos dispor das salas. Não precisávamos cumprir nenhuma formalidade burocrática, pois o ELPE estava habilitado a manter diferentes cursos para a admissão ao serviço público.

Pusemos anúncios nos jornais e a afluência de alunos foi grande. As aulas, três por noite, iam das 19 às 22h. Às segundas, quartas e sextas, eu dava classes de economia, secretariava o curso e ficava à disposição dos alunos, para orientá-los e deles tirar dúvidas. Terças, quintas e sábados, era a vez do Batalha, que ensinava francês. Todos os professores eram jovens diplomatas, exceto o de inglês, John Mulholland.

Dia sim dia não, saía de casa às 10 e meia da manhã e só voltava às 11 da noite. E, aos sábados e domingos, ficava horas a redigir as apostilas e a corrigir os trabalhos dos alunos. Uma trabalheira. Mas que nos ajudava a viver corretamente, pois tirávamos do curso, Batalha e eu, mais do dobro do que recebíamos do Itamaraty.

Dispensávamos aqueles candidatos que sentíamos sem condição de acompanhar as aulas. E púnhamos nossas esperanças nos que tínhamos por melhores ou como tais se revelavam nas provas, a simular em tudo as do vestibular, a que submetíamos as moças e os rapazes de vez em quando. Os nomes em que mais apostávamos eram o de um jovem de Curitiba, Orlando Soares Carbonar, e o de Maria Tereza Machado, que conheceu no curso Ary Quintella, de quem líamos os contos em revistas e jornais, e com ele se casou. Um outro escritor no grupo era Ivo Barroso, cujos poemas e traduções de poetas europeus e norte-americanos apareciam regularmente no *Suplemento Dominical do Jornal do Brasil*.

Quando, no fim do ano, saíram os resultados do exame, mais de um terço dos aprovados se haviam preparado conosco. E três de nossos alunos estavam entre os primeiros lugares. Tivemos, porém, logo no início dos exames, uma enorme frustração: Ivo Barroso, que fora muito bem em português e francês, caíra em inglês. Justamente em inglês, que dominava como poucos. Mulholland foi quem mais se espantou, ao ouvir a nota, que por pouco não chegava a cinco. Ivo tirara zero na redação, um ensaio sobre uma determinada personagem de Shakespeare. O texto de Ivo era brilhante, mas em vez de tratar de Hamlet, como se pedia, se ocupava de Otelo. Ou vice-versa.

Ficamos entre desolados e inconformados. Se Ivo não se tivesse equivocado de tema, a sua nota seria superior a nove — talvez a melhor de todas. Para nós, teria sido de justiça, diante de uma prova tão boa, que o examinador, a quem não poderia escapar que o candidato se equivocara, por nervosismo, de personagem, lhe houvesse dado um ponto ou, ao menos, meio ponto pela redação. Esse meio pontinho teria significado a aprovação do nosso aluno.

Ivo Barroso não voltou a apresentar-se aos exames para o Instituto Rio Branco, mas não desperdiçou sua vocação de diplomata. Fez uma bela carreira no setor externo do Banco do Brasil, servindo em várias capitais da Europa. Mais importante, ainda: continuou a escrever poemas e a traduzir admiravelmente grandes poetas.

O curso durou dois anos, o tempo de nosso estágio na Secretaria de Estado. O Álvaro Valle, que era o nosso professor de português, levou-o adiante, em outro local e com outro nome.

124

Verinha encontrara um velho álbum de fotografias e, feliz, revia-se no passado.

— Esta fotografia foi tirada em Petrópolis, quando eu era pequenina — e ela apontou para uma ampliação esverdeada que tomava quase toda a página do álbum e da qual nos olhavam, inteiramente nus, como era moda na época, uma menininha de franja e rosto redondo e um menino de cabelo encaracolado.

— Mas este é o Alexandre Eulálio! — exclamei.

E era, porque d. Elza, que nos acudiu, lembrava-se do menino como o filho do dr. Pimenta da Cunha, vizinho de casa de veraneio em Petrópolis.

O Alexandre Eulálio, que conhecia desde os tempos em que eu trabalhava na Biblioteca Nacional e ele era o auxiliar de confiança de Augusto Meyer no Instituto Nacional do Livro, não mudara uma linha nas feições. Mantivera o jeito de são João Batista menino no rapaz erudito e sensível, que lera tudo e a quem recorríamos em nossas dúvidas.

Numa roda, fingi que lhe tomava satisfações:

— Descobri uma fotografia em que você e minha mulher estão juntos, inteiramente despidos.

Alexandre Eulálio ficou ainda mais estarrecido do que os outros. E, antes que começasse a gaguejar, completei:

— Só que vocês dois tinham menos de três anos de idade.

125

Miguel Osório de Almeida trouxe de Washington três ou quatro grandes máquinas de escrever e calcular, que chamava em inglês de *computers*. Nunca antes havíamos visto nada semelhante. Cada uma delas tomava quase todo o tampo de nossas mesas de trabalho.

Miguel Osório nos explicava que essas máquinas funcionavam com uma velocidade muito superior à da mente humana e eram capazes de cálculos envolvendo números com mais de uma vintena de algarismos. Com máquinas como essas, embora mais rudimentares, os ingleses haviam quebrado os códigos alemães durante a guerra. E com elas, ele e os seus economistas iam fazer as projeções para dar rigor estatístico aos argumentos sobre os quais se fundava a Operação Pan-Americana.

Durante semanas, as máquinas, em meio a um irritante barulho, parecido ao de caixas registradoras, não cessaram de imprimir em enormes folhas desdobráveis números, números e mais números. Não havia erro: se não se processassem mudanças nas relações continentais, que acelerassem as nossas taxas de crescimento, a renda *per capita* da União Soviética ultrapassaria, em 1980, a dos Estados Unidos, e a Costa do Marfim teria um produto interno bruto superior ao do Uruguai.

Quando deu a primeira fase do trabalho por concluída, Miguel Osório levou a Barbosa da Silva os resultados. Tudo corria bem, até que um dos presentes tirou da pilha os dados sobre Tonga, e, segundo esses, aquelas ilhas teriam, em 1980, a renda *per capita* de menos 150 dólares e uma produção agrícola negativa. As máquinas tinham gerado essa tolice e outras que começamos a catar. As projeções sobre a União Soviética, os Estados Unidos, a Costa do Marfim e o Uruguai deixavam *ipso facto* de ter valor.

Miguel Osório, com o entusiasmo que punha em tudo, confiara demais em seus computadores. E não fiscalizara como os dados eram incluídos nas máquinas e como se processavam as projeções. A culpa era dele — admitiu — e não das máquinas, em cujo futuro apostava de corpo inteiro.

Ficamos ainda mais desolados do que Miguel Osório, querido e admirado por todos nós, os jovens diplomatas. Ele era não só um homem de inteligência privilegiada e sólida cultura, mas também um grande chefe, que, em Washington, estimulava os terceiros-secretários lotados no setor econômico a voltarem à universidade e lhes concedia horário especial na embaixada a fim de que pudessem freqüentar as aulas. Tinha, porém, suas excentricidades, se é que se pode chamar de excentricidade o correr vários quilômetros todas as manhãs e ser um boxeador que já disputara e ganhara torneios nos Estados Unidos.

Não foi, porém, por causa dos computadores de Miguel Osório, nem por falta de bons argumentos que malogrou a Operação Pan-Americana. Os Estados Unidos não acompanharam a idéia, pois lhes era difícil sair a reboque de outro país em qualquer iniciativa continental. E houve também resistências, abertas ou veladas, de vários países hispano-americanos, a começar pelo México. Apesar de cinqüenta anos de intensa diplomacia latino-americanista por parte do Brasil, os nossos vizinhos de continente ainda nos viam como um enorme corpo estranho, com língua, história e cultura diferentes, que estava ao lado deles, mas não era como eles.

126

Nossa filha Elza Maria nasceu sem inchaço, vermelhidão ou mossa. Ruiva e linda. Tão leve e pequenina, que não sabia como levá-la nos braços.

127

Desde os quatro ou cinco meses de idade, Elza Maria soube de mim. Ao chegar em casa e subir a escada para os quartos, eu me anunciava com um assobio, que era só dela e no qual procurava reproduzir o seu nome, várias vezes repetido. No berço, ela começava a agitar-se e a sorrir. A dar o que eu interpretava como sinais de felicidade.

Quando começou a andar, mal soava o assobio, saía ao meu encontro, de braços abertos, a tropeçar nos próprios pés. Punha-a no colo e lhe cheirava o cangote, fingia que a jogava para o ar, sentava-a no meu ombro ou a escanchava ao pescoço. E lhe dava um novo nome, em nheengatu, Dari-dari, de borboleta ou libélula, que ameigava em Darizinha. E ela era tão alma, tão pequenina, coelho, caxinguelê, patinho saído do ovo, enquanto brincávamos na cama de bater palmas, de procurar o bolinho que o rato comeu, de fazer barulhos novos com a boca e de ser alegria.

A cor dos cabelos, de ruiva, voltou-se num castanho quase louro. E toda ela, mesmo à sombra, parecia ensolarada e sempre cercada por um jardim florido. Era a menina das meninas, a do meu beijo e abraço.

Há vários tipos de alegria. A que me tomava, luminosa e perfeita, azul bem claro e onda alta, devia ser próxima daquela que sentiríamos, se houvesse Deus, ao chegar diante Dele.

128

As minhas enxaquecas tornaram-se mais demoradas. No meio da noite, acordava, com um dos olhos apunhalado e sem que se interrompesse o pesadelo. O travesseiro queimava, e contra ele sentia a cabeça coroada de espinhos. No escuro, não faltavam faíscas nem súbitas claridades, como se acendessem e apagassem lâmpadas elétricas. Doía-me o corpo, e até a boca me vinha o amargo do enjôo.

Ia ao banheiro, lavava a cabeça em água fria e deitava-me de novo, sem conseguir amaciar o sofrimento. A angústia da vigília se entrecortava, até o amanhecer, com o horror dos maus sonhos.

Durante todo o dia, não me acalmava a cabeça. No entanto, tinha de ir para o Itamaraty, zonzo de analgésicos, a fechar os olhos para a luz, a sofrer cada ruído e, no trabalho, retirar um pouco de lucidez dos desabamentos que se sucediam dentro de mim. Enchia um copo de gelo e ficava a passá-lo em minha testa. Duas ou três vezes, não agüentei o sofrimento e fui para casa.

Deitava-me para dormir, com a enxaqueca. E ela se prolongava noite adentro, até se diluir no sono.

129

Chegamos a Nova York nos últimos dias de março, encapotados, de echarpe ao pescoço, luvas a proteger as mãos e galochas sobre os sapatos de sola fina. Os cinco alunos mais bem classificados da nossa turma do Instituto Rio Branco — Ivan, eu, Gélio, Marcos Azambuja e Álvaro Valle — recebêramos como prêmio um curso de cerca de um mês na Organização dos Estados Americanos e uma visita de duas semanas às Nações Unidas. Fomos só quatro, porque, estando a mãe do Gélio muito doente, ele resolvera adiar a viagem por um ano.

A primeira coisa que cada um de nós teve de fazer foi comprar um chapéu. No Brasil, já eram poucos, e velhotes, os que o usavam. Em Nova York, difícil era ver alguém a andar na rua, e não só naquela estação do ano, com a cabeça descoberta. E as normas de cortesia discrepavam das nossas. Isso aprendi logo no segundo ou terceiro dia, quando, convidado para almoçar pelo embaixador Cyro de Freitas-Valle, tirei o chapéu ao entrar no elevador.

— Ponha o chapéu — ordenou-me. — Com ele na mão, você está atrapalhando os outros e se arriscando a vê-lo amassado.

Havia pessoas que chegavam a tomar café, na barra dos restaurantes, de chapéu. E de chapéu faziam compras nas lojas.

O chapéu lhes dava um ar de pressa. Da pressa que se via, na hora do almoço e no fim da tarde, nas grandes avenidas, mas contrastava com a gentama que, na antecipação da primavera, se esparramava nos gramados, a conversar e a dormitar ao sol, ou parecia não contar o tempo, sentada nos degraus da escadaria do Metropolitan Museum of Art.

Esse museu impressionou-me mais do que o tamanho dos arranha-céus, a movimentação em certas partes da Quinta Avenida, o esbanjamento de luzes da Times Square e a riqueza que parecia não caber nos prédios da Park Avenue. Passamos, Ivan e eu, todo um domingo e mais duas manhãs, a percorrê-lo, boquiabertos, e só vimos as coleções de arte egípcia, persa, grega, medieval européia e renascentista italiana. E eu me perguntava se entendera realmente Huizinga e Burkhardt, sem ter visto de perto as criações visuais da Idade Média e do Renascimento.

Minhas aproximações eram entre o que via e o que lera. Assim, quando, um mês depois, entrei na grande sala da Frick Collection em que se expõem os retratos de Whistler, lembrei-me logo de Mallarmé. Percebi que aqueles retratos, com a disposição rigorosa da figura no espaço e o jogo de harmonia e contraste das cores, correspondiam aos versos do poeta, e essa impressão se tornou ainda mais forte, quando, em Washington, na Freer Gallery, visitei a Peacock Room. A sala dos pavões era um poema escrito num leque por Mallarmé.

Numa tarde, fomos ao Carnegie Hall ouvir a "Paixão segundo são João", de Haendel, regida por Leonard Bernstein. E, para fechar o que viria a ser um dia único, tivemos, à noite, outra visitação da poesia.

Tínhamos conseguido entradas para uma adaptação teatral de *Rashomon*, de Akutagawa, tendo por atores Claire Bloom, Akin Tamiroff e Rod Steiger. O ritmo da peça era perfeito. E perfeito, o cenário. Talvez por isso, ninguém pareceu espantar-se, quando, num jogo de beleza, entrou no palco um cavalo de longas crinas trazendo no dorso o samurai.

Ao sairmos do teatro, outra surpresa: nevava. Nevava fora de época. Os flocos iluminados pelas lâmpadas da rua embranqueciam a noite e nos cobriam os ombros dos casacos. Ainda bem que estávamos de chapéu.

130

Certas quadras da Quinta Avenida eram movimentadíssimas. E, nas horas do *rush*, as outras grandes vias, também. De um modo geral, contudo, andando-se pelas ruas, a impressão que se tinha era a de uma cidade desabitada. Ou quase. De cada dez pessoas que se espalhavam pelas largas calçadas, seis eram velhinhas, todas de chapéu florido, e quatro delas a serem arrastadas por cachorros.

De velhinhas também, mas cobertas de casacos de pele e em sua maioria negras, era o público que enchia o Carnegie Hall, para o concerto de Marian Anderson. Repetiu-se comigo o que se passara, anos antes, no Rio: diante de tão alta revelação da beleza, tive de fingir, ao se acenderem as luzes da sala, que não chorara.

131

Em Washington, continuamos a nossa ronda dos museus. A National Gallery entonteceu-nos. Não sei quantas vezes voltei às salas onde se exibiam os holandeses do Seiscentos, a fim de rever "A dama de chapéu vermelho", de Vermeer, e ficar indeciso entre o que mais admirar, se o vermelho eriçado do chapéu, se o azul da roupa, se a alvura do lenço ao pescoço, se o fundo castanho e verde-azulado, que parecia um Braque, ou se a luz que acentuava as cores e serenava as formas. Era para mim que a moça olhava, eternamente melancólica e expectante, a boca entreaberta, as faces rubras, o brinco a pender da orelha. Quando dela me afastei, "A mulher pesando ouro", na mesma sala, confirmou o que eu aprendera: era o silêncio o que pintava Vermeer.

Esse holandês e Chardin, Cézanne e Braque foram os pintores que mais mexeram comigo, nessas semanas de iniciação à pintura européia. Antes, dela só vira poucos exemplos, ou em exposições passageiras, ou no Museu de Arte de São Paulo. Contava agora com a orientação do Ivan, que conhecia aquilo tudo de livros, e me ia ensinando como olhar os quadros. Devo-lhe também o termos ido juntos ver a Phillips Collection, na residência que fora de Marjorie Phillips e seu marido, transformada num pequeno mas primoroso museu. Numa das salas, mostravam-se telas dessa pintora casada com um milionário, uma pintora menor, cuja grande sensibilidade se mostrava na bela coleção de arte moderna, e não só de arte moderna, que ajudara o marido a montar. Falavam bem de Marjorie os esplêndidos trabalhos de Bonnard, Vuillard, Braque e Paul Klee que lhe enchiam as salas. Lá vimos uma série de óleos de Daumier, escuros e pastosos, de um sarcasmo que beirava a ferocidade.

A viagem valia por experiências como essa, pelo que fazíamos fora do curso da OEA, que de pouco nos servia. De todas as palestras que ouvimos, só uma teve interesse: a que tratou das operações destinadas a impedir ou sustar conflitos armados entre estados americanos. O resto era morno, insosso, medíocre. Sofríamos, e talvez também os outros colegas — entre os quais, um venezuelano efeminado, uma panamenha que não sabia onde ficava o mundo, um chileno de óculos e um cubano que lutara em Sierra Maestra —, ao forçar a atenção para tanta banalidade. E padecíamos durante as longas esperas pelo começo das sessões de trabalho da organização, a que tínhamos o dever de assistir. Marcadas para as três ou quatro horas, não começavam antes das cinco, das cinco e meia ou até das seis. A ausência de pontualidade me deixava fulo. Mas todos os enfados se compensavam com a ida aos museus, às livrarias e aos concertos.

Destes, logo nos chamaram a atenção para os que o Quarteto de Cordas de Budapeste realizava semanalmente no auditório da Biblioteca do Congresso, com os Stradivarius que a ela pertenciam. Não se gastava um tostão para ouvi-los. Tínhamos apenas de ir, de manhãzinha, até uma loja de partituras e instrumentos de música e retirar o ingresso. Quem pagava tudo era uma senhora de muito dinheiro, principal acionista de uma grande indústria de dentifrícios, que assistia aos concertos na primeira fila. Como, com a idade, sua audição enfraquecera, ela usava um aparelhinho no ouvido, ligado a um microfone que ficava à frente dos músicos. Terminado o último número, a senhora se punha de pé, e os assistentes iam cumprimentá-la e dizer-lhe muito obrigado.

Certa noite, fomos ouvir e ver Villa-Lobos no Constitution Hall. Após o concerto, durante a recepção que a embaixada ofereceu ao maestro, o embaixador Fernando Lobo nos apresentou a uma bonita moça, fina e sorridente, que trabalhava em Washington. Marcos Azambuja ficou a conversar com ela, enquanto Villa-Lobos nos contava histórias.

Eu era o tesoureiro do grupo: tomava conta do dinheiro de todos. Dois dias depois do encontro com Villa-Lobos, o Marcos veio até mim e me disse:

— Preciso de dinheiro para ir a Nova York, acertar meu casamento com a Malu. Pretendo casar-me no consulado, tão logo termine o curso. Já falei com meus pais e com a família dela.

Malu era a jovem a que havíamos sido apresentados dois dias antes.

Perplexos, argumentamos que ele mal sabia como era a moça, pois só estivera com ela três ou quatro vezes. Marcos cortou a conversa:

— Sei dela como se a tivesse conhecido a vida toda.

E casaram-se.

132

Começara a fazer calor, e os jardins de Washington se cobriam de flores. De repente, sem aviso, no meio de abril, o dia esfriou, e a chuva se transformou em neve. Nevou muito. De cobrir as ruas.

As pessoas voltaram aos casacos e a uns blusões de plástico estofado e de cores berrantes. Na semana anterior, muitas já andavam de camisa esporte de manga curta. Acostumado a um Rio de Janeiro no qual até as pessoas mais modestas não iam ao centro da cidade senão, os homens, de paletó e gravata e, as mulheres, bem arrumadas, causava-me espécie ver os washingtonianos passarem diante da Casa Branca ou pelas ruas principais de comércio vestidos com o desmazelo de quem estivesse a arrumar os trastes no porão ou no sótão. O desleixo no trajar chamava a atenção para o número de gordos e até de obesos. E meus olhos não cessavam de espantar-se com as crianças enormes — para algumas daria quatro ou cinco anos — que as mães, em vez de levar pela mão, empurravam em carrinhos de bebê.

Outro motivo de estranheza: os adultos comportavam-se no cinema como a meninada em matinê de um "poeira" no Rio. Aplaudiam, vaiavam, pateavam, gritavam, dialogavam em voz alta com a tela, enquanto comiam grandes sacos de pipocas ou sorvetes de três andares. Pasmo, vi que algumas pessoas ao meu lado, mal se sentaram na poltrona, se apressaram em tirar os sapatos.

O público de cinema parecia-me distinto do que ia ao teatro e aos concertos, ou talvez mudasse de comportamento ao mudar de sala. Quem ia ouvir Leontyne Price no Constitution Hall ou o *Requiem* de Verdi, pela National Symphony, estava impecavelmente vestido e silencioso. Embora mais à vontade, os freqüentadores de museus, muitos deles com blocos em que faziam esboços ou tomavam notas, moviam-se discretos e interessados. Eram de todas as idades, não faltando os grupos de estudantes bem comportados, aos quais as professoras ou os guias davam explicações. Só quando, já fora do museu, começavam a descer a escadaria é que se entregavam à algazarra.

133

O embaixador Fernando Lobo nos tratou com um carinho paternal, mas nos obrigava a ficar na OEA das 9 às 17h. Já o embaixador Freitas-Valle, durante os dez dias que passamos em Nova York, só pedia nossa presença nas Nações Unidas à tarde. Ele fazia questão de que conhecêssemos a cidade, e para isso necessitávamos de tempo livre.

Voltamos, Ivan e eu, por várias vezes, ao Metropolitan Museum of Art e nos demoramos sobretudo nas salas de pintura européia. Como se não bastasse a riqueza do museu, este apresentava uma enorme exposição dedicada a Gauguin, com obras vindas de diferentes partes dos Estados Unidos, tanto de coleções públicas quanto privadas. Só os óleos somavam mais de 50. E havia ademais desenhos, aquarelas, gravuras, entalhes na madeira e esculturas. Quase tudo de altíssima qualidade, como se para os Estados Unidos tivesse afluído o melhor que pintou Gauguin. De uma taitiana com uma manga numa das mãos, eu imediatamente soube que nunca me sairia da memória. Nem muito menos o largo painel intitulado "*D'ou venons nous? Que sommes nous? Ou allons nous?*"

Era também inesquecível "A dança", de Matisse, que encontramos no Museum of Modern Art, onde passamos várias horas. E outras tantas deixamos correr no Museum of Primitive Art, no Whitney Museum of American Art, na Frick Collection e em The Cloisters. Fechava as pálpebras e revia na memória as grandes tapeçarias medievais flamengas e francesas. Ou um dos pequenos óleos de Edwad Hopper, nos quais, na fachada iluminada de uma barbearia ou de uma *drugstore*, se concentrava toda a tristeza e a solidão do mundo.

Quando relatamos a Cyro de Freitas-Valle os museus a que estávamos indo, e as bibliotecas, e as livrarias, e as casas de discos, e os teatros, e as salas de concertos, o seu rosto iluminou-se: estávamos em processo, disse-nos, de desprovincianização. E esse devia ser o sentido de nosso prêmio: trazer-nos para Nova York, a cidade que, para ele, substituíra Paris como o centro do mundo.

134

Voltava para o Rio sem formar idéia de como seria o dia-a-dia dos norte-americanos. Levava comigo, no entanto, duas impressões muito fortes.

A primeira, a de que o país oferecia uma infra-estrutura cultural de altíssima qualidade a quem tivesse a vocação artística ou de homem de saber, de *scholar*. Exatamente o que, no Brasil, nos faltava. Não era por acaso ou sorte que aquela era a terra de Pound, Hemingway, Faulkner, O'Neill, cummings, William Carlos Williams, Wallace Stevens, Hopper, Rothko, Tobey, Pollock, Martha Graham, Frank Capra, Orson Welles, John Ford, Herskovits, Van Wick Brooks e centenas de outros nomes de minha admiração.

A segunda, a de que o enorme avanço científico e econômico, que fizera dos Estados Unidos a nação mais poderosa e rica da terra, nela não desmanchara a pobreza, e esta era tratada como se fosse uma doença crônica e contagiosa. Na impossibilidade de curá-la, os que dela padeciam podiam ser até mesmo segregados. Ou se esconderem de vergonha. Tínhamos visitado, em Nova York, numa excursão turística, um bairro construído para negros e porto-riquenhos pobres, e deles saímos com a sensação de que havíamos estado em algo semelhante a uma colônia de morféticos.

135

Mal pus os pés no jardim, comecei a assobiar. Elza Maria, que me esperava na varanda com a mãe e a avó, reconheceu a breve melodia de seu nome e correu para mim, a agitar os bracinhos, iluminada de alegria. Ainda que não soubesse medi-la, sentira a minha ausência. E, ao rever-me, tremia de felicidade.

— Primeiro a filha e, só depois, a mãe — Verinha fingiu que se queixava. Mas confessou-me que nunca vira a menina tão agitada de contentamento.

Elza Maria não queria largar-me, como se temesse que me fosse novamente. E ali, naquela manhã, tendo por fundo os antúrios, as bromélias, as helicônias e os crótons, a beleza de Darizinha (ou Mári, como lhe chamava a mãe) dava-me o bom-dia de volta a casa.

136

Encontrei-me na rua com Afonso Félix de Souza, que exclamou:

— Estava mesmo à sua procura! Você conhece a coleção "Poesia sempre", não conhece? São uns livrinhos lindos. Na série, já saíram Maria da Saudade Cortesão, Cecília Meireles, Vinicius de Moraes e Darcy Damasceno, e vão ser publicados David Mourão Ferreira, Tasso da Silveira, Cassiano Ricardo e Joaquim Cardoso. Pois bem, o António Pedro Martins Rodrigues me pediu que lhe indicasse novos títulos para a coleção, e pensei logo em você. Preciso dos originais já na próxima semana.

Juntei aos poemas novos os que figuraram em *O parque*. Somaram apenas trinta poemas — todos os que havia escrito em dez anos. E lá fui, acompanhado por Afonso, entregar *O tecelão* a Livros de Portugal.

137

Eu fizera as pazes com a vida, ainda que isso me doesse na consciência. Olhava ao redor e parecia-me que minha ventura era paga com a tristeza e o sofrer dos outros. Ali estava o meu irmão Fernando, confuso, aflito e amargo, a tentar desfazer o emaranhado que inesperadamente o envolvera, e a minha irmã Elisabeth a lavar-se em lágrimas.

Fernando viera para nossa casa com alguns dias de vida. Minha mãe ignorava quem eram seus pais. Corriam histórias de que a mãe era uma jovem casada com um militar, que se envolvera com um colega do marido, durante a longa ausência deste, lotado provisoriamente numa missão de fronteira. A moça tivera de esconder a gravidez e, apenas nascida a criança, a confiara a uma amiga, que saíra em busca de quem quisesse adotar o pequenino. Minha mãe criou-o como filho, e como irmão nós sempre o tivemos. Irmão mimado, o caçulinha. E assim cresceu.

Já estava de buço, quando, um dia, o chamaram ao telefone. Uma voz de homem lhe perguntou se era o Fernando. Era. Pois eu sou o seu pai — foi o que ouviu do outro lado.

— O senhor deve estar enganado — retrucou. — O meu pai morreu há alguns anos.

— Quem está enganado é você. Seus pais não são o poeta e d. Creusa. Eles apenas o criaram desde que nasceu.

Contou-lhe que, passados anos, havia podido casar com o seu amor de mocidade, e que, desde algum tempo, os dois andavam à procura do menino que tinham sido obrigados a abandonar. Agora que sabiam onde estava, queriam conhecê-lo e recuperá-lo.

Fernando saiu do telefone em estado de choque e chorou pela verdade. Depois, acusou minha mãe de lhe haver mentido a vida inteira. Deixou de ir ao colégio e resolveu ir viver com os pais de sangue.

Não demorou muito por lá. Os dias na nova casa, com o pai, a mãe e uma irmã mais jovem do que ele, não tinham a menor semelhança com aqueles a que se acostumara. A sua família não era aquela, mas a outra, a nossa. E voltou para nós, depois de alguns meses, angustiado e dividido.

Havia mudado para sempre: mal disfarçava os espinhos de que se armara. Não tornou aos estudos. E passou a chamar minha mãe de Velha. Ainda que pusesse na voz muito carinho, mamãe ficou sendo, para ele, a Velha. Só muito tempo mais tarde, Fernando voltaria ao antigo tratamento. Na véspera dos oitenta anos de nossa mãe, perguntou-lhe o que queria de presente de aniversário. E a Velha respondeu-lhe:

— Que me voltes a chamar de mãe.

138

Elisabeth era doce, mansa e riso: Betinha. Casou-se com o primeiro namorado. Menos de dois anos depois, o rapaz a trocou e ao filho, ainda de colo, pela secretária. A minha irmã lhe dera todo o amor que se estendia do chão ao céu da alma e agora estava ali sozinha, frágil, desamparada e desiludida. Não queria socorro; queria uma explicação, que ninguém tinha.

Diante de sua dor, o que poderia dizer-lhe? Que vivemos no escuro. Que não sabemos o que nos espera na via humilde que nos foi destinada. E que precisamos, por mais que isto nos custe, manter o coração aberto a cada pequena dádiva que nos oferecem os dias, para não trairmos a única cousa que é verdadeiramente essencial, nosso legado e glória, a própria vida.

Isso lhe escrevi, a reforçar o que repetidamente lhe dizia. E que era preciso continuar a respirar fundo, a crescer e envelhecer na missão que nos foi dada e permanece em mistério, a ofertar-nos à existência, cientes de que cada um de nós é insubstituível nessa história comovente do homem sobre a terra.

Como ela me ouvisse com um sorriso triste, procurei convencê-la de que era uma aventura admirável o simples estar vivo, o acordar para as cores, as formas e os sons de cada dia. As desventuras e as traições, as incompreensões e os desencontros valiam pouco diante da beleza do mundo. Louca, incoerente e absurda poderia parecer-nos a fábula da vida, mas para ela havíamos sido feitos e tínhamos de ficar fiéis a ela.

Roguei-lhe que não se entregasse à amargura. Que continuasse a ser o que era, na persistente pureza da infância, a ironia terna, o carinho desprendido, o amor de tudo.

E aconselhei-a:

— Não se humilhe diante do que se passou. Volte aos seus.

139

Ao aproximar-se o fim de nosso estágio de dois anos na Secretaria de Estado, a administração chamou-nos para oferecer postos no exterior.

— Aqui está a lista das vagas — disse-nos o Antônio Francisco Azeredo da Silveira. — Vocês se reúnam e escolham, pela ordem de classificação no Instituto Rio Branco.

Pedi a Embaixada em Washington. E ficou acertado que para lá iria. Mas uma tarde, caminhava pelo jardim que ladeia o lago do palácio do Itamaraty, quando dei com Francisco Negrão de Lima, que estava deixando o cargo de ministro das Relações Exteriores e ia ser embaixador em Lisboa.

Não tinha acabado de cumprimentá-lo, e ele me foi dizendo:

— Da Costa e Silva, você é quem devia ir comigo para Portugal. Você já pode ser removido?

— O senhor está para assinar a portaria. Vou para Washington.

— Por que não troca por Lisboa? Se concordar, falo agora mesmo com o Silveirinha.

Não pedi tempo para pensar. Dei-lhe o sim no mesmo instante.

Quem ficou feliz foi o meu chefe, Frazão, quando lhe contei o que se passara:

— Que bom! Vamos continuar juntos, pois é provável — confidenciou-me — que eu vá ser o ministro-conselheiro em Lisboa.

Era curioso como se tecia a minha vida. Anos antes, Olegário Marianno, ao ser designado embaixador em Portugal, me convidara a ir com ele, como auxiliar contratado:

— Em Lisboa, você terá todo o tempo do mundo para estudar para o Itamaraty.

Não quis ir. Ainda não me sentia com saúde para viver sozinho, sem os cuidados de minha mãe, em terra estranha. E tinha receio de que me entusiasmasse com a nova vida e descurasse dos estudos, ou que a viagem e a instalação em Lisboa me obrigassem a adiar por um ano ou mais a minha inscrição no exame para o Rio Branco.

140

Fui primeiro à livraria Antunes, na rua Larga, e depois a Livros de Portugal. Nessas lojas, adquiri alguns títulos sobre a geografia, a história e a economia portuguesas. Nas outras livrarias não encontrei senão outros exemplares de algumas dessas mesmas obras. Parecia incrível, mas não havia um só volume que tivesse por autor um brasileiro, se não contarmos, como eu não contava no rol das obras sérias, os livros de louvor ou de ataque ao regime salazarista.

Durante três séculos, a vida brasileira fora guiada por Portugal. De lá nos vinham, além de homens e mulheres, o vinho, o azeite, o trigo, as modas, as leis, os governos e boa parte das idéias, e, no entanto, não estudávamos a sua história, o que deveria ser indispensável para entendermos a nossa. Quando muito, sabíamos algo sobre os descobrimentos marítimos, o despotismo esclarecido de Pombal e as razões da vinda da família real para o Rio de Janeiro. Passávamos sobre o resto como se não tivesse nada a ver conosco.

A preparar-me para minhas novas tarefas, li também tudo o que estava ao meu alcance no arquivo do Itamaraty, recebido da Embaixada em Lisboa ou para ela enviado, nos últimos seis anos. Detive-me com mais cuidado na gestão de Álvaro Lins, a quem Negrão iria substituir. Na divisão, já nos havíamos acostumado aos ofícios e telegramas de Lisboa com a recomendação inicial de que deveriam ser levados imediatamente ao conhecimento do presidente da República. Pouquíssimos o eram, por instrução, ao que constava, da própria Casa Civil, que se cansara com a insistência do embaixador em esperar que todos os seus assuntos recebessem a atenção do Catete.

Nos últimos meses, Álvaro Lins não escondia sua amargura. E se eriçara. Sentia-se traído pelo presidente que ajudara a eleger e de quem fora o auxiliar de confiança. Já se notava seu desconforto antes mesmo da concessão do asilo na embaixada ao general Humberto Delgado. Mas, a partir daquele momento, era fácil lerem-se a mágoa, o ressentimento e a indignação na maioria de seus telegramas e ofícios. Reclamava para as suas ações o apoio que não lhe era dado pelo governo brasileiro. E, semana após semana, mais evidente lhe parecia que, entre ele e Salazar, Juscelino ficava com o segundo. O presidente não disfarçava, aliás, a admiração em que tinha o ditador português.

A maneira como Álvaro Lins conduzira a questão Delgado dividira, nos corredores, o Itamaraty. Havia quem pensasse que, sendo o asilo político destinado a proteger a vida e a liberdade de quem a ele se acolhia, o importante era pôr a salvo no Brasil o general, sendo irrelevante obter-se do governo português o reconhecimento do direito de asilo. Para outros, era indispensável que os portugueses aceitassem a legitimidade do gesto do embaixador: não podíamos ceder em questões de princípio. Não faltavam aqueles que atribuíam a crise ao descontrole emocional de Álvaro Lins, que, dizia-se, estava quase sempre sob efeito de fortes medicamentos, a alternar o uso de calmantes com excitantes. Isso, aliás, viria de longe, como indicava a sua tumultuada posse na Academia Brasileira de Letras, quando chegou com enorme atraso, e muito depois do presidente da República, e pronunciou um discurso de três horas e meia, ao mesmo tempo que jogava para o ar as páginas que lia. Alguns poucos sustentavam que ele alimentava a fantasia de derrubar o governo salazarista de dentro da embaixada. E a maioria dos que passavam por Lisboa chegava com notícias dos constrangimentos, vexames e até maus-tratos a que estavam submetidos o embaixador e seus funcionários, vigiados permanentemente pela polícia política, sem que o governo brasileiro protestasse e deixasse claro ser essa situação inamistosa e inaceitável.

Entre o ingresso de Delgado na embaixada e a missão do embaixador Antônio Mendes Viana, que, sem requerer o reconhecimento formal do direito de asilo, negociou o embarque do general para o Rio de Janeiro, correram quase três meses. Cada um desses três meses, no entanto, pareceu contar três vezes trinta dias, tamanha e tão acirrada foi a polêmica (com, em alguns casos, troca de desaforos) nos dois lados do Atlântico.

O mal-estar entre o governo português e a Embaixada em Lisboa e, a partir de determinado momento, entre a oposição portuguesa e o governo brasileiro parecia não se ter diluído após a saída de Álvaro Lins. Este chegou ao Brasil cheio de mágoa e fúria. Disposto a não tirar as mãos de sua máquina de escrever. E a devolver os insultos que diariamente sobre ele despejavam, pela imprensa, os salazaristas que formavam a quase-totalidade da colônia portuguesa no Brasil.

— Não sei em que situação vai ficar o Ruben A., que era uma espécie de secretário pessoal e social do Álvaro Lins — disse-me Antônio Pedro, à porta da sua livraria. — Você já leu o Ruben A.? É um escritor originalíssimo. Trabalha na Embaixada do Brasil, creio, desde a época do Olegário Marianno.

Voltou para dentro da loja e me trouxe um exemplar do terceiro volume de *Páginas*.

141

Na tarde calma de sábado, chamaram-me ao telefone. O novo secretário-geral do Itamaraty, embaixador Fernando Ramos de Alencar, pediu-me que anotasse um endereço, no Leme:

— Na segunda de manhã, apresente-se lá ao Augusto Frederico Schmidt. Você vai integrar um grupo de trabalho ligado à inauguração de Brasília. Quando informei ao Schmidt que ia designá-lo, ele se mostrou muito satisfeito e me disse ser leitor da sua poesia e da de seu pai.

No apartamento do Leme, que me afirmaram ser de Clarice Lispector e Maury Gurgel Valente, ausentes no exterior, encontrei, entre outras pessoas, o meu colega Frederico Carlos Carnaúba, o Antônio José Chediak e o Waldir Ribeiro do Val. Nossa primeira tarefa era escrever cerca de noventa cartas aos chefes dos Estados com os quais o Brasil mantinha relações diplomáticas, a convidá-los para a inauguração da nova capital. Cada carta deveria ser diferente das demais, com, se possível, referências a fatos históricos que ligavam o Brasil ao país do destinatário. Concluído esse trabalho, redigiríamos os vários discursos que o presidente Juscelino pronunciaria por ocasião da mudança oficial para Brasília.

Chegávamos pela manhã e só saíamos à noite. Havia uma senhora que nos fazia o almoço. E Schmidt tinha um enfermeiro que lhe aplicava injeções de insulina e lhe raspava a barba. Não sabíamos o número do telefone do apartamento: podíamos chamar para fora, mas não, receber telefonemas. "Se o aparelho soar", advertiu Schmidt, "é com quase certeza o Presidente". Durante as semanas de nosso trabalho, só tocou duas ou três vezes, e era sempre o Juscelino.

O Schmidt, além de atuar como o maestro da orquestra, nos dava os motes dos textos, sobretudo dos discursos. Com voz alta, redonda, clara e enfática, aquele homem moreno e gordo nos jogava, com a maior naturalidade, uma frase bela depois da outra. A partir de uma ou duas dessas frases, cada um de nós construía o discurso. Pronto, Schmidt acrescentava alguma cousa aqui e ali, e o punha nas mãos do Chediak, para que no texto não houvesse um só deslize de português.

A facilidade com que ele produzia frases de efeito explicava a fraqueza de parte da sua enorme produção poética. Após um primeiro verso admirável (aquele primeiro verso que Valéry dizia ser soprado por Deus), não era incomum que o poema se fosse enchendo de versos vãos ou se esgarçando até terminar em quase nada. Mas Schmidt, apesar de tantos poemas balofos, era um grande poeta, e eu não cansava de reler "Os príncipes", "Canção da breve serenidade", "A volta do filho pródigo", "É um bêbado na estrada", e de repetir

Avancei pela noite. Abri os braços e recebi a aurora pequenina

Ou:

Morrer, Senhor, de súbito, não quero!
(...)
Morrer como quem vai se despedindo

Ou, ainda, aquele poema sobre o pássaro morto cujo "grande bico aberto guardava um grito perdido e terrível".

Um dia, Schmidt saiu do telefone, com um ar divertido:

— O Presidente esteve a narrar-me o seu encontro com Fidel Castro, no Catete. Contou-me que não teve tempo de conversar com ele, porque Fidel, mal se sentaram, se pôs de novo de pé e começou um discurso em voz retumbante, como se a platéia não fosse de uma única pessoa. A arenga durou quase uma hora, o Presidente sem poder dizer palavra. Segundo Juscelino, o homem fala como Cantinflas, mas de vez em quando solta uma frase que faz sentido e atinge em cheio quem o ouve.

142

Embarcamos em abril para Lisboa. Escolhemos viajar de navio, em busca de uma dezena de dias de descanso. E bem o merecíamos. Verinha, grávida de cinco meses, desgastara-se muito a pôr em ordem a nossa mudança e a dar destino ao que não íamos levar conosco. Felizmente, uma amiga, Aglaís Sidrim, que queria conhecer a Europa, se dispusera a acompanhar-nos e a cuidar da Elza Maria.

A maior parte de nossos livros doamos a uma biblioteca pública da Gávea. Apesar disso, as caixas de livros eram o que dava volume à nossa bagagem, que se restringia a dois baús grandes de roupas, alguma louça, um faqueiro de prata, três pequenos óleos de Milton Dacosta, um retrato a óleo de meu pai por Maurício Jubim, um pastel de Maria Leontina, uma natureza-morta de um primo de Verinha, Mário Ramos (que era um excelente pintor de domingo), um desenho de Ítalo Cencini e um tapete persa que d. Elza nos dera de presente. Dos meus livros, eu selecionara os de literatura e assuntos brasileiros; os de Verinha eram sobretudo de poesia em língua inglesa. Verinha deixara de escrever versos — bastava, segundo ela, um poeta no casal —, mas continuava a ser uma leitora exigente e sensível de poesia.

Voltei a sentir a euforia do mar. Nada de enxaquecas. Dias limpos, só interrompidos por um ataque de otite que sofreu Elza Maria. Eu ficava manhãs inteiras, com Verinha, bestando no convés. A jogar pingue-pongue. A acompanhar na sala de brinquedos a nossa filha.

Uma noite, durante o jantar, o comandante avisou-nos:

— Amanhã, atracaremos no cais de Alcântara, em Lisboa. O desembarque está previsto para as 10h.

Acordei cedinho. Embora já fosse primavera, fazia frio. Para quem vinha dos trópicos, fazia muito frio. A entrada do Tejo estava entre branca e cinza de neblina. Não se via cousa alguma, mas teimei em ficar na amurada.

De repente, a manhã começou a abrir-se. Chamei Verinha. Juntos, vimos aparecer a torre de Belém. Depois dela, o mole dos Jerônimos. E, mais para atrás, a cidade, que ia subindo lentamente as colinas, banhada por uma luz mansa, rosa e dourada. No casario, somavam-se aos azuis suaves, os verdes brandos ou duros, e os amarelos, e os roxos, e os castanhos, e os lilases, e os vermelhos. Lisboa, ao longe, parecia um teto de bandeirolas.

143

No cais, à nossa espera, estavam quase todos os casais de diplomatas lotados em Lisboa — d. Ema e Negrão, Lice e Frazão, Regina e Alarico da Silveira Júnior, Maria Estela e Jorge Paes de Carvalho, Gilda e Vítor José da Silveira, Gláucia e João Clemente Baena Soares —, e mais o ministro para Assuntos Econômicos Mário Aloysio Cardoso de Miranda, Maria Lúcia e Fanor Cumplido Júnior, que era o chefe do Escritório de Propaganda e Expansão Comercial, e Jandira e Hamilton Pereira da Silva, o funcionário administrativo mais graduado da embaixada. Foi um recebimento afetuosíssimo, com Elza Maria a passar de colo em colo.

Lice nos havia alugado por três meses — o tempo, disse-nos, para encontrar um bom endereço — um apartamento mobiliado entre a praça das Amoreiras e o largo do Rato. Era um rés-do-chão com sala, dois quartos, casa-de-banho, cozinha, dependências de serviço e um pequeno quintal.

Verinha encontrou à sua espera, graças também a Lice, uma empregada, a geladeira cheia e o armário repleto de provisões. Tudo carinhosamente preparado para que não houvesse afobação à chegada.

— Amanhã, nós o esperaremos na Chancelaria — disse-me Frazão. — Sugiro que, hoje, após desarrumar as malas, descansem até a noitinha, e, depois, após um passeio no Chiado, jantem no Tavares Rico. Se quiserem alongar o programa, o João Villaret está representando uma peça da Agatha Christie, *A ratoeira*, no Monumental.

Chegamos ao teatro quando as luzes da platéia já estavam por apagar-se. Durante o primeiro ato, poucas foram as falas que entendemos. O próprio Villaret, que, no Brasil, não esquecia de todo as vogais, agora só emitia consoantes. Tínhamos a impressão de que no palco se falava uma outra língua.

Depois do intervalo, fomos lentamente percebendo a diferença da música das frases e, no terceiro ato, já compreendíamos tudo ou quase tudo. O ouvido começava a aprender uma cadência e um soar das palavras a que não estava acostumado. Nas mulheres, a voz saía como de uma guitarra — e a melodia era bela. Já as falas dos homens — a exceção era Villaret — raramente se amaciavam, como se não soubessem que o violoncelo se toca com um arco.

144

O médico pôs Verinha em repouso. Com tanta agitação, ela corria o risco de perder a criança.

De manhãzinha, antes de ir para a embaixada, eu ficava a fazer-lhe companhia e a identificar o que os vendedores de rua, cantando ou recitando, estavam oferecendo.

— Este traz vagens.

— Como é que você sabe?

— Não ouves que ele canta "feijões verdes". Pois feijões verdes são vagens. E o pregão é idêntico ao de minha infância em Fortaleza. Sem tirar nem pôr.

Passavam pela rua as varinas, e Verinha, da cama, acompanhava os gestos de Aglaís, a comprar peixe da janela. E eu lhe ia apontando, pelo recitativo, pelas campainhas e por outros ruídos, o amolador de facas, o fruteiro, a vendedora de doces, o comprador de cousas usadas. A Lisboa das Amoreiras repetia Fortaleza.

Distintas eram as ruas e as casas. Nos primeiros dias, fui de táxi para o trabalho. Depois, verifiquei quão agradável era caminhar até a calçada dos Caetanos, passando pelo Rato, pela rua da Escola Politécnica e pela praça Príncipe Real. Ia devagarzinho, saboreando as fachadas dos prédios, as grandes portas de madeira com almofadas, as sacadas de ferro batido e as montras dos antiquários. Nem mesmo o mau-trato e o descaso disfarçavam a beleza de algumas construções oitocentistas. E havia algumas mais antigas. A todas banhava uma luz rosada e fina.

145

Eu viera substituir o Baena Soares, removido para a Guatemala. Foi no seu coquetel de despedida que fui apresentado a Ferreira de Castro, Urbano Tavares Rodrigues, Alfredo Margarido, Zozô e Waldemar da Costa, Manuela e Antônio Santos, mais conhecido como Tòssan.

De Ferreira de Castro, um homem moreno, de rosto largo e ar sorridente, que mais parecia amazonense do que português, eu havia lido, com jeito de obrigação, *A selva* e, fascinado, *A lã e a neve* e *Eternidade. A selva* envelhecera — pensava eu — como romance e como linguagem. Já nos dois outros livros soprava a permanência, e eram admiravelmente bem escritos.

Urbano, na roda, não falava: ciciava. Suave e delicado, quase feminino no trato, era o contrário do que se esperava do autor das histórias angustiadas que escrevia.

Já a Alfredo Margarido não faltava atrevimento. Eu o conhecia como co-organizador de uma pequena coletânea, *Doze jovens poetas portugueses*, publicada nos Cadernos de Cultura de Simeão Leal. Sabia que era poeta, mas me foi apresentado como um grande conhecedor da África, sobretudo de Angola e São Tomé e Príncipe.

No meio de nossa conversa, ouviu melhor o meu nome e perguntou-me:

— És alguma coisa do poeta Da Costa e Silva?

— Sou filho — respondi-lhe.

— Não podes ser, porque o meu Da Costa e Silva, que escreve na *Revista Branca,* não deve ter idade para ser teu pai.

Expliquei-lhe que o seu Da Costa e Silva era eu. E descobri que havia alguém em Lisboa que lera os meus versos e guardara o meu nome.

Todos no grupo falavam mal de Salazar. O mais discreto era um senhor dentuço, de rosto corado e olhos muito claros, tendo brancos os poucos cabelos que lhe restavam. Pelo sotaque, julguei-o português. Não era, mas brasileiro, embora tivesse passado parte de sua vida em Lisboa. Chamava-se Waldemar da Costa, era um pintor concreto que havia sido professor, no Brasil, de Maria Leontina, Clóvis Graciano, Lothar Charoux, Fiaminghi e Arcângelo Ianelli. Trabalhava na área cultural da embaixada e dava aulas de pintura em Coimbra. Sua mulher, Zozô, pequenina e sorridente, era irmã de um médico famoso de São Paulo, Edmundo de Vasconcellos, homem culto e sensível, que dedicava muitas das horas longe dos doentes a traduzir *Le Cemitière marin,* de Valéry.

Tinha também os cabelos grisalhos, e prematuramente, a mulher de Tòssan, Manuela, cujos óculos não lhe conseguiam corrigir nem esconder o forte estrabismo. Era toda finura, maciez e leveza. Falava pouco, apenas as frases necessárias para atiçar a verve do marido: dava-lhe o mote, e ele o glosava como um improvisador no palco.

Tòssan, grande e gordo, tinha cabelos abundantes e negros, que formavam tufos nos lados. Usava uns óculos enormes, que lhe aumentavam a vivacidade do olhar e o faziam parecer uma coruja de caricatura. Era nisto um mestre: em caricaturar todos e a si próprio. Contava anedotas como o melhor dos atores e imitava à perfeição, entre outros, Margarida Lopes de Almeida e Pedro Calmon. Grande desenhista, escrevia versos absurdos, puro *nonsense,* como se fosse um Edward Lear português. Nunca o vi que não fosse de roupa negra ou cinza-escura e de gravata de cor branca.

Completava o grupo Thiers Martins Moreira, adido cultural à embaixada e professor visitante na Universidade de Lisboa. Thiers era miúdo, para não dizer franzino, com um sorriso e um olhar de oriental. Tinha a inteligência finíssima desenhada no rosto. E sua mulher, Rosita, não lhe ficava atrás. O casal dominava as conversas, sem para isso esforçar-se. De Thiers, havia lido um único livro, *O menino e o palacete,* mas bastava para tê-lo como um mestre da prosa.

146

Ao sairmos da casa de Baena, no Restelo, Jorge Paes de Carvalho chamou minha atenção para dois senhores que pareciam conversar na calçada em frente:

— Estão ali há horas, fingindo que esperam um táxi. São agentes da polícia política, a Pide, e estão anotando os nomes dos convidados ao coquetel.

Desde o primeiro dia de trabalho, sentira o ambiente pesado na embaixada. Tínhamos os telefones censurados, nossos passos eram seguidos nas ruas e havia mais do que suspeita de que houvesse entre os funcionários informantes da polícia. Falava-se, por isso, com cuidado e em voz baixa. Os diplomatas que haviam servido com Álvaro Lins e a ele sido fiéis eram maltratados pelas autoridades e estavam sendo substituídos, tão logo cumpriam o prazo de dois anos.

Diante da iminente visita de Juscelino a Lisboa, Negrão tinha pouco tempo para recompor as relações da embaixada não só com o governo português, mas também com a oposição, que se ressentira com a falta de apoio a Álvaro Lins. Do primeiro desafio, ele cuidava sozinho. Para ajudá-lo no segundo, contava com a minha ajuda — fui por ele encarregado de cultivar a oposição — e sobretudo a de um novo secretário, Carlos dos Santos Veras, e sua mulher, Cristina, uma jovem morena, bonita e inteligente, filha de José Lins do Rego. Cristina, mal desembarcou em Lisboa, viu-se acarinhada pelos amigos do pai, numerosíssimos entre os escritores portugueses.

Havia também que prestar atenção aos brasileiros que viviam em Portugal, entre os quais Álvaro Lins tinha desafetos. Um deles era Heitor Lyra, que não lhe perdoara o lhe haver tirado o posto de embaixador em Lisboa. Lyra fora mandado para o Vaticano, onde ficara o mínimo de tempo. Pedira aposentadoria antes da hora e regressara a Portugal, onde comprara uma excelente casa no Restelo. Ali, ele e d. Yolanda recebiam os portugueses como se chefiassem uma segunda embaixada, a que estava de bem com o governo e com aquela parte da intelectualidade que admirava Salazar ou não o hostilizava.

Heitor Lyra não chegava a um metro e meio de altura. Dizia-se à boca pequena e com muita malícia que, quando despachava com seus funcionários, mandava-os sentar-se e se punha de pé diante deles, para não ter de olhá-los de baixo para cima.

Alexandre Eulálio, no Rio, antes de minha partida, me havia recomendado:

— Procure-o, logo que chegar a Lisboa. Você vai se encantar com o homem e com o historiador. Seu livro sobre d. Pedro II é a melhor coisa que já li sobre o assunto.

Fomos almoçar com o embaixador Lyra num domingo. E ele nos falou sobre a *História da queda do império*, que estava a ponto de concluir, e longamente sobre Eça de Queirós, cujas relações com o Brasil desde muito estudava. Era um homem educadíssimo e de ampla cultura, mas opiniático e, para muita gente, secarrão. Conosco, foi só carinho.

147

Fanor Cumplido trouxe-nos uma novidade: havia localizado nos arredores do Porto duas sobrinhas de Carolina de Machado de Assis e acertara um encontro com elas. Para lá fomos, cheios de expectativas, ele, Victor José da Silveira e eu.

As senhoras nos receberam muito bem. E, enquanto nos serviam o chá, perguntaram qual a razão de nossa visita. Por serem elas sobrinhas de d. Carolina Dias de Novaes — explicamos —, queríamos saber se podíamos ter acesso a fotografias, cartas ou qualquer outro documento que dela tivessem. Uma das senhoras respondeu-nos, atenciosíssima, que infelizmente não tinham uma só foto, carta ou memória da tia. Tudo o que dela sabiam é que fora para o Brasil e lá se casara com um preto.

148

Ruben A., de quem me falara, no Rio, Antônio Pedro Martins Rodrigues, de vez em quando aparecia no velho casarão da calçada dos Caetanos, onde ficava a chancelaria da embaixada, e passeava por suas escadarias e corredores. Passeava é a maneira de dizer, pois Ruben Andresen Leitão parecia estar sempre com pressa de chegar a um sítio que não havia ou no qual não era esperado. Mesmo de pé, encostado a uma porta, a conversar — uma conversa cheia de recusas, desafios, ironias e surpresas —, era como se estivesse em viagem ou em véspera de largada.

Ruben era uma espécie de assessor pessoal de Negrão de Lima (como o fora antes de Álvaro Lins). Ensinava Portugal e os portugueses ao embaixador e passava, por isso, a maior parte do tempo de trabalho fora de nossas vistas. Quando estava conosco, resumia em caricatura o momento de Lisboa, endireitava ou entortava perfis, poetizava situações corriqueiras. Tinha prazer em ajudar. Em tudo. Acertava uma entrevista difícil, saía à procura de um livro raro, acompanhava-nos na compra de uma gravata, levava um visitante brasileiro a conhecer uma quinta no Minho. Tínhamos a impressão de que trabalhava na embaixada porque o salazarismo não o deixava fazer outra cousa. E, na embaixada, gostava de tarefas que saíam da rotina e divertia-se com elas. Com elas e conosco. Com a importância que dávamos a certos assuntos que ele afastava da frente com um gesto nervoso da mão. Burocrata à força, a sua vingança era ser bom companheiro e, mais que isto, amigo. Sabia, porém, ter inimigos e deles fugia — do ramerrão, da pasmaceira, da simulação de eficiência, do pomposo, do maçante, do mesquinho, do pífio e do reles.

149

Chamava-me a atenção ver tantas moças e rapazes estudando e lendo, à noite, nos cafés. Alguém me explicou que assim reduziam os gastos pessoais com eletricidade. Era uma forma de poupar dinheiro. E quase todos, no país, tinham cuidado não só com as despesas grandes, mas também com as miúdas. Em muitas das casas que visitara vira uma salvinha de prata ao lado do telefone. Um amigo me cochichou que nela tanto as pessoas da casa quanto os visitantes punham a moeda equivalente ao custo da chamada, quando tinham de usar o aparelho.

150

Preparávamos a visita oficial de Juscelino, dentro do quadro das comemorações do V centenário do infante d. Henrique. Tínhamos de atuar com cuidado porque o presidente não desejava que sua viagem fosse tomada como um gesto de apoio ao governo português. Visitaria Portugal, e não apenas Salazar, embora a este muito admirasse como pessoa e como político. A recomendação era a de que fizéssemos o possível para incluir no programa brasileiro alguns oposicionistas e refratários ao regime. Além das condecorações de praxe numa visita de Estado, deveríamos distinguir um bom número de artistas e intelectuais, muitos deles adversários do salazarismo.

Quando, ao correr a lista, demos com o nome de Miguel Torga, alguém ponderou que era melhor consultá-lo. Não fosse ele, depois de concedida a condecoração, recusá-la. O Ruben A. foi incumbido de ir a Coimbra, fazer a sondagem. Voltou com uma resposta negativa, mas esperançoso de que pudéssemos revertê-la. Negrão pediu-me que voltasse à carga.

Fui ver Torga na companhia de Tòssan. O escritor recebeu-nos amavelmente. Agradecia o gesto brasileiro, mas não podia aceitar a condecoração. Expliquei-lhe que as insígnias lhe seriam impostas pelo próprio Juscelino, em cerimônia à parte, mas esse argumento não o demoveu. É possível que não quisesse ser homenageado com a mesma medalha e na mesma ocasião que os senhores do mando. Ou que, não podendo o presidente condecorar todos os que se opunham a Salazar, ele formaria entre os poucos que seriam protegidos pela distinção brasileira. E isso não queria, pois fazia a sua oposição de peito aberto e lhe agüentava as conseqüências.

Saímos do consultório de Torga para a casa de Paulo Quintela. O tradutor de Hölderlin e Rilke era um homem fino de espírito e de porte. Minha avó o qualificaria de alinhado. Sorria atrás dos óculos, enquanto me mostrava sua adega de vinho do Porto. Cada garrafa tinha uma etiqueta com o ano da produção e deveria ser aberta no momento próprio, no limite máximo do envelhecimento, porque depois desonerava, perdia espessura e gosto.

— Esta está bem no ponto — disse-nos, a retirar uma garrafa, que abriu especialmente para mim.

O vinho parecia tão distante dos portos que até então bebera quanto a mais distante das estrelas. E ficamos de cálice entre a mão e os lábios por bem uma hora, a conversar sobre Rilke. Ele conhecia o ensaio de Cristiano Martins e as traduções de Dora Ferreira da Silva e João Accioli, mas não as de Lina Paranhos, que fiquei de enviar-lhe. Eu as recortara dos jornais e colocara entre as guardas do volume de poemas de Rilke vertidos para o francês por Maurice Betz.

À saída, Paulo Quintela apresentou-me a sua mulher, que estava sentada na sala e mal ergueu os olhos para mim.

— Passa por uma de suas crises de tristeza — explicou-me o Tòssan.

151

Cinco dias antes da chegada de Juscelino, Negrão chamou-nos, aflito, à residência da embaixada: acolhera um fugitivo de uma prisão no Porto e queria assegurar-se de que seria caso de asilo político.

Encontramos na sala um homem magro, de barba por fazer, dentes podres e olhar desesperado. Monarquista, fora preso havia poucos anos por atividades contra o regime. Com a ajuda de um carcereiro, conseguira escapar naquela madrugada e, trazido de carro por amigos, entrara na embaixada, para pedir asilo. Eu conheceria depois outros monarquistas que não suportavam Salazar (como Sophia de Melo Breyner Andresen e seu marido, Francisco de Souza Tavares), mas aquele era diferente, pois somava à nostalgia do rei a condição de marxista.

Cada um de nós teve com ele uma longa conversa. Depois, reunimo-nos com Negrão, e o parecer foi unânime: era caso de asilo. O nosso chefe foi para o telefone, discou para a casa de Marcello Mathias, que era o ministro dos Negócios Estrangeiros, e lhe pediu que o recebesse imediatamente, ainda que já fosse tarde da noite. E foi vê-lo.

Na entrevista, Negrão informou o ministro de que havia dado asilo a um foragido político e reclamou uma solução imediata para o problema, uma vez que seria impossível ao presidente Kubitschek visitar oficialmente Portugal com um refugiado na embaixada.

Na manhã seguinte, cedinho, Negrão chamou-me. Pediu-me que localizasse alguém que pudesse tirar fotos do asilado e revelá-las imediatamente. Com elas na mão, instruiu-me a ir à sede da Pide, onde me esperava um certo inspetor de quem me deu o nome. E lá fui eu, não sem algum medo. Receberam-me bem e, em menos de uma hora, estava de volta à residência com o passaporte do nosso homem.

À noite, fui levá-lo de carro ao aeroporto. Havia um soldado da Guarda Nacional Republicana a cada duzentos ou trezentos metros do percurso entre a rua da Emenda, onde ficava a residência, e o aeroporto. Estava tudo combinado com a polícia e com a empresa aérea, de modo que entramos diretamente para a sala de embarque. Lá topei um colega, Gil de Ouro-Preto, que servia em Varsóvia ou Praga, e estava de trânsito a caminho do Brasil. Ficamos, os três, conversando. O Gil trazia consigo um balde de queixas contra o regime policial do país onde vivia. E contou-nos como lhe apertava o coração não poder abrir a porta da embaixada aos perseguidos políticos que batiam nela com força. Mais de uma vez assistira da janela a polícia a arrastá-los.

— Aqui não é muito melhor — declarei-lhe. E acrescentei: — Você, durante o vôo, poderá trocar idéias e experiências com este amigo que acabo de apresentar-lhe. Tome conta dele, porque acaba de fugir da prisão e é nosso asilado político. Vou pedir ao agente da companhia aérea uma mudança de assentos, para que fique ao seu lado.

Gil não esperava por aquela. Passou a mão nos cabelos lisos e longos e olhou-me com o ar resignado de quem previa passar a noite em claro.

Depois que o avião decolou, ainda fiquei por quase duas horas no aeroporto. Só voltei para casa quando seguro de que o aparelho já havia saído do espaço aéreo português e não tinha mais condições de ser obrigado a voltar.

152

Desde que desembarcou no Terreiro do Paço, Juscelino foi envolvido pelos aplausos. Não se haviam ainda banalizado as visitas de governantes estrangeiros, e era natural a curiosidade que se formava em torno deles. No caso, essa curiosidade aumentava por ser um chefe de Estado brasileiro. E era ainda maior porque Juscelino dava lições de simplicidade e simpatia. As multidões acorriam para onde quer que se anunciasse a sua presença, e, à passagem do cortejo de automóveis, os transeuntes paravam para aclamá-lo. As pessoas que estavam dentro de casa, nos cafés e nas lojas, mal ouviam as sirenes dos batedores, corriam para a beira das calçadas, a bater palmas.

Designado para ficar no Palácio de Queluz, onde se hospedava o presidente, e cuidar de sua agenda, dele ouvi, logo na primeira hora:

— Você está no comando das operações. Não vou me preocupar nem com horários nem com destinos. Mas fique atento porque não quero atrasar-me em nenhum compromisso. Diga-me discretamente que está na hora de sair e para onde, que interromperei o que estiver fazendo.

E assim foi. Se d. Sara ou Juscelino demoraram a chegar a alguma cerimônia, o atraso não superou jamais os dez minutos.

Algumas vezes, eu acompanhava o presidente. Noutras, não. Numa das saídas em que ia com ele no carro, disse-lhe:

— Presidente, estamos de saída para a Universidade de Lisboa, onde o senhor vai doar mil volumes à biblioteca do Centro de Estudos Brasileiros. O reitor da universidade é o dr. Paulo Cunha, que acompanhou, como ministro dos Negócios Estrangeiros, o presidente Craveiro Lopes em sua visita ao Brasil.

— Não me lembro dele.

— Sua mulher era uma senhora loura e vistosa.

Juscelino fez imediatamente um sinal de que se recordava dela.

— O diretor do centro brasileiro é o poeta, romancista e crítico literário Vitorino Nemésio.

Juscelino nunca ouvira falar dele.

— É autor de uma obra importante, na qual se destacam dois livros de poemas, *O bicho harmonioso* e *Eu, comovido a oeste*, e, sobretudo, um romance belíssimo, *Mau tempo no canal*, sobre as agruras e o heroísmo da gente dos Açores.

E resumi o entrecho de *Mau tempo no canal*.

Juscelino perguntou-me quanto tempo demoraria o trajeto entre Queluz e o Campo Grande, onde ficava a universidade.

— Uns vinte minutos — respondi-lhe.

— Pois vou tirar um cochilo. Quando estivermos a duas quadras do nosso destino, você, por favor, me acorde.

Descalçou-se e dormiu quase que imediatamente.

Quando entramos no Campo Grande, chamei-o, e ele se recompôs no mesmo instante.

A estudantada o retirou do carro já nos ombros. E nos ombros levou-o até o local onde se daria a cerimônia. Quando Juscelino tomou a palavra, fiquei estarrecido. Após saudar o reitor e lembrar os seus dias de Brasil, ele se voltou para Vitorino Nemésio e fez o elogio de sua obra, detendo-se em *Mau tempo no canal*, como se o tivesse lido e relido. Multiplicou as minhas poucas palavras, sempre com propriedade, emocionado e comovido.

As lágrimas desciam pelo rosto de Nemésio.

153

Juscelino viajara para o Norte, e o ministro Horácio Lafer, que ficara em Lisboa, aproveitou a ausência de compromissos para um almoço de trabalho. Sentamos em volta da mesa, num hotel lisboeta, Lafer, Augusto Frederico Schmidt, Negrão, Azeredo da Silveira, Frazão e eu, que carregava a pasta de meu chefe. À sobremesa, Schmidt sugeriu que eu fosse à casa de Alberto Franco Nogueira, diretor de assuntos políticos do Palácio das Necessidades, para saber se já havia reação de Salazar à proposta que Kubitschek lhe fizera, no dia anterior, de criação de um mecanismo permanente de harmonização das posições políticas dos dois países — um avanço em relação ao que previa o Tratado de Amizade e Consulta —, de modo que tivessem uma só voz e o mesmo voto no plano internacional.

No apartamento de Franco Nogueira, na avenida Infante Santo, fui recebido por sua mulher, Vera. Franco Nogueira acabara de levantar-se da sesta e me atendeu a abotoar as mangas da camisa. Dele ouvi que Salazar agradecia o gesto brasileiro, mas não podia aceitar a proposta, porque, sendo o seu um país sem disputas externas, não desejava envolver-se nos contenciosos que o Brasil tinha no continente americano.

Voltei para o hotel aliviado. E não deixei de comentar que assim me sentia, porque chegavam até nós, os funcionários mais jovens da embaixada, que freqüentávamos os estudantes angolanos e são-tomenses, boatos insistentes sobre a iminência de uma rebelião armada em Angola. Era preciso, aliás, não olhar nunca para fora da janela, como fazia Salazar, para não perceber que se ia avolumando nas Nações Unidas a insatisfação como o imobilismo português no trato do problema colonial e que essa insatisfação começava a transformar-se em hostilidade.

Falamos sobre o assunto, Veras, Victor e eu, numa reunião com Juscelino. A nosso ver, de jovens diplomatas, o Brasil não poderia continuar a alinhar-se com Portugal nas Nações Unidas sem um enorme desgaste internacional, sem que nos tivessem por cúmplices do colonialismo. O Presidente ouviu-nos com atenção, mas retrucou que, como político, tinha de acompanhar a opinião pública. Estava consciente de que a maioria do povo brasileiro era anticolonialista e desejava que os portugueses concedessem a independência a suas colônias, mas que essa mesma maioria não aceitaria um só gesto que pudesse ser interpretado como de hostilidade a Portugal. Seria tido como uma aleivosia. Além disso, sendo rara, nas grandes cidades brasileiras, uma família sem o seu português, um voto contra Portugal representaria centenas e centenas de milhares de votos contra quem o autorizasse. O que lhe estávamos propondo era uma insensatez política. A imprensa, com pouquíssimas exceções, sairia contra ele, do norte ao sul do país. E não viesse eu com o argumento de nossos laços históricos com a África, sobretudo com Angola. Eram poucos os eleitores que tinham consciência disso. E em menor número ainda aqueles que seriam capazes de pôr Angola num mapa.

154

Na véspera de sua partida, Juscelino ofereceu um grande banquete no Palácio de Queluz, seguido de recepção. Um colega que acabara de chegar da Guatemala, Jorge Alberto Nogueira Ribeiro, ficou como chefe do grupo que recolhia os convites e entregava a seus portadores um pequeno cartão com o lugar à mesa. Um senhor grisalho e discreto, sem condecorações na casaca, e que entrara na sala sozinho, aproximou-se de Jorge Alberto, cumprimentou-o e encaminhou-se para a mesa do banquete. Jorge saiu atrás dele, sem se atrever a lhe pedir o convite:

— Senhor, senhor, deixe-me mostrar onde estará sentado.

E o senhor, tranqüilo e incisivo:

— Eu sei onde é o meu lugar.

Um dos nossos, de longe, suspeitou que algo de errado se passava e correu para perto do senhor de casaca sem medalhas e o acompanhou até a mesa. Voltou, depois, para junto de Jorge Alberto:

— O que houve entre você e o dr. Salazar?

— Salazar? Era o Salazar?

Jorge Alberto confessou-nos que, em toda a vida, não vira mais de duas ou três fotografias do ditador português nos jornais. E que não podia imaginar que fosse ele aquele senhor que entrara na sala sem acompanhantes e guarda-costas, como o mais simples dos homens.

No fim do jantar, quando se alongava a recepção, alguém notou que Salazar conversava com Jorge Alberto. Ele tinha procurado o nosso colega no meio da multidão, para aquietá-lo. Perguntou-lhe quando havia chegado, o que estava achando de Lisboa e se a cidade o tratava bem. Com seu gesto, Salazar confirmava o que Francisco Negrão de Lima mais de uma vez nos dissera: que o solteirão de aparência macambúzia e secarrona era, na realidade, um grande sedutor. O seu segredo parecia ser o de dar toda a atenção a quem o visitava. O interlocutor saía de São Bento a sentir-se mais importante do que quando lá entrara: tivera uma conversa de igual para igual com um homem que já fazia parte da história. Ou, melhor, da História.

155

Antônio Francisco nasceu todo enrugado. O meu filho parecia um sapinho, de mãos e pés enormes.

156

Fanor Cumplido contou-me que tinha uma sobra de dinheiro da verba de propaganda e que teria de devolvê-la dentro de quatro meses, a menos que encontrasse como gastá-la de maneira útil. Na véspera, havia pensado que eu poderia organizar, para que ele publicasse, uma antologia de poetas brasileiros surgidos após a Segunda Grande Guerra. Mas só teria cinco semanas para concluí-la.

Aceitei o desafio e comecei o trabalho pelos livros de minhas estantes. Depois recorri aos da biblioteca do centro de estudos da universidade e aos que os amigos me cediam. O material de que dispunha não dava — bem o sabia — para fazer a melhor das escolhas, mas não tinha tempo para pedir ajuda do Brasil. Organizei o livro em marcha batida, com três moças a me datilografarem os poemas escolhidos. E terminei dentro do prazo, mas sem ter podido, como pretendera, escrever para o volume um ensaio introdutório.

Voltara a meu ambiente natural, muito distinto dos cuidados de uma visita de Presidente da República. D. Sara e Juscelino haviam sido impecáveis, mas eu tivera dificuldade em aturar os bajuladores e sicofantas que integravam a comitiva presidencial. Dos primeiros rira. Com os segundos, no entanto, a denegrirem o trabalho alheio para valorizar o próprio, eu me indignara. Do mesmo modo que não deixaram de irritar-me as prepotências de um majorzinho ou de um amanuense miúdo, a saborearem a pequena parcela de poder que lhes cabia por reflexo. Não, eu não tinha a vocação da corte. Felizmente, logo em seguida me caíra nas mãos um outro tipo de trabalho.

A nova poesia brasileira saiu do prelo dias antes do fim do ano. E foi um êxito. Durante vários dias, formou-se uma fila de gente jovem a buscar o livro no Escritório de Propaganda e Expansão Comercial, e uma outra, na Embaixada do Brasil. E eu ganhei com ele, em amigos, mais do que esperava.

Alguns dias depois de começar a distribuição do livro, pediram para ver-me. Entrou na sala, com o volume na mão, um jovem de óculos, vestido com o apuro de menino bem-nascido. Chamava-se Ernesto Manuel de Melo e Castro, era poeta e vivia em Castelo Branco, onde, engenheiro têxtil formado na Inglaterra, geria a parte técnica de uma indústria de lanifícios da família. Viera a Lisboa, na companhia da mulher, a poetisa Maria Alberta Menères, especialmente para conhecer-me. Convidei-os para irem, à noite, à minha casa.

Maria Alberta e Ernesto destoavam da maioria dos jovens intelectuais portugueses que até então conhecera. Os de oposição ao regime eram geralmente — excetuados os surrealistas — reacionários em estética, e aqueles que faziam uma arte que se queria de vanguarda não escondiam as simpatias por Salazar. Fernando Guedes, por exemplo, tido por direitista e com quem, logo ao chegar a Lisboa, fizera amizade, editava uma revista interessantíssima, *Tempo presente*, na qual tinham lugar de destaque a pintura abstrata, Eliot, Pound e cummings. Já a *Seara nova*, que reunia boa parte da oposição cultural ao regime, não se desatava do realismo socialista, que, em Portugal, assumira o eufemismo de neo-realismo, ou punha o olhar nostálgico no século XIX. Havia, é verdade, a fazer uma oposição inteligentíssima e bem humorada, o *Almanaque*, em cujas páginas soube pela primeira vez de Alexandre O'Neill e João Abel Manta.

Pois bem, Ernesto era oposicionista e apaixonado pelas vanguardas. Fascinara-se, no meu panorama, com os poetas concretos e neoconcretos. Queria os seus endereços. E, depois desse primeiro encontro, nunca mais veio a Lisboa sem procurar-me. Às vezes, chegava acompanhado de amigos, que se fizeram meus, como Salette Tavares, Vespeira, Manuel Baptista e António Ramos Rosa.

A nova poesia brasileira me trouxe outras amizades. Das primeiras, a de um casal de médicos: Maria Fernanda e Amílcar Castanhinha. Estavam exaustos do Portugal salazarista e queriam que os filhos — e estes eram cinco — crescessem a respirar ares de liberdade. Não se decidiam, contudo, a emigrar, por sentirem no íntimo que não podiam viver sem açorda, caldo verde, iscas de fígado, o cheiro dos campos portugueses e as ladeiras e praças de Lisboa. De início, iam à nossa casa porque lá podiam falar livremente. Depois, porque se acarinharam de nós. Foram eles quem nos apresentaram a um outro médico, Gil de Cantos, e à sua mulher, Lena.

Também Alexandre O'Neill e Ruy Belo aproximaram-se de mim graças ao livro. O primeiro, rapaz que as moças achavam bonito, de sobrancelhas grossas que os óculos não escondiam e a combinar numa só pessoa o tristonho, o abusado, o traquinas e o irônico, foi-me apresentado por Ruben A. O segundo apareceu em minha sala sem aviso, mais para gordo do que para magro, com um rosto de menino, limpo e bom.

157

Soubemos, por um telegrama, que um casal de parentes de Verinha estava vindo a Portugal, em peregrinação ao Santuário de Fátima. Fomos recebê-lo no cais de Alcântara. Quando a escada do transatlântico baixou e os passageiros começaram a descer, fiquei surpreso: todos eram índios ou quase índios. O navio vinha diretamente de Belém do Pará e fora tomado pelos peregrinos. Destes, tirando uma vintena de brancos (a maioria, portugueses) e meia dúzia de mulatos, todos os demais tinham a pele acobreada, os cabelos negros e lisos e, muitos deles, os olhos com a dobra mongólica. Caboclos e índios seguramente se auto-identificavam, nos recenseamentos, como brancos, e como brancos eu os veria se estivessem desembarcando não em Lisboa, mas no Rio de Janeiro. O meu olhar se aportuguesara.

158

Fui à sala de Negrão de Lima anunciar-lhe que morrera Jaime Cortesão e o corpo estava sendo velado na Sociedade Portuguesa de Escritores.

— Vamos para lá imediatamente — foi a reação do embaixador. — E leve com você uma bandeira do Brasil.

A sala estava cheia. A calçada que dava acesso ao prédio, também. A oposição em peso se fazia presente, e os agentes da Pide eram facilmente reconhecíveis. Numa vitrola, a cumprir o desejo do morto, tocava-se, alto, a "Ode à alegria" da *Nona sinfonia* de Beethoven. Negrão chegou junto ao esquife e o cobriu com a bandeira. E foi com a bandeira do Brasil que Jaime Cortesão foi levado ao sepulcro.

159

Verinha estava amamentando e não podia fazer passeios longos. Como minha sogra tivesse vindo a Lisboa para acompanhar o nascimento do neto e seria uma pena que voltasse ao Brasil sem conhecer Portugal, eu costumava sair com ela aos domingos. Nossa primeira viagem foi, não sei por que motivo, a Vila Viçosa. E foi nesse dia que comecei o meu namoro com o Alentejo, sobretudo no fim do estio, quando o verde dos sobreiros contrasta com a amplidão castanha do relvado ressequido.

D. Elza tinha a mania, então bem carioca, de não passar mais de uma hora sem tomar um cafezinho. E, a meia estrada, não resistiu e pediu-me que parasse num vilarejo, onde avistara um café. Quando entramos na sala, mais sentimos do que ouvimos um rumor baixo, um mexer de cadeiras. Vi que na sala repleta não havia uma só mulher. Nem se esperava que alguma entrasse naquele reduto de homens e, muito menos, em calças compridas. Pedimos a nossa bica e saímos de manso, entre olhares de surpresa e censura. Mas d. Elza foi peremptória: não seria a matutice das aldeias que iria impedir que ela entrasse em ambientes que por natureza eram públicos.

— Se não nos querem, que ponham um aviso na porta.

Nas estradas e nas aldeias por que passávamos, víamos as mulheres, todas, exceto as mocinhas, vestidas de preto e com a cabeça coberta por um véu da mesma cor. Parecia que estávamos em terras muçulmanas. Portugal não era diferente dos outros países, nos quais, ao se sair das cidades, se anda para trás no tempo. Só que esse recuo não se disfarçava: estava à vista nas pessoas que compunham a paisagem e era grande. Infiltrava-se nas cidades, pois mesmo em Lisboa, no Porto, em Coimbra ou em Évora, podíamos encontrar, sobretudo nos bairros mais populares, senhoras cobertas da cabeça aos pés por uma espécie de luto.

Mais estranho era o que se passava nas praias dos arredores de Lisboa, e isso não se devia à força dos costumes, mas, sim, à caturrice de Salazar. No primeiro verão após o nascimento de nosso filho Toninho, minha mulher e Maria Fernanda Castanhinha passaram a levar as crianças, quase todas as manhãs, para tomar banhos de mar. Pude então conferir o que me havia contado e custara a crer: as pessoas iam à praia como quem vai passear no centro — os homens, de chapéu, paletó e gravata. Lá chegados, alugavam uma barraquinha de lona, onde mudavam de roupa. A polícia retirava do mar e da areia as moças que estivessem de maiô de duas peças e os homens não podiam sair para a praia apenas de calção, pois estavam obrigados a cobrir o dorso com uma camiseta sem mangas e decotada.

160

— Vou representar o Brasil nas cerimônias da independência da Nigéria — disse-me o embaixador Negrão de Lima. — E gostaria que você fosse comigo.

Chegamos a Kano de madrugada, por volta das três e meia. Apesar da hora, o aeroporto estava cheio de gente, com muitos africanos vestidos como árabes e quase todos a cobrirem o corpo com um branco encardido. Um funcionário do protocolo estava à nossa espera e nos colocou no primeiro avião com destino a Lagos.

Já ao descer os degraus da escada, nossos olhos se lavaram de surpresa e alegria. A comissão de boas-vindas parecia saída de uma tapeçaria medieval, com suas vestes amplas e esvoaçantes e gorros e turbantes coloridos. Era uma profusão de leses, sedas, damascos, veludos e brocados, que humilhavam os nossos ternos com gravata. Havia ao derredor um excesso de beleza.

A caminho do hotel, acompanhamos o fluir de uma cidade arborizada, na qual alguns prédios modernos e vários casarões interrompiam o suceder de casinholas com tetos de folhas-de-flandres ou zinco, a se apoiarem umas nas outras. A cidade era feia, apesar do verde e das águas que corriam entre o continente e as ilhas que a formavam. Mais do que a paisagem, o que nos atraía era o volume de gente na rua e o predomínio do azul em seus trajes. Passávamos por mulheres com crianças amarradas às costas e que equilibravam na cabeça uma grande bacia de alumínio cheia de cajus, carteiras de cigarros, sabonetes ou quiabos, e por rapazes a correr e a gritar o produto que vendiam, e por barbeiros a cortarem o cabelo dos clientes em plena rua, como se estivéssemos numa gravura de Debret.

No escuro, a bandeira da Grã-Bretanha desceu do mastro e se acenderam as luzes para a subida de uma outra, verde e branca. Nascia um novo Estado — e disto eu era uma testemunha emocionada. Algumas pessoas, ao meu lado, choravam. E estávamos na arquibancada principal do hipódromo, quando surgiram uns trinta cavaleiros de capacetes emplumados e mantos de um lado verde e outro vermelho a se derramarem sobre a garupa dos animais cobertos por acolchoados coloridos, e se lançaram, velozes, de lanças em riste, contra nós. A arrancada durou um átimo, porque mal tomava ímpeto o galope, os cavalos pararam a poucos metros do palanque. Eram ginetes habilíssimos esses hauçás. E seus cavalos treinados na mais completa obediência.

Não podia deixar de recordar-me daquela passagem de João de Barros na qual ele descreve o espetáculo hípico que os jalofos do Senegal ofereceram ao rei d. João II. Eu via surgir um novo país, como se estivesse voltando ao passado.

Que esse país tinha um passado, e um belo passado, tornou-se mais do que evidente, na manhã seguinte, quando fomos ao Museu de Lagos. A visita tinha de ser necessariamente curta, mas bastou para inflar-me a alma. Paramos mais tempo nas salas dedicadas às esculturas de Ifé e do Benim, mas assombrei-me de verdade foi com as grandes máscaras iorubanas e ijós. O que vira no Museu de Arte Primitiva de Nova York apenas anunciava o que estava exposto em Lagos. Tive a impressão de que precisava limpar-me de toda uma teoria da cultura para conseguir compreender aquelas outras formas de beleza.

Íamos de pasmo em pasmo, pois os dois rapazes que estavam à nossa disposição, Julius Ade Balogun e Jonathan Osman Ndagi, nos levaram do museu para o bairro brasileiro — o "Brazilian Quarter" — de Lagos. E, boquiabertos, vimos ruas inteiras (a Tokunboh, a Bamgbose e a Igbosere) e uma praça (a Campos Square), com sobrados, moradas-inteiras, meias-moradas e portas-e-janelas que poderiam estar no centro do Rio de Janeiro, em Salvador ou no Recife, se as cobrissem telhas de barro em vez de folhas de zinco. Naquela área da cidade haviam-se concentrado, em dias antigos, os comerciantes negreiros portugueses e brasileiros, e a eles se somaram depois, mais numerosos, os ex-escravos que retornaram do Brasil à África.

Diante de um sobrado com varandas de ferro fundido e pinhas de louça no alto da fachada, Balogun bateu palmas e à senhora que nos atendeu disse que éramos brasileiros e perguntou se nos podia mostrar a casa. Esta era idêntica, na distribuição dos cômodos, a uma residência brasileira do século XIX e possuía uma linda escada de madeira em espiral. Tinha o assoalho de tábuas corridas.

A senhora explicou-nos que, ao contrário da maioria dos moradores dos prédios vizinhos, não era "*agudá*", ou seja, descendente de brasileiros, mas, sim, uma imigrante de Fernando Pó. Seu marido comprara a casa havia alguns anos e tinha orgulho dela. Tudo na construção era de primeira qualidade, e as partes de madeira não sabiam o que fosse um ataque dos cupins.

Na véspera de nossa partida, Negrão foi à residência do novo primeiro-ministro da Nigéria, Sir Abubakar Tafawa Balewa, entregar cartões. Agradecíamos ao funcionário que nos atendeu as gentilezas recebidas, quando chamaram do interior do palácio. Sir Abubakar fazia questão de receber-nos.

Era um homem de traços delicados, olhar agudo, barba e bigode ralos, voz rica e profunda. Via-se nele um intelectual, e isto era, pois professor e romancista. Estudara no Reino Unido e falava um inglês impecável. Nortista e muçulmano, alcunharam-no de "*His Master's Voice*", por seguir politicamente o sobrinho do sultão de Socotô, Sir Ahmadu Bello. Ao contrário deste, odiado pelos sulistas, buscava a conciliação e o entendimento.

Negrão de Lima saiu muito impressionado da conversa com Tafawa Balewa e o contrastou com Patrice Lumumba, com quem estivera, meses antes, no Congo. O nigeriano sabia os problemas que teria de enfrentar com os diferentes povos — fulas, hauçás, iorubás, ibos, bornus, edos, nupes, efiques, ijós, igalas, urrobos, itsequiris e tantos mais — que formavam o país. Lumumba, embriagado por seu próprio discurso, não fazia idéia de que sua primeira tarefa deveria ser a de conciliar congos e lundas, songies e lubas, luluas e cubas, e harmonizar um Estado moderno com as antigas estruturas de poder, que retomavam força com a partida dos belgas.

Para Negrão, tudo parecia diferente nas duas independências a que assistira: a do Congo e esta, da Nigéria. Enquanto aqui a bandeira inglesa fora tratada com respeito e a rainha aplaudida, ele vira, meses antes, no Congo, o pavilhão belga descer sob vaias. Aqui, havia uma elite cultural e um funcionalismo bem formado. Lá, os belgas não tinham deixado nada: o grosso dos homens a que havia sido entregue o novo Estado tinha, quando muito, instrução secundária. O que Negrão não poderia antever é que Lumumba e Tafawa Balewa, de origens, temperamentos e projetos políticos tão diferentes, teriam destino semelhante: seriam ambos assassinados por seus adversários.

Juscelino andara acertado, ao designar Negrão de Lima como representante do Brasil nessas independências. Nós, brasileiros, o víamos como branco, mas para os nigerianos, se não negro, era um *yellow*, um mestiço com ascendência africana. E isso ressaltou um alto funcionário do Ministério do Exterior que eu conhecera no Rio de Janeiro, onde ele trabalhara, dentro do programa de formação de diplomatas nigerianos, como adido à Embaixada britânica.

Voltamos para Lisboa via Kano. E ali, noutra madrugada, assistimos ao embarque de Sir Ahmadu Bello, o Sardauna de Socotô, a caminho de Nova York, para a Assembléia Geral das Nações Unidas. Quando entrou na sala, com um grande turbante, um amplo camisolão branco coberto por um manto bordado e uma arrogância que o fazia ainda mais alto e corpulento, os nigerianos se deitaram no chão, de braços abertos. E o Sardauna foi passando entre eles, como se os pisasse.

161

Negrão estava no Rio, de férias, e Frazão, nos Estados Unidos, num encontro sobre café, assunto de que cada vez mais se ocupava. Num bom sossego, cumpríamos nossas rotinas sob o comando de Carlos dos Santos Veras, quando recebi um telefonema de Claude Lacombe, o agente da France Presse e bom amigo nosso:

— O Jânio Quadros, d. Eloá e a filha chegarão dentro de duas horas a Portela de Sacavém. Figura na lista de passageiros do avião como José da Silva.

Jânio havia sido eleito Presidente da República e andava a viajar pelas Europas. Incógnito, ao que pensava.

Despencamos para o aeroporto. E lá estávamos, à beira da escada, quando ele desceu da aeronave.

Veras apresentou-se como encarregado de negócios do Brasil. E Jânio não disfarçou a irritação:

— O que é que os senhores estão fazendo aqui? Se quisesse que me viessem receber, eu os teria avisado de minha chegada. Estou viajando anonimamente, para descansar. E não quero que a imprensa saiba que estou em Portugal.

— Mas já sabe — arriscou Veras.

— Vamos então para um lugar tranqüilo, onde possamos conversar.

Fomos para a casa de Veras. Lá, Jânio nos perguntou se havia maneira de impedir que os jornais e as estações de rádio revelassem que se encontrava em Lisboa.

— Há. Basta acionar a censura.

Veras foi ao telefone e discou para Gastão de Bethencourt, um escritor especialista em folclore, com quem tínhamos boas relações e que trabalhava na censura.

Bethencourt, que correu para a casa de Veras, já sabia pelo rádio da presença de Jânio, mas garantiu-lhe que, a partir daquele momento, nenhuma notícia mais seria divulgada. O silêncio seria total.

Aventou-se a hipótese de Jânio ir hospedar-se no Guincho, onde ficaria ao abrigo dos curiosos. O presidente eleito tinha, porém, reservas no hotel de um amigo, ao lado do centro boêmio da cidade, o Parque Mayer. Teimou e foi para um lugar onde seria visto e reconhecido por meia cidade.

Na manhã seguinte, pelas 10h, recebi um telefonema. Era o dr. Mário Neves, diretor-adjunto do *Diário de Lisboa*, um vespertino que fazia uma oposição discreta ao regime e tratava o Brasil sempre muito bem.

— Estou com um problema grave — explicou-me. — O dr. Jânio Quadros deu-nos, hoje cedo, numa praça de Lisboa, uma entrevista exclusiva, que ocupa toda a primeira página e mais duas do *Diário*. A censura cortou-a inteiramente e estou com boa parte do jornal em branco. Os censores afirmam que só a embaixada poderá liberar a matéria.

— A embaixada, infelizmente, não — retruquei-lhe. — Só o próprio dr. Jânio Quadros, a quem estamos vedados de procurar no hotel.

Por volta do meio-dia, um emissário do dr. Mário Neves trazia-me uma sobrecarta. Um cartão amável acompanhava um editorial duro sobre os falsos democratas, que falam em voz alta em favor das liberdades, mas recorrem na surdina à censura, quando esta lhes serve. No cartão, Mário Neves me dizia que o editorial também havia sido proibido.

Mal acabara de mostrar o texto aos colegas, quando um contínuo veio anunciar que Jânio Quadros estava na sala de espera. Fomos com ele para o gabinete do embaixador, e lá Jânio perguntou-nos se já havia saído o *Diário de Lisboa*. Mandamos ver: já havia. E lhe trouxemos o jornal. Ele o folheou de ponta a ponta e, depois, nos disse:

— Curioso. Dei uma longa entrevista a este jornal, e eles não publicaram nada.

Contamos o que se passara. E ele se abespinhou:

— São estúpidos! Se dei a entrevista, isto significava que a ordem à censura estava desfeita.

Não era bem assim, explicamos. Pedíramos que sua presença em Lisboa não fosse noticiada. A censura cumprira o seu papel. O nome dele não aparecia em nenhum jornal.

— Temos então de dar a contra-ordem. Telefonem, por favor, para o dr. Bethencourt e liberem as notícias.

Victor Silveira interveio:

— Perdão, presidente, mas o senhor deu uma exclusiva para o *Diário de Lisboa*, que é um jornal vespertino. Se liberarmos agora a notícia, vamos favorecer os matutinos. Sugiro, por isso, que a contra-ordem só seja dada amanhã de manhã e que o Alberto passe essa informação ao dr. Mário Neves, que continuará a ser dono do furo.

Jânio concordou.

À noite, por sugestão dele, fomos, com d. Eloá e nossas mulheres, assistir ao show do Cassino Estoril. Lá pelas tantas, Jânio pediu licença, levantou-se e sumiu. As horas se passavam e ele não voltava. A sala foi-se esvaziando e, quando já não havia outra mesa ocupada a não ser a nossa e não sabíamos o que dizer a d. Eloá, ele apareceu tranqüilo, como se tivesse ido ao banheiro por alguns minutos. Por onde andara, nunca soubemos ao certo, mas correu por Lisboa que ele havia saído atrás de uma corista.

Negrão, avisado por nós, chegou no dia seguinte, de manhãzinha. E, por um telefonema do Rio, já nos havia instruído a convidar o casal para um almoço na embaixada.

A conversa com Jânio foi interessantíssima, e a todos nós os desconchavos e vexames dos dois dias anteriores começaram a parecer irrelevantes, diante do brilho com que ele expunha suas idéias. Nós estávamos a nos render completamente ao seu fascínio, quando o mordomo chegou perto de Negrão de Lima e lhe falou em voz baixa. O embaixador foi até a sala ao lado e, ao regressar, disse a Jânio:

— Presidente, o dr. Alberto Franco Nogueira lhe traz um convite do almirante Américo Thomaz. Ele sabe que o senhor está em viagem estritamente privada, mas o presidente da República Portuguesa não pode deixar de homenagear, ainda que em caráter também privado, o presidente eleito do Brasil. Pede, assim, que o senhor e d. Eloá lhe dêem o prazer de almoçar amanhã com ele e sua mulher. Só estarão à mesa os dois casais.

Jânio não esperou um segundo. Respondeu grosseiramente:

— Diga que não vou.

Entreolhamo-nos, perplexos. O homem confirmava o que dele me dissera Péricles Eugênio da Silva Ramos, que fora seu colega ou contemporâneo na Faculdade de Direito do Largo de São Francisco:

— É inteligente e doido. Dele pode esperar-se o maior dos desatinos.

E, naqueles dias de Lisboa, houve, pelo menos, mais um.

Diante da insistência dos jornais, das emissoras de rádio e dos correspondentes estrangeiros, Jânio resolvera receber a imprensa na embaixada, para um café da manhã (ou um pequeno-almoço, já que estávamos em Portugal). Negrão de Lima pediu-me que o organizasse. Fiz todos os convites, mas solicitei ao embaixador que me dispensasse de estar presente à entrevista, porque nessa manhã de sábado se casava um dos primeiros amigos que fizera ao chegar a Lisboa, Leonardo Mathias, filho do ministro dos Negócios Estrangeiros, Marcello Mathias, e jovem diplomata e poeta como eu. A noiva, Isabel de Rilvas, era tão suave e frágil, que ninguém adivinharia que era a campeã portuguesa de pára-quedismo.

Às nove e meia de sábado, Verinha, enchapelada e de luvas, e eu, de fraque e colete cinza, subimos a serra de Sintra. Leonardo estava à porta do Palácio de Seteais e, ao nos ver, foi logo dizendo:

— E, então, o nosso Jânio?

— O nosso Jânio o quê?

— Ainda não sabes? Deixou o Negrão de Lima e os jornalistas plantados na embaixada. Ficaram à espera dele por quase uma hora e só então souberam que havia embarcado à sorrelfa, às seis e meia da manhã, num navio britânico e estava a caminho da Inglaterra.

162

António Pedro Martins Rodrigues, que passava alguns dias em Lisboa, veio ver-me. Disse-me que *O tecelão* iria entrar no prelo e que necessitava, para manter a unidade da coleção " Poesia sempre", de um retrato meu a bico-de-pena e de ilustrações por um artista de renome. Sugeriu-me o Tòssan.

— Você não conhece o retrato que ele fez, quase num só traço, do José Lins do Rego? É uma obra-prima.

Eu conhecia o retrato e o Tòssan, mas não tinha com ele intimidade.

— Mas eu tenho — argumentou António Pedro. — E, se você me permitir, telefono para ele agora mesmo.

Tòssan assentiu. Entreguei-lhe cópia dos originais do livro, e ele me fez meia dúzia de desenhos de meninos rurais, belíssimos, de uma delicadeza sem tamanho. E, quando os trouxe, disse-me que iria passar uma ou duas tardes a observar-me, para esboçar o retrato. Que não me importasse com ele e continuasse a trabalhar como se não houvesse mais ninguém na sala.

E assim foi. Durante toda a tarde só fez um comentário:

— Tens um olhar difícil, porque ao mesmo tempo duro e tristonho.

Retratou-me a retirar um papel da máquina de escrever. De ombros estreitos, sonhador e melancólico.

163

E, no entanto, eu era feliz. Fazia alguns anos que era feliz. Longe tinham ficado os tempos amargos, ainda que mágicos, de minha infância, e estava quase esquecida a sensação de orfandade que continuara viva no adolescente obcecado pela certeza da morte precoce e pelo horror de não ser santo. Distante também me parecia a placidez conformada da estação de cura, da qual se levantara a alegria de Vera. Tinha a impressão de que se haviam escoado os meus dias dolorosos e que, virada a ampulheta, a areia pardacenta dera lugar a ouro em pó. Vera estava comigo, e carregávamos ao colo Elza Maria e Toninho.

Em Lisboa, sentia-me em casa. Tudo me parecia conhecido. E não me dissessem que trazia a cidade no sangue, pois entre os meus trisavôs e bisavós portugueses talvez só um ou dois tenham algum dia posto os pés em Lisboa. Os demais saíram direto de suas leivas de Trás-os-Montes e do Minho para os navios de emigrantes.

A cidade não se gastava aos meus olhos. As ruas de minha infância como que nela se prolongavam, e eu ia decorando as suas formas e cores. Não que todas as praças, avenidas, ruas e vielas fossem bonitas; algumas eram feias, mas eu as queria assim mesmo, feias.

164

O que estranhava, em Lisboa, era o convívio coxo entre a maioria das pessoas. Acostumado, no Brasil, a ter amigos com pensamentos inteiramente contrários aos meus, sem que as discussões que tínhamos, por mais acaloradas que fossem, nos impedissem de ir depois tomar um chope juntos, tinha dificuldade em aceitar a escassez de pontes em Portugal. Ali, ou se era favorável ao governo ou da oposição, e só se procuravam amigos entre os que pensavam da mesma forma. Contavam-se pelos dedos, nos meios intelectuais, aqueles que tinham, como Almada Negreiros, Carlos Botelho e Vitorino Nemésio, bom trânsito num campo e no outro. As pessoas que não se conheciam bem desconfiavam umas das outras e muitas vezes não retomavam o primeiro contacto. Por tudo isso, eu ia acumulando motivos para concordar com o dito de Marques Rebelo, após uma visita à terrinha: Portugal era um país de oito milhões de habitantes que não se davam entre si.

Trinta anos de governo autoritário, protegido por uma polícia política com ampla rede de informantes, haviam deformado ou, pior, pervertido as relações sociais. A tolerância, a moderação, o diálogo e o compromisso tinham passado, de virtudes cívicas, a ser defeitos.

Havia o sentimento, e não só entre os adversários do regime, de que se estava sujeito a uma vigilância constante e, portanto, a uma opressão quotidiana. A Pide era cruel e onipresente, mas cada vez mais me convencia de que era incapaz de concatenar, assimilar e tirar conclusões rápidas da enorme massa de informações que acumulava. E essas podiam ser confusas, contraditórias e equivocadas. Se eu tivesse entre minhas domésticas uma agente da polícia, os seus relatos deveriam causar uma grande confusão na cabeça de seu chefe. Para começar, este teria dificuldade em entender como eu recebia com a mesma cordialidade, atenção e interesse um salazarista apaixonado como Amândio César e um oposicionista radical como Fernando Piteira Santos. E duvido que ela tivesse condições de reportar o teor de nossas conversas ou das que tinha com Alberto de Lacerda, recém-chegado de Londres e cheio de novidades sem a menor relação com a política portuguesa.

De que os secretas podiam ser canhestros dava exemplo aquela criada de dentro que a Pide plantou na casa de Odylo Costa, filho, quando este foi adido cultural. Nazareth surpreendeu mais de uma vez a empregada a escutar as conversas na sala e resolveu despedi-la. Pediu a Odylo que o fizesse. O poeta chamou a moça, entregou-lhe um cheque com salário de três meses e lhe disse que não mais necessitava de seus serviços. A criada reagiu prontamente:

— Desculpe, senhor Doutor, mas daqui não saio, porque aqui fui posta pelo major — e deu o nome de um chefão da Pide.

Abriu o jogo: tinha razão de estar ali, porque naquela casa se sucediam reuniões muito estranhas, com gente a falar mal do governo ou de coisas que ninguém entendia e deviam ser em código. E insistiu:

— Só saio com ordem dele.

— Não — retrucou Odylo. — Na minha casa, mando eu. A senhora sai agora mesmo e diz ao major para vir falar comigo.

O major, claro está, jamais apareceu.

Um outro exemplo de incompetência ou bisonhice seria dado, já no meu tempo, pelo asilo de Manuel Serra. Serra, um oposicionista católico considerado perigoso pelo regime, se havia refugiado na Embaixada de Cuba. Ali permaneceu por alguns meses, pois o governo português não lhe concedia salvo-conduto. Deixou crescer uma grande barba e passou, todos os dias, a ficar horas à janela, a olhar para a rua, onde estavam de vigia alguns policiais fardados e agentes à paisana da Pide. Certa manhã, raspou a barba e saiu fagueiro pela porta da frente. Chegou — como depois me contaria — a cumprimentar os agentes. Foi direto para a Residência da Embaixada do Brasil, onde se asilou.

Negrão negociou a partida imediata de Serra para o Brasil. Fui à Pide buscar o seu passaporte e, à noite, o levei ao aeroporto. O governo português nos havia advertido de que, diante de ameaças contra a vida de Serra, haveria tropa em todo o percurso. Quando chegamos na avenida da República, Serra pediu-me para entrar numa transversal porque não podia ir-se de Lisboa sem dar um adeus, de dentro do carro, a uma confeitaria onde realizava as suas tertúlias. Recusei-me, alegando que o roteiro havia sido previamente negociado e que dele não deveríamos, sob risco de vida, nos afastar. Serra não se convenceu e, após implorar, ameaçou recusar-se a prosseguir viagem. Regressaria à embaixada.

— Vamos levar uns tiros — pensei. Mas, que diabo!, o homem, tido por ativista perigoso, era um sentimental e queria alimento para as suas saudades. Tirei do fundo da alma a coragem de minha bisavó minhota, comadre de Antônio Silvino, e, mesmo sem o rifle em que ela se amparava, cedi.

165

De Jandira e Hamilton Pereira da Silva ficamos grandes amigos. E a filha deles, Cristina, do mesmo tamanho de Elza Maria, dela se tornou inseparável.

O pai de Hamilton, português, emigrara para o Brasil e, se não enriquecera, adquirira o suficiente para amparar as duas irmãs que deixara em Barrô, uma aldeia nortenha, não longe do Porto, e para tornar-se uma espécie de benfeitor da terra, que à sua generosidade devia, entre outras cousas, o sino da igreja.

Hamilton andava preocupado porque o pai, idoso, insistia em querer passar o Natal com as irmãs.

— Vai sair do calorão do Rio de Janeiro para o inverno de Barrô, onde as casas não possuem aquecimento. E não está mais acostumado ao frio nem a outros desconfortos da vida de aldeia.

Mas o pai teimou e, passadas duas semanas em Lisboa, seguiu para Barrô. E foi de lá que veio a notícia: o velho falecera de repente. Não pudemos deixar de pensar que pressentira a morte e quisera passar seus últimos dias e ser sepultado em seu torrão.

Fomos de carro, às pressas, para Barrô, Jandira e Hamilton, Vítor Silveira, Carlos dos Santos Veras e eu. Chegamos à cidadezinha no início da noite. Ao entrar na sala, vimos, espantados, o caixão de pé, encostado à parede, e nele, amarrado para que não escorregasse, o defunto, de roupa escura e chapéu. De chapéu como a maioria dos presentes ao velório. Um de nós perguntou por que o morto estava em pé, e alguém nos respondeu:

— É o costume.

No quarto ao lado, vimos as duas irmãs deitadas numa grande cama de casal, praticamente cobertas pelas carpideiras, que, amontoadas, choravam alto e gritavam dolorosamente. Fazia um frio terrível e, na sala, corriam bandejas com copos e garrafas de aguardente. Bebeu-se muito naquela noite. E, de manhã, saiu o féretro para o cemitério, sobre uma estrutura metálica com quatro rodas, que íamos empurrando pelas ruas. A cada esquina, parávamos, abríamos o caixão, e a vizinhança se aproximava para ver o corpo.

De volta a Lisboa, contamos o que havíamos presenciado, e nenhum de nossos amigos portugueses tinha a idéia de que, em algum lugar de Portugal, se velasse um morto daquela maneira. Manuel Viegas Guerreiro confirmou o quadro das carpideiras e a abertura do ataúde nas esquinas, mas me disse que nunca, em sua longa experiência de antropólogo, soubera de um velório em que o morto estivesse de pé, como o que eu vira. Conjeturou: devia ser prática que resistira às mudanças no isolamento daquela localidade.

Muitos anos depois, comentava a cena numa roda de portugueses, quando uma senhora me assegurou que eu não havia sonhado. Também ela comparecera a um velório, numa aldeota de Trás-os-Montes, no qual o defunto estava de pé, amarrado ao caixão.

166

Nos últimos dias do governo Kubitschek, fui designado representante do Brasil na reunião da Comissão Econômica para a África das Nações Unidas, que se realizaria em Adis Abeba. Tomei todas as providências para a viagem, não deixando de fazer reserva de quarto, por telegrama, num hotel que me fora indicado.

Para chegar a Adis Abeba, tinha de, primeiro, voar para Genebra e, depois, para o Cairo. Decidi passar alguns dias no Egito, três na ida e três na volta.

De Lisboa ao Cairo, ainda que com troca de avião, viajava na mesma companhia: uma companhia suíça. Cheguei a Genebra com parte do aeroporto coberta de neve. Recebeu-nos, a mim e a outros que iam para o Cairo, uma jovem simpática, que nos ofereceu uma xícara de chocolate quente e nos informou de que, como o nosso avião se atrasara, o com destino ao Cairo já partira. Mas que não nos inquietássemos, porque um outro sairia de Zurique dentro de duas horas e nele já tínhamos lugares marcados.

Fomos para Zurique numa aeronave pequena. À chegada repetiu-se o ritual do chocolate quente e uma outra moça nos perguntou o que fazíamos ali. Explicamos. E ela:

— Mas esse avião não sai daqui. Sai de Genebra.

Voltamos para Genebra. A mesma jovem que antes nos atendera pediu-nos mil desculpas e nos embarcou no avião para o Cairo. Esse, para nossa surpresa, desceu em Zurique.

De volta a Lisboa, contei o que se passara ao agente da companhia, um suíço que havia vivido no Brasil e não se cansava de criticar a bagunça brasileira, e cobrei-lhe as informações incorretas e as viagens desnecessárias. Sobretudo a da atendente de Zurique. O suíço não se alterou e disse-me, com o ar de quem explicava o óbvio, que a informação da moça estava correta, corretíssima, pois o vôo partia de Genebra. Em nenhum momento, ela dissera que não faria escala em Zurique...

Cheguei no Cairo às duas da madrugada. Não havia ninguém da embaixada a esperar-me, ao contrário do que fora combinado. Já me perguntava o que fazer, quando vi um senhor com um papel na mão, a gritar:

— *Mister* Sailva! *Mister* Sailva!

Podia ser eu. Era. Hélcio Tavares Pires não me encontrara entre os passageiros do outro vôo e, como o seguinte chegaria muito tarde, desistira de esperar-me e me deixara um bilhete. Minha reserva no hotel estava confirmada; eu devia tomar um táxi e dizer ao chofer o que estava escrito naquele papel: uma transcrição do som das palavras árabes.

Na Alfândega, vi, estarrecido, os funcionários derramarem sobre uma grande mesa o conteúdo das malas de alguns passageiros. Diante de meu espanto, o fiscal que me atendia disse-me em francês:

— O senhor vai surpreender-se ainda mais com o que vai sair de dentro das roupas.

E de dentro das mangas das camisas, e dos bolsos das calças, e das meias, e das dobras dos lenços, foram sendo retirados relógios às dezenas, de todos os tipos e tamanhos.

Tomei um táxi. Não tinha acabado de ler para o chofer o que escrevera Hélcio, e ele já desembestava por uma estrada a cortar o nada, na qual as únicas luzes eram as dos faróis de um ou outro automóvel. Tinha a impressão de que me encolhera no banco do carro. Será que tinha dito as palavras certas? Para onde estaria sendo levado? Olhava para fora e não via sinal de presença humana.

Quando o medo já se aproximava, avistei um clarão à nossa frente. Era, afinal, a cidade.

O táxi parou diante de um prédio neoclássico, com um frontão triangular sustentado por colunas gregas. Aquilo não parecia hotel; tinha todo o jeito de repartição pública. Não tive tempo para alongar as dúvidas, porque um sudanês enorme, de camisolão branco e fez vermelho, me abriu a porta do automóvel e recolheu a minha mala.

167

Na manhã seguinte, fui, como todo mundo, ver a Esfinge e as grandes pirâmides. Temia decepcionar-me. Conhecia tudo aquilo de gravuras, fotografias e filmes de cinema, e, desde a infância, pusera naquelas imagens cor, perfume e aventura. Ao descer do carro, porém, emocionei-me. Menos com o peso da história do que com a solidão da paisagem. Dela sumiam os poucos turistas que, como eu, naquela manhã muito fria, passeavam diante da Esfinge e fingiam tentar compreender a sua face parcialmente consumida pelos ventos. Ainda que algumas pessoas falassem ao meu redor, senti-me diante de um silêncio perfeito, como o de um morto depois que o abandonamos. Ali não havia lugar para a "agitação feroz e sem finalidade" de que falava o poeta. Nem, contraditoriamente — e isto me diziam as faces corroídas das pirâmides —, para a ilusão da vida eterna.

168

Belisquei-me, estupefato, ao entrar no Museu do Cairo. Eu me acostumara aos museus norte-americanos, onde as peças de relevo ficavam isoladas, senhoras de um determinado espaço e iluminadas com precisão. Embora fosse regido por regras diferentes, o Museu de Arte Antiga, de Lisboa, dava ênfase às suas grandes peças. Ali, no Cairo, as obras-primas empurravam-se umas às outras, numa aparente desordem, a competir por nosso olhar. Já na primeira sala, acumulava-se uma antologia do esplendor.

O faraó em basalto parecia imóvel, como se a imobilidade fosse um atributo do eterno. Mas eu olhava melhor e via que uma de suas pernas se adiantava: dava o primeiro passo, se é que já não estava andando. E o escriba sentado tinha a mão com o estilete a correr sobre o papiro.

Prestei atenção a meia dúzia desses escribas. Todos pareciam idênticos e eram todos diferentes. Estavam na mesma postura, com o mesmo pano enrolado à virilha, mas cada qual respirava no seu ritmo próprio. A arte egípcia dava a impressão de repetitiva, e repetia os seus motivos, mas eram quase sempre distintos, até mesmo numa só pintura mural, os homens e os bois que tangiam, as mulheres a se pintarem no espelho, os caçadores a mirarem os pássaros, as moças a tocarem harpa, os rapazes com cestos de frutas, os felás a empurrarem o arado e os barcos a descerem o rio — e tanto nas figuras grandes quanto nas imagens pequeninas que se multiplicam de lado a lado e de alto a baixo, às centenas, nas paredes internas dos sepulcros, como se aos artistas lhes tivessem encomendado que reproduzissem todos os homens, bichos, plantas e coisas que conheceram no mundo.

Muitas dessas pinturas estavam destinadas a só ser vistas pelos mortos, mas eram, talvez por isso mesmo, celebrações da vida. São de uma transbordante alegria. Narram como no ar luminoso voam as aves, e como o vento abaixa os papiros, e como correm as lebres e galopam os cavalos. Olhando-as, eu me fazia duas perguntas: a primeira, se a escuridão das catacumbas não era, para os egípcios, a claridade dos mortos; e a segunda, o que teria escrito Keats, se houvesse, antes das urnas gregas, conhecido essas pinturas.

169

Ao chegar a Adis Abeba, aguardava-me uma surpresa. Num balcão, no aeroporto, onde se identificavam os delegados, soube que não havia sido credenciado pelo meu governo. Pior: minha reserva no hotel havia sido cancelada, uma vez que todos os quartos tinham sido requisitados para a conferência. Não havia uma só vaga nos hotéis da cidade.

O rapaz que me atendeu olhou-me comiserado. O jeito era eu ir para uma nova ala residencial que estava sendo construída na universidade. Nela iriam abrigar-se os observadores dos vários movimentos independentistas africanos.

Tomei um táxi, passei por uma agência de correios e enviei um telegrama para o Itamaraty, cobrando o credenciamento. Minha viagem coincidira com a posse de Jânio Quadros e, na excitação do momento, eu havia sido esquecido.

O prédio onde ficaria instalado ainda estava em construção. A porta e a janela de meu quarto eram fechadas por um simples pano. À noite, numa cidade a 2.500 metros de altitude, soprava por essas aberturas um frio cortante. O mobiliário era uma cama, uma mesa com uma lâmpada e uma cadeira. Não tinha onde pôr as roupas e deixei-as a se amarrotarem na mala. Completava o alojamento um conjunto de sentinas e chuveiros coletivos, no fim do corredor, sem uma gota de água quente.

Acampei como pude. E respirei, feliz, ao saber que um serviço de microônibus garantia os deslocamentos para o hotel em que comeríamos e para o Africa Hall.

Se não chegasse logo o credenciamento, minha viagem teria sido inútil, pois não teria acesso à maioria das sessões. Temia que meu telegrama jamais chegasse ao Rio. Mas chegou e, na manhã seguinte, um funcionário das Nações Unidas me informou de que eu estava credenciado. O que não lograria, durante vários dias, foi mudar-me para um dos hotéis. Só o consegui quando a conferência estava quase no fim.

A Comissão Econômica pouco tratou de economia. Boa parte de seu tempo foi consumida por um longuíssimo debate sobre as credenciais da Mauritânia e quase todo o resto com ataques ao colonialismo e ao neocolonialismo e à situação em Angola, Cabo Verde, Guiné-Bissau, São Tomé, Moçambique, Quênia, as duas Rodésias e Niassalândia.

Egito, Marrocos, Líbia, Guiné, Mali e Gana, que formavam, com o governo no exílio da Argélia, o chamado grupo de Casablanca, recusavam-se a aceitar a presença dos delegados mauritanos, alegando que o território que diziam representar era parte integrante do reino do Marrocos, dele arrancado pelo imperialismo francês. A descolonização, naquele caso, deveria dar-se com a reincorporação daquele território ao Marrocos, e não com a criação de um novo país. Contra essa postura e em favor do reconhecimento da Mauritânia, alinhavam-se a Etiópia, a Nigéria, a Libéria, a Serra Leoa e quase todas as antigas colônias francesas, capitaneadas por Sorou Migan Apithy, do Daomé. Os representantes mauritanos sentavam-se na sala ao meu lado e ficaram meus camaradas, mas não escondiam a impaciência para mudar de lugar e ter assento onde lhes cabia. A questão acabou por ser posta a voto, sendo as credenciais dos delegados mauritanos aceitas por amplíssima maioria.

Cada qual procurou bater com mais força, quando se abriu a discussão sobre o colonialismo português. E havia um fato novo, a alimentar os ataques: a tentativa, dias antes, em Luanda, de tomada de uma prisão onde se encontravam vários presos políticos ligados ao Movimento Popular de Libertação de Angola. Os delegados do Congo-Léopoldville acrescentavam a essa história uma outra, passada no mês anterior: a do motim de Antônio Mariano e seus correligionários de uma seita evangélica contra o plantio forçado de algodão, tendo por resultado a morte de vários portugueses.

Essas notícias corroíam a viga-mestra das instruções da delegação portuguesa: mostrar que reinava a paz nas chamadas províncias ultramarinas e que os partidários das independências não representavam a maioria das populações, ainda que gritassem em seu nome. Apesar do ambiente desfavorável, quase hostil, o seu chefe inclinava-se a fazer o discurso que trouxera de Lisboa, no qual mostraria que os números da economia do ultramar português superavam em muito os de quase todos os países africanos, e que os índices relativos à educação e à saúde melhoravam de ano para ano.

— É um discurso inútil — confidenciou-me, na sala do café, um jovem diplomata português, irmão de Sophia de Mello Breyner Andresen. — A questão não é econômica; é política. E a onda contra nós vai crescer, porque Salazar não cederá um centímetro em sua posição. Em vez de acompanhar os demais países europeus, vamos ficar sozinhos, a ser moídos de pancadas.

Thomaz era um diplomata competente e disciplinado, como tantos outros que formavam um corpo profissional de altíssima qualidade e que se mostraria capaz, durante três lustros, de defender com paciência, dedicação, elegância e habilidade uma causa que muitos consideravam errada e outros sabiam desde o início perdida. Um deles certa vez me disse:

— Um médico não escolhe paciente.

O estado de saúde do paciente era péssimo, e os médicos, embora bons, estavam proibidos de curá-lo.

170

Algumas semanas antes de minha chegada a Adis Abeba, um golpe militar tentara derrocar Hailé Selassié. Este encontrava-se fora do país, em visita oficial ao Brasil. Voltara às pressas — dizia-se que com a ajuda de

Juscelino — e retomara, sem grande dificuldade, o poder. Talvez para mostrar que era senhor da situação, promoveu, tendo por pretexto a reunião da Comissão Econômica para a África, um grande desfile militar, para o qual convidou todos os delegados.

Durante a parada, fiquei a meia dúzia de metros do imperador. E mal olhei as tropas que passavam, porque não conseguia despregar os olhos de sua figura. Estava diante de um herói de minha infância, pois, menino, lhe acompanhei a gesta — a luta contra os italianos, o exílio em Londres e a reconquista. Baixo, magro, delicado, de cor azeitonada, nariz ligeiramente adunco, olhos agudos, sobrancelhas espessas e negras como a barba que lhe emoldurava o rosto, vestia um uniforme cáqui, com debruns vermelhos nas golas e nos punhos. De quepe, tendo numa das mãos um bastão de comando, não se moveu durante todo o desfile. Mais parecia uma estátua. Fascinado com sua imobilidade, fiquei à espera de que algum inseto lhe pousasse no rosto, certo de que ele não faria o menor gesto para afastá-lo.

Horas depois, no meio de uma conversa, alguém me disse que tradicionalmente os neguses, nas ocasiões mais solenes, se apresentavam tendo a ladeá-los dois fâmulos, cada qual com um leão em sua trela. Como eu fizesse um ar de incredulidade, Muhammed Abderraman, um etíope que se fizera meu camarada, porque estivera no Brasil a tratar de assuntos de café, convidou-me para visitar o criadouro de leões do imperador.

Nas jaulas, havia animais de todos os tamanhos, embora predominassem os pequeninos. Vi os filhotes serem alimentados na mamadeira e a aprenderem a conviver com os humanos. Tinham as garras cortadas, para que não ferissem com seus agrados os domadores.

— É preciso cuidado com eles quando crescem, por mais mansos que pareçam — explicou-me Muhammed. — Mesmo com mordaça e com as unhas aparadas, um tapa desses bichos pode matar um homem.

171

Numa tardinha, saí a pé por Adis Abeba. Fugi do centro da cidade e fui ter a um bairro com casas de planta redonda, alvas de cal e cobertas de palha. A maioria das pessoas vestia-se de branco, com pequenos bordados ou estreitas tiras coloridas a marcar a borda dos panos. Quase todas as mulheres envolviam a cabeça com um tecido de algodão fino que lhes descia até quase os pés. Muitos homens usavam uma calça que se estreitava e colava nas canelas e levavam sobre a camisa uma espécie de toga.

Andava a esmo, quando dei com um mercado e, nele, uma série de barracas onde se vendiam objetos de prata, livros manuscritos com iluminuras, pequenos ícones e dípticos e trípticos que serviam de santuários portáteis. Defronte de uma dessas tendas, um artista pintava uma tela semelhante a outras que tinha à venda, com cenas da guerra entre italianos e abissínios.

Folheando os livros e vendo os quadros e os ícones, eu parecia que me transportava ao românico europeu, sobretudo ao ibérico. As figuras tinham os contornos marcados por linhas fortes e se dispunham em fundos chapados em amarelo, azul ou púrpura, sem sombras ou intenção de paisagem. Havia, porém, o gosto pelas flores, que, do mesmo modo que as roupas dos santos e das santas, minuciosamente decoradas, multiplicavam o colorido. As cruzes de prata eram elaboradíssimas: muitas delas assumiam a forma de losangos, e todas pareciam, de tão vazadas, renda.

Um dos vendedores, que se esforçava por falar inglês, disse-me que cruzes, ícones e livros eram antigos, muito antigos. Mas Muhammed Abderraman, a quem contei o meu passeio, me asseverou que não passavam de trabalhos recentes, e muitos deles, cópias. Cópias magníficas, pensei, que indicavam a continuidade de uma tradição artística.

— Os cristãos daqui e os estrangeiros compram essas cousas — disse-me, com um certo desprezo, Muhammed, que, como o nome indica, era muçulmano.

172

Na viagem de volta ao Cairo, não tirava os olhos da janela do avião e da paisagem espantosa que tinha abaixo de mim, com seus ferozes picos e abismos, interrompidos de vez em quando por uma *ambá*, nome que os etíopes dão a um enorme tabuleiro ou cone truncado de rocha em cujo topo os solos são propícios à agricultura e se cobrem de matas e pastagens. O aparelho parecia voar baixo, pois eu podia ver, sobre os platôs verdejantes, a cobertura cônica das casas das aldeias e até mesmo, num certo momento, um pequeno rebanho. De súbito, sem aviso, o chão caiu. Caiu de três mil metros de altura, ao longo de paredes quase verticais, e lá embaixo o que se via era uma planície imensa e acastanhada — e, nela, como um risco de lápis, o Nilo Azul.

Não contive a emoção. Fora ali, senti no correr do sangue, que eu começara, pois ali tivera início o que sabia da minha história.

173

Pedira à embaixada que me arranjasse um quarto no hotel Semíramis. Lá fiquei. Meus cômodos, como tantos outros, abriam para uma varanda que dava para um pátio. E a cama, com colchão e travesseiros de plumas, era coberta por um mosquiteiro. Na sala de estar, os móveis de vime, com almofadas de chintz florido, aumentavam a sensação de leveza, calma e claridade. Ali, vinham, dantes, repousar os donos do império. E cerzir intrigas.

Ao andar por suas salas, tinha a impressão de que nelas já estivera, o que não deixava de ser verdade, pois percorrera os ladrilhos de seus corredores com as personagens de vários livros de detetive e de espionagem que punham naquele hotel o seu cenário. Ao coser à realidade as lembranças do imaginado, não me surpreenderia se visse, sentados no bar, Agatha Christie e seu marido arqueólogo. Mas quem lá estava à minha espera era Nestor dos Santos Lima.

Conhecia Nestor do Itamaraty. Estivera rapidamente com ele, duas ou três vezes, e sabia da reputação de D. Quixote que tinha entre os colegas. Não se cansava, por exemplo, de advogar o uso do milho no pão quotidiano, a fim de reduzir-se a dependência brasileira das importações de trigo argentino.

Fui jantar com ele e Aracy. A conversa foi interessantíssima. Nestor procurava entender por dentro a vida egípcia, mas ao mesmo tempo não esquecia o Brasil. Estava escrevendo um livro, com uma nova interpretação do país, *A terceira América*, no qual mostrava as singularidades do Brasil no continente. Até o violão — mostrou-me ele — dedilhamos de modo distinto dos hispano-americanos. Nestor era o heterodoxo por excelência. Não se deixava arrastar pelo pensamento dos outros e punha olhos novos ou rejuvenescidos sobre os fatos, os gestos, os costumes e as cousas.

— Vou levá-lo — disse-me — ao grande cemitério do Cairo, que foi, de certo modo, favelizado. Você verá como os vivos se apossaram do território dos mortos.

Vi. As pessoas haviam invadido os mausoléus e neles dormiam, cozinhavam à sua porta e estendiam os varais de roupa entre um jazigo e outro. As crianças brincavam entre os carneiros.

Boa parte do Cairo parecia uma cidade européia do fim do século XIX, com avenidas retas, grandes rotundas, prédios neoclássicos, pontes sobre o Nilo com estátuas de bronze em cada ponta. A maioria das edificações pedia cuidados e tinta. Mais ainda, as casinholas e os casarões dos bairros antigos, com suas janelas de treliças e seus muxarabis a se debruçarem sobre as vielas estreitas e tortuosas.

Fomos à grande mesquita de Mehemet Ali, aberta para os turistas, e, depois, a uma pequena e pobre. Nesta, tiramos os sapatos, antes de entrar no pátio das abluções e no silêncio — um silêncio quase inexplicável, dado o bulício da rua em que ficava o templo. Um jovem veio perguntar-nos o que queríamos. Nosso chofer disse-lhe que éramos estrangeiros numa visita respeitosa. O rapaz fez questão de guiar-nos e explicou-nos — tudo o que dizia era traduzido para o inglês pelo chofer — o porquê do mirabe, a única parte azulejada da mesquita, e a posição da quibla:

— A olhar naquela direção é que rezamos.

Na tarde seguinte, Hélcio Tavares Pires, um pernambucano muito branco e de cabelos alourados e corridos, levou-me a um bazar. O odor de especiarias tomava o ambiente e pouco se atenuava naquelas seções onde, algumas vezes em lojinhas pequeníssimas, se vendiam vidros antigos, cutelaria, objetos de cobre e latão, tecidos, roupas, sandálias e jóias, muitas jóias. As menos valiosas expostas em banquetas; as de maior valor, guardadas em cofres.

— É com jóias que as mulheres egípcias de todas as classes sociais fazem o seu pecúlio — ensinou-me Hélcio. — Cobram jóias dos maridos e dos filhos e aplicam em jóias as suas economias. As jóias funcionam como um seguro em caso de divórcio ou viuvez.

Em cada loja que entrávamos, ofereciam-nos café e uma conversa interminável. Comerciar não significava apenas comprar e vender, mas estabelecer novas relações humanas. Era um exercício de convívio. Uma forma de usar o tempo. E estávamos nisto, quando o dono de uma loja que vendia antiguidades e artigos de segunda mão entendeu que éramos diplomatas brasileiros. Pôs um braço em torno dos ombros do Hélcio e disse-lhe:

— Tenho aqui uma preciosidade que poderá interessar-lhes.

Foi para o fundo da loja e voltou com um uniforme bordado a ouro: uma farda de embaixador brasileiro.

174

De volta a Lisboa, punha o ponto final no meu relatório sobre a reunião de Adis Abeba, quando explodiram as notícias sobre o levante no chamado Congo português. Não era mais um simples ataque a uma prisão, mas algo muito mais violento e mais sério. Falava-se em dezenas — havia quem dissesse centenas — de portugueses mortos e de estradas cheias de foragidos. Os congos, sob a liderança de Holden Roberto e de sua União dos Povos Angolanos e com o apoio de Léopoldville, cujo presidente, Joseph Kasavubu, também era congo, tinham iniciado uma verdadeira guerra e corriam boatos de que já dominavam partes do noroeste de Angola. Era de prever-se que o MPLA não ficaria atrás e logo surgiriam novos focos de rebelião armada. Os estudantes angolanos com quem tínhamos contactos não demoraram em dizer-nos que a baixa de Caçanje estava para sublevar-se.

Lisboa não escondia a estupefação. Os que sabiam do mundo pela leitura dos jornais da terra mostravam-se perplexos: as notícias contrariavam tudo o que tinham aprendido sobre o ambiente de harmonia e concórdia prevalecente, ao contrário do que sucedia no resto da África, nas províncias portuguesas do ultramar. Só a intervenção externa explicaria aquela violência. Tudo fora montado no exterior e, se o MPLA era um instrumento da União Soviética, a UPA havia sido instigada pelos missionários protestantes norte-americanos. Não era Holden Roberto um evangélico? E não defendia publicamente a independência de Angola a senhora Eleonor Roosevelt?

Até mesmo aqueles que conheciam a realidade angolana e sabiam da insatisfação crescente dos africanos e do descontentamento dos colonos foram surpreendidos pelo furor da revolta. Num primeiro momento, a oposição dividiu-se: alguns consideraram inaceitável a brutalidade das ações armadas; outros a explicaram como o resultado das humilhações a que os brancos submetiam os negros e do cansaço diante da imobilidade do governo português. A paciência se esgotara.

175

Os irmãos Augusto e João Sá da Costa pediram-me que indicasse alguém que pudesse coordenar a parte brasileira de uma enciclopédia que a livraria Sá da Costa pretendia lançar. Na direção, estava Celso Cunha, ao lado dos portugueses Manuel Rocha e Vitorino Magalhães Godinho, mas não se esperava dos diretores que cuidassem do dia-a-dia da obra. Cabia-lhes tão-somente definir o espírito e traçar os rumos gerais da enciclopédia.

Sugeri o nome do Fausto Cunha, que foi convidado a viajar a Lisboa, a fim de conhecer o projeto. Ficou hospedado em nossa casa e, nos intervalos das reuniões que tinha com Idalina Fonseca, João Sá da Costa, Fernando Piteira Santos e Joel Serrão, saía comigo para conhecer a cidade e fuçar as livrarias e os alfarrabistas. Falava o tempo todo e parecia não prestar atenção a nada. Mas prestava. Tanto assim que, durante a visita aos Jerônimos, me explicava a Torre de Belém, que tínhamos acabado de ver. E, na igreja da Madre de Deus, descrevia os Jerônimos. E no Museu das Janelas Verdes, a Madre de Deus. Tudo nele se voltava em palavras, mas com atraso.

Tinha antenas agudíssimas. Logo após as primeiras reuniões na editora, anunciou-me:

— Esse rapaz, o João Sá da Costa, está enamorado dessa sua assistente, a Idalina; e ela, dele.

E estavam, pois não se passou muito tempo para que se casassem.

O Fausto, após o entusiasmo inicial, desistiu de coordenar a parte brasileira da Enciclopédia Focus. Tive, por isso, de assumir a tarefa, da qual o grande ganho para mim foram as amizades de Idalina e João Sá da Costa. E também a de Augusto Abelaira.

Foi este quem, num coquetel em minha casa, em homenagem ao Fausto Cunha, me chamou a atenção para a conversa animadíssima entre dois escritores portugueses que pensavam, em política, de forma diametralmente oposta: um salazarista e o outro marxista. Acheguei-me. Falavam de pintura holandesa do século XVII, como dois velhos amigos. Quando um deles se despediu, o outro perguntou-me:

— Quem era aquele rapaz inteligentíssimo com que passei boa parte da noite a conversar?

Ouviu-lhe o nome com um ar espantado. Tinha o outro, sem o jamais ter visto, como um dinossauro.

Não me contive:

— Ele, que é leitor de cummings e admirador de Albers e Ben Nicholson, provavelmente pensava o mesmo de um neo-realista como tu.

A falta de liberdade levara ao radicalismo: era difícil a quem não concordava com o regime elogiar publicamente grandes figuras intelectuais como Armando Cortesão, Reynaldo dos Santos ou Teixeira da Mota, que alinhavam com Salazar. Havia quem julgasse incorreto até mesmo falar bem de uma obra excepcional como os *Portugaliae Monumenta Cartographica*, por ser tida como uma iniciativa do regime.

176

Fomos ao aeroporto esperar os aviões da FAB que levavam da Itália para o Brasil os ossos dos pracinhas brasileiros, até então enterrados no cemitério de Pistóia. Fui, disciplinadamente, embora fosse contra a iniciativa. Não via por que retirar do campo relvado, com suas cruzes brancas, os rapazes mortos na guerra, para colocá-los em gavetas na cripta de um monumento no Rio de Janeiro, longe do local do sacrifício. Tinham morrido na Itália; que na Itália ficassem, como testemunho e memória.

Aterrissara o primeiro avião e seus ocupantes estavam cumprimentando as autoridades militares portuguesas, quando vimos o segundo, ao baixar, bater no chão e começar a incendiar-se.

— Há a bordo um companheiro sem pernas! — gritou o general que comandava o grupo (Cordeiro de Farias, se está certa minha lembrança) e correu para o avião.

Corremos todos, mas foi ele quem primeiro subiu as escadas da aeronave e voltou com o pracinha mutilado. Este estava bem, mas os pilotos tinham as mãos terrivelmente queimadas.

Os bombeiros debelaram com presteza o fogo. E começaram a retirar do bojo do avião as urnas com os restos mortais dos nossos soldados. Muitas delas estavam parcialmente destruídas.

Convocamos um grupo de marceneiros para fazer novas urnas, idênticas às que se haviam danificado. Compramos novas caixas de metal, para substituir as que o fogo havia comprometido. E passamos o resto da tarde e a noite a transferir, cuidadosamente, das urnas queimadas para as novas, à medida que estas chegavam, os ossos dos pracinhas. Mais do que comovidos, quase a rezar.

177

Numa exposição de pinturas, Waldemar da Costa apresentou-nos a Regina e Vergílio Ferreira. Após meia hora de conversa, estávamos amigos.

Regina tinha modos bruscos e fala e feições duras. Modos, fala e feições mentiam: ela não demorava em revelar-se afetuosa e compassiva. Não nos despedimos sem que se queixasse, como faria tantas vezes, do egoísmo do marido, que não lhe deixava tempo nem espaço para tratar dela própria. Disse-nos que só tinha folga quando estava dando aulas. Cedo descobrimos, porém, que a iniciativa dos cuidados era dela, temerosa da fragilidade física de Vergílio.

Este, com uma mecha dos cabelos quase sempre despenteados a cair sobre a testa, nos olhava aflito: o excesso de pessoas na sala o incomodava. Dele, havia lido o seu último livro, *Aparição*, que todos punham nas alturas. Era um bom romance, muito bem escrito, de linhagem eciana, mas não me movera. Mais tarde, à medida que fui conhecendo melhor o Vergílio, cresceu o meu convencimento de que *Aparição* estava muito aquém dele. Talvez fosse uma espécie de carta de alforria: o êxito daquele romance lhe dava a liberdade para ousar mais, como faria admiravelmente depois, para pôr noutros enredos tudo aquilo de que, agonicamente, nos falava.

Fausto Cunha saía de uma conversa com Jones Rocha como de uma surra num ringue de boxe. Comigo passava-se o mesmo com Vergílio Ferreira. Ele era uma máquina de moer por dentro os seres humanos. E ninguém antes dele encontrei mais capaz de tentar explicar-me a dor do mundo.

Um homem amargo, hipocondríaco e melancólico, hipersensível e analítico, Vergílio sabia rir — e não só das imitações e das piadas do Tòssan —, e mexericar, e falar mal da vida e dos livros alheios. Seu nível de exigência, com os outros e consigo próprio, era altíssimo. Pedia muito e cobrava ainda mais.

Soube de pronto que gostava do convívio dos amigos. No dia seguinte àquele em que nos conhecemos, convidou-nos para jantar em sua casa, na avenida dos Estados Unidos da América. Foi lá que encontramos pela primeira vez o casal Isabel da Nóbrega e João Gaspar Simões.

178

Isabel da Nóbrega era uma moça bonita, de olhos lindos — grandes, claros e felizes. João Gaspar, cabelo cuidadosamente penteado para trás, ainda que partido do lado, tinha o seu quê de aristocrata bonachão e elegante. De Isabel, eu ainda não conhecia os livros. Dele, era um velho leitor, e não só da *Vida e obra de Fernando Pessoa*, pois lhe acompanhara os artigos de crítica que saíram semanalmente, durante mais de dois anos, no suplemento *Letras e Artes* de *A Manhã.* Nesse jornal do Rio, João Gaspar Simões escrevia sobre livros brasileiros com o conhecimento de quem vivesse no Brasil.

Durante o jantar, alguém relembrou Ribeiro Couto e o período em que servira na embaixada. Os artistas e escritores jovens portugueses faziam ponto na casa do poeta e até lhe perdoavam a salazarice. Cada semana que se passava, mais Ribeiro Couto fazia o elogio de Salazar. Talvez para contradizer a rapaziada que o procurava.

— Ele reclamava a nossa atenção para as novidades da França e do Brasil — recordou João Gaspar. — Modernizava-nos, porque estava em dia com o mundo. Todos nós, pintores, escultores, romancistas, poetas, críticos e músicos, alguns quase meninos, nos rendíamos à riqueza de seu convívio.

Tinha sido a partir da estada em Lisboa de Ribeiro Couto que a literatura brasileira começara a exercer influência sobre a portuguesa. A partir de Ribeiro Couto e da criação da editora Livros do Brasil, de António de Souza-Pinto.

— Terás notado — voltou-se para mim Isabel — não serem poucos os rapazes e as moças que levam consigo obras de Jorge Amado, Érico Veríssimo e José Lins do Rego. Graças às edições da Livros do Brasil, tanto esses autores, quanto outros como Gilberto Freyre, estão em boa parte das casas portuguesas.

— O que está sucedendo atualmente — reclamou Vergílio — é que novos nomes não se somam a esses. Em matéria de poesia, por exemplo, ficamos em Manuel Bandeira, Jorge de Lima e Carlos Drummond de Andrade, que tanto nos marcaram. Não estamos tendo novos deslumbramentos, como o que experimentei quando, rapazola, li pela primeira vez Érico Veríssimo.

— Mas já tomamos conhecimento de João Cabral de Melo Neto, Clarice Lispector e João Guimarães Rosa — atalhou João Gaspar Simões.

— Nós, os escritores — retrucou Vergílio. — O público leitor, ainda não, por falta de edições portuguesas. A não ser o João Cabral, de quem Guimarães Editores lançou há pouco um livro de poemas.

— Um livro novo, e antes de sair no Brasil — acrescentei.

E contei-lhes como persuadira Leonor e Francisco da Cunha Leão, que controlavam a editora, a publicar *Quaderna.* E que António de Souza-Pinto me pedira, havia alguns meses, que lhe indicasse novos nomes para a sua coleção de autores brasileiros. Sugeri-lhe, além de Clarice e Rosa, Lygia Fagundes Telles, Dalton Trevisan, Herberto Sales e Samuel Rawet. Quanto a Rosa, Souza-Pinto decidira começar com *Sagarana,* mas com uma condição: que eu apresentasse o livro aos portugueses e para ele fizesse um glossário. Eu andava a trabalhar nisso.

179

Quando um amigo chegava aos trinta anos, eu costumava recitar-lhe alguns versos, os poucos que sabia de cor, de um poema de Paulo Armando:

Amargo 30 anos
de onde vens?

Amargo fim do dia.

Não vens do mar aberto nem do amor,
dos anjos nem da morte.

Amargo 30 anos
de carvão e tédio.

Agora, estava a fazer trinta anos e a desenhar o meu auto-retrato no espelho. Os meus trinta anos, ao contrário dos de Paulo Armando, não eram um amargo fim de dia nem estavam feitos de carvão e tédio. Neles prolongavam-se as melhores horas de minha infância, aquelas sem o travo da orfandade, nas quais tinha as mãos de meu pai sobre os meus ombros. No espelho, vi que continuavam em mim as feições do rapazinho mimado.

Mimado pela mãe, pela avó, pelas tias, pelas irmãs, pelas amas Dirinha e Teté. Não perdera o olhar tristonho. Nem o jeito de quem pede amparo. Um amparo que sempre tivera e continuava a ter.

Os trinta anos desenhavam o meu rosto com as linhas do menino e lhe punham os cabelos despenteados do adolescente. Dos dois, eu perdera o ar atrevido. A poesia, ao tornar-se serena, me serenara. Percebi que nunca estivera sozinho diante do espelho e que tinha atrás de minha imagem todos os meus.

Apertei as pálpebras para ver melhor. Sentia remorsos por estar feliz. À minha volta, o mundo arquejava e se movia impiedoso e pesado. Alguns de meus melhores afetos já se acostumavam à umidade das lágrimas, e eu pouco fizera para consolá-los. Pedia, porém, todos os dias, a um deus em quem não acreditava que não permitisse que eu espalhasse sofrimento ao meu redor.

180

O ministro Afonso Arinos, acompanhado de seu chefe de gabinete, Mario Gibson Barboza, viera de Dacar, onde fora representar o Brasil na posse do presidente Léopold Sédar Senghor. Tinha por missão anunciar ao governo português que não mais acompanharíamos Portugal nas votações nas Nações Unidas. Os diplomatas jovens lotados em Lisboa não escondíamos a satisfação: tirava-se de cima do Brasil um fardo pesado.

Arinos contou-nos como havia sido a entrevista com Marcelo Mathias: tensa, difícil, carregada de emoções. O ministro português, com lágrimas nos olhos, não aceitava nem compreendia que o Brasil deixasse ao abandono Portugal. Estendeu-se sobre a presença multissecular de Portugal na África e reiterou enfaticamente que o seu governo não pretendia trair a história e não cederia às pressões: Guiné, Cabo Verde, São Tomé, Angola, Moçambique, Goa, Timor e Macau eram parte integrante e inalienável do território nacional português. Sem as províncias ultramarinas, Portugal se apoucava: tornava-se uma faixa de terra, com pouco solo e muita pedra, entre a Espanha e o mar.

Dias depois, a delegação do Brasil em Nova York votou a favor da inclusão da questão de Angola na agenda da assembléia geral. Quando, porém, se esperava que acompanhasse a maioria na recomendação ao governo português para que adotasse medidas imediatas que levassem à independência dos territórios coloniais, veio a reviravolta. Pressionado, Jânio Quadros mudou de idéia e deu ordem para que não se votasse contra Portugal. Não deixamos de pensar, os rapazes da embaixada, que Juscelino Kubitschek tinha razão.

181

O governo brasileiro resolveu enviar uma missão especial a vários países da costa atlântica da África, chefiada pelo deputado Coelho de Sousa. Fui nela incluído. E saí de Lisboa para Dacar e dali para Freetown, onde estava o resto do grupo, a representar o Brasil nas cerimônias da independência da Serra Leoa. Os outros membros da missão eram Wagner Pimenta Bueno e Sizínio Pontes Nogueira, ambos diplomatas.

Estavam à minha espera, no aeroporto de Dacar, o encarregado de negócios do Brasil, Carlos Augusto de Carvalho e Souza, e o professor Pedro Moacir Maia. Pedro Moacir era um daqueles rapazes e moças que se haviam agrupado em torno de Agostinho da Silva, no Centro de Estudos Afro-Orientais, em Salvador, e se espalhado pelas universidades africanas, a fim de aprender a África, sob o pretexto de ensinar o Brasil.

Passamos a tarde juntos, a visitar a cidade. Sob um céu poeirento, as casas pareciam pedir ainda mais por pintura e, nas ruas, misturavam-se, sem os limites das calçadas, numa balbúrdia e num esplendor de colorido, ônibus, bicicletas, pedestres, automóveis e rebanhos de cabras. De repente, vi à nossa frente meia dúzia de moças, altas, esbeltas e com um andar de uma elegância de imaginária realeza. Usavam turbantes e vestiam roupas coladas ao corpo, de uma só cor — azul, verde, amarela —, sobre as quais punham um manto branco, de tecido leve e fino, que mais mostrava do que escondia.

— São jalofas — ensinou-me Pedro Moacir. E me foi mostrando e explicando outras coisas, com inteligência e sensibilidade.

Moço feioso e entanguido, Pedro Moacir já adotara Dacar. Estava em casa na universidade. E não passaria muito tempo para encontrar uma tipografia na qual pudesse continuar a publicar, em pequeninas edições, livros e páginas dobradas que formavam uma antologia do bom gosto em artes gráficas. Eu, que já tinha um exemplar da tradução do *Cemitério marinho* por Darcy Damasceno — um livrinho lindo feito por ele —, tornei-me uma das pessoas felizes que recebiam pelo correio, dentro de uma sobrecarta com um desenho de um anjo a tocar trombeta, esses poemas de papel de Pedro Moacir Maia.

Pedro Moacir levou-me ao Instituto Francês da África Negra, e vi que lá conhecia todo o mundo. Apresentou-me a Theodore Monot e outros historiadores, geógrafos, arqueólogos e antropólogos. Não lhes guardei os nomes porque então me diziam pouco, mas gosto de imaginar que entre aqueles a que apertei a mão estivessem Raymond Mauny, Ives Person ou Vincent Monteil.

182

Quando cheguei a Freetown, as comemorações da criação do novo estado já haviam terminado. Não tive tempo para desarrumar a mala, pois logo seguimos de avião para Acra.

Passados quatro anos, continuava viva em Gana a euforia da independência, a que se somava a convicção de que lhe cabia conduzir os destinos da África. A bandeira da estrela negra estava por toda parte, e por toda parte viam-se retratos de Nkrumah — alguns enormes, a cobrir as fachadas dos edifícios. O país, que contava com boas reservas de moeda forte, graças às suas exportações de cacau, manganês, ouro e madeiras finas, se alegrava de iniciativas. Eram numerosas as construções a meio caminho, e quase todas de prestígio. E, mais por prestígio do que por necessidade, criara-se uma companhia marítima de transportes. E uma outra, aérea. De quase todos ouviam-se palavras sobre a iminência de um futuro de bem-estar e riqueza. De quase todos, porque alguns poucos já se ressentiam do autoritarismo de Nkrumah, a quem acusavam de perseguir os adversários e neutralizar os amigos que lhe pudessem fazer o menor retalho de sombra.

— Esse excesso de retratos de Nkrumah, e nos lugares mais inesperados, não é bom prenúncio — comentou Coelho de Sousa. — Sou capaz de apostar que, nos dias de festa cívica, os estudantes saem às ruas carregando cartazes com a imagem do presidente, como fazíamos durante o Estado Novo.

Velhinho simpático, o deputado pertencia a uma pequena agremiação política, cuja militância quase que se limitava ao Rio Grande do Sul. O Partido Libertador era parlamentarista, e seus membros, pela seriedade e cultura, respeitadíssimos. Caracterizavam-se pela pouca paciência com as tentações autoritárias: desconfiavam de quem sabia tudo e podia tudo. Para eles, a democracia media-se pelo respeito ao dissenso e às correntes minoritárias.

Fomos ver Kwame Nkrumah na companhia do encarregado de negócios, Sérgio Corrêa do Lago. Nkrumah, com um início de calvície a aumentar-lhe a testa, era um homem elegante e imponente. Bonito, ao seu jeito. Falou-nos sobre a importância de que se estreitasse a colaboração já existente entre o Brasil e Gana para proteger os preços internacionais do cacau, e sobre os seus projetos de industrialização do país, mas passou a maior parte do tempo a discorrer sobre a urgência da unidade africana. Dividida — disse-nos —, a África era frágil; unida numa federação, imporia respeito ao resto do mundo.

Saí do encontro decepcionado. Nkrumah parecia estar repetindo o que já sabia de cor. E me perguntava se alguma vez também José Bonifácio e Thomas Jefferson não teriam dado a seus interlocutores a mesma impressão de conversa rasa e sem nada mais além das frases já esperadas.

Do palácio fomos para a chancelaria da embaixada, para fazer um telegrama ao Itamaraty, relatando a entrevista, e tomamos uma surpresa: o escritório funcionava numa garagem.

— Foi o que pude alugar com a importância que para isso me destinaram — justificou-se Sérgio Corrêa do Lago. — Não há casas suficientes para abrigar todas as embaixadas que se instalaram nos últimos três anos em Acra, nem tampouco os seus funcionários. Com o que pagamos pela residência da embaixada — e vocês verão que é uma casa simples, de classe média no Brasil, com duas salas interligadas e três quartos — daria para alugar uma bela mansão na Europa. Salas para escritórios, por serem poucas, ainda são mais difíceis e, em alguns casos, os proprietários cobram luvas abusivas.

Sérgio não nos escondeu que a próxima vinda de um embaixador o apavorava. Ao sair da residência oficial, não teria onde morar com a mulher. O seu ordenado não dava para alugar uma casa.

Abriam-se embaixadas na África, mas sem os recursos para que pudessem funcionar corretamente. E esses tinham de ser várias vezes superiores aos de uma pequena missão diplomática na Europa ou no continente americano. Com os vencimentos que ganhavam, nem os diplomatas nem os funcionários administrativos brasileiros conseguiam um teto sob o qual pudessem viver com suas famílias. Era necessário, como se passava com outros serviços diplomáticos bem organizados, que tivessem casa paga pelo governo, bem como a educação dos filhos, muitas vezes necessariamente fora dos países onde estavam lotados, e que se assegurasse, em caso de doença grave, viagem rápida para os Estados Unidos ou para a Europa, já que a ida para o Brasil tomaria o dobro do tempo e exigiria pelo menos uma baldeação.

183

Foi de Sérgio Corrêa do Lago a idéia de, em vez de tomar um avião, irmos para Lagos de automóvel.

Saímos de manhã, cedinho. A estrada não era má e, às suas margens, sucediam-se as aldeotas de casas de sopapo cobertas de palha. Em alguns casos, grupos de cubatas tinham sua privacidade protegida por cercas de esteiras. Noutros, pude rever, mais de uma vez, uma cena que trazia da infância: uma velhota, curvada, a varrer com um feixe de gravetos o pátio em frente à sua casinhola. Ao lado desta, era fácil reconhecer os mandiocais e as capoeiras, embora muitas galinhas andassem ciscando à solta.

Próximo ao rio Volta adensou-se a vegetação. Como éramos cinco no automóvel — um grande rabo-de-peixe americano —, o sistema de ar-condicionado não se mostrava suficientemente forte para coibir o calor e a umidade. Quando, porém, junto ao rio, paramos e abrimos a porta, ficamos em poucos minutos cobertos de suor.

Atravessamos o Volta numa grande balsa. Ao entrarmos no Togo, parecia que estávamos no Nordeste brasileiro, tão semelhante podia ser a paisagem. Na maioria dos trechos, via-se o mar da estrada. Noutros, atravessávamos extensos palmeirais. Numa praia cheia de pirogas, um grupo de homens, como se estivéssemos na Bahia, puxava, cantando, uma enorme rede do mar. De repente, vimos uma placa a anunciar uma cidadezinha: Porto Seguro. Isto mesmo: Porto Seguro. E, à beira da estrada — o que se repetiria mais adiante, em Lomé e Anexô —, multiplicavam-se as pequenas casas de alvenaria, pintadas de branco, azul ou amarelo, que seriam idênticas, se estivessem cobertas de telhas, às de um vilarejo brasileiro. Em várias delas, dedicadas ao comércio, podiam-se ver, no alto das fachadas ou em placas de madeira, os nomes Lima, Barbosa, Da Rocha, Oliveira, Medeiros, Souza e Da Silva.

— São casas de agudás, ou brasileiros, como eles preferem ser chamados. Descendem de ex-escravos que retornaram do Brasil para a África — explicou Sérgio.

Contei aos demais minha experiência no Brazilian Quarter de Lagos. E avancei que o próprio presidente do Togo, Sylvanus Olympio, era agudá.

— É pena que nossa missão não se estenda ao Togo — comentou Coelho de Sousa. — Se há um lugar onde o Brasil deveria estar presente com uma embaixada, é este.

— E não só este, mas também o Daomé, onde algumas das principais famílias têm raízes brasileiras. Se não me engano — completei —, a mulher do presidente Hubert Maga pertence a uma delas.

Não demorou, por sinal, e estávamos no Daomé, sem que se alterasse a paisagem e sem que, ao longo do caminho, deixassem de correr contra o carro casas térreas e assobradadas em tudo semelhantes às brasileiras e placas e inscrições com sobrenomes em português.

— Vamos passar por Ajudá e fazer uma visita ao forte — anunciou Sérgio.

A chamada fortaleza de São João Batista de Ajudá era um casarão em tudo parecido a uma sede de fazenda brasileira. Estava cercada por um muro alto, tendo à porta um grande escudo de Portugal e dois canhões antigos. O tamanho do terreno não era maior do que o de uma boa quinta suburbana.

Vivia na fortaleza um oficial do exército português, sem guarnição sob o seu comando. Contava com vários ajudantes, quase todos recrutados entre os agudás que formavam boa parte da população da cidade. Recebeu-nos com alegria e nos mostrou a casa-grande, e as hortas, e o pomar. Era em cuidar de tudo aquilo que passava o tempo, sem deixar de, todas as manhãs, hastear a bandeira das quinas e, ao anoitecer, descê-la do mastro. Levou-nos ao pequeno cemitério, que também cabia dentro dos muros, e pudemos observar quão breve se tornara a vida para aqueles que ali foram servir ao império. Em algumas lápides, marcavam-se não apenas as datas de nascimento e morte de quem a pedra se queria lembrança, mas também a da chegada à África: este alferes desembarcara em abril de 1870 e falecera em julho do mesmo ano, e aquele outro não resistira às febres por mais de doze meses.

— Sou muito bem tratado pela gente da cidade — confessou-nos o comandante. — Sobretudo pelos agudás, que me consideram um deles e têm a fortaleza como parte de seu patrimônio coletivo.

Perguntei-lhe pela casa do Chachá Francisco Félix de Souza. Podia levar-nos até lá, se tivéssemos tempo, que não tínhamos. Mas me contou que o grande mercador de escravos estava sepultado dentro de seu quarto, ao lado da cama de jacarandá, e que tinha sobre o túmulo a imagem de São Francisco de Assis, de quem era, contraditoriamente, devoto.

Três meses mais tarde, o nosso oficial, premido pela multidão que reclamava para o Daomé o pequenino enclave, pôs fogo na fortaleza. E foram os agudás que acudiram com baldes d'água, para salvar o prédio.

Não teria havido invasão nem incêndio, se o governo português tivesse ouvido o brasileiro. Eu contara ao ministro Afonso Arinos o que vira em Ajudá. E ele sugerira que Brasil e Portugal criassem, com o beneplácito do governo daomeano, no casarão de Ajudá, um centro universitário dedicado aos estudos do Atlântico. Para Salazar uma iniciativa como essa representava, porém, uma cedência inaceitável de soberania. O casarão de Ajudá era parte inalienável do território português.

184

Ao sairmos, na manhã seguinte à chegada em Lagos, da sala de café, estavam à nossa espera, no saguão do hotel, duas senhoras idosas. Uma delas, de óculos, e com um lindo turbante, adiantou-se e nos disse num português muito doce:

— Como vão os meus patrícios?

Chamava-se Romana da Conceição, era pernambucana e havia chegado a Lagos, ainda menina, no início do século. Com os pais, falava português. E em português se entendia com outros retornados do Brasil. Os velhos amarôs ou brasileiros foram, porém, morrendo, e já eram poucos, pouquíssimos, os ainda capazes de se expressar na nossa língua. A sua companheira falava alguma cousa. Ela era fluente, embora aqui e ali surgisse uma palavra inglesa.

D. Romana não escondia seu contentamento em poder conversar conosco no idioma de sua infância. Tinha saudades do Recife, mas, havia muito tempo, não encontrava alguém que viesse do Brasil e a consolasse da nostalgia. Nas festas da independência, soubera da delegação brasileira e correra, com um filho, para o hotel, na vã esperança de encontrá-la. Agora tivera mais sorte. Queria que fôssemos à casa dela, no número 196 da rua Bamgbose. E repetiu-nos o convite: iríamos conhecer outros brasileiros.

Por mais que quiséssemos — e queríamos muito — não pudemos ir ao Bairro Brasileiro. Nossa estada em Lagos era apenas de dois dias e tínhamos um programa oficial intenso e delicado, pois nos cabia antecipar aos nigerianos que, por coerência com a doutrina que havíamos seguido em nossos contenciosos no passado, iríamos apoiar os Camarões na sua disputa de limites com a Nigéria.

A missão foi recebida como um gesto amigo. E, para nossa surpresa, o ministro do Exterior disse-nos que compreendia as dificuldades que tínhamos em votar contra Portugal nas Nações Unidas. Disse-nos mais: que nossos vínculos com Portugal poderiam vir a ser de utilidade para a África, pois éramos o melhor candidato para intermediar o difícil diálogo entre Lisboa e os movimentos que lutavam pela independência.

185

Ao chegar a Iaundé, soubemos que o presidente Ahmadou Ahidjo se encontrava no norte do país, no Adamaua, e que insistira em que esperássemos dois ou três dias por sua volta. Apesar dos transtornos que isso causava ao nosso calendário, Coelho de Sousa resolveu atender ao presidente. E tanto o chefe do protocolo quanto o ministro do Exterior fizeram o possível para que fossem agradáveis os dias de espera.

Fui ao pequeno museu da cidade e, fascinado, como estava, pelo que tinha visto até então sobre as cavalarias africanas, passei um bom tempo numa sala onde se reuniam trajes e adornos dos guerreiros fulas e arreios de suas montarias. Não descansei os olhos de uma túnica para outra, com seus ricos bordados, e dos capacetes de couro ou de metal, encimados de crinas de cavalos ou pêlos de outros bichos, e das rédeas e selas ornadas de contas e placas metálicas, e das lanças, das espadas, dos sabres e dos machados. Acompanhou-me na visita Alain Gheerbrant, que era o diretor do centro cultural francês e me disse, ao apresentar-se, ter refeito, na região fronteiriça do Brasil com a Venezuela, o roteiro de Theodor Koch-Grünberg. Falamos um bocado sobre índios e suas lendas, mas a conversa não alcançava o que eu queria, porque, todas as vezes em que desviava o diálogo para a escultura bamiliquê ou os tamboretes rituais dualas, quase idênticos na forma aos dos acãs, ele voltava a Macunaíma e aos taulipangues.

A conversa mais interessante que tivemos foi com um grupo de camaroneses, durante um almoço em Mbalmayo. Saímos para a cidade de manhãzinha, de automóvel. O ar era cinza-claro, e via-se o céu arredondado, de um horizonte a outro, por cima do verde gasto da savana. De vez em quando, surgia uma pequena mata ciliar ou, numa baixada, um arvoredo de cujas copas se alteava, contrastante, um caule esguio rematado por um esgalhar com folhas que se abriam como a palma da mão. Respirávamos os grandes espaços, felizes com a viagem.

Na casa do *maire*, estavam os grandes da cidade e suas mulheres. E foram elas que, sorridentes, nos serviram o almoço, sem que se sentassem à mesa.

Todos se mostravam preocupados com as notícias do Congo-Léopoldville. A última, a detenção de Tshombé pelos militares, no aeroporto de Coquilhatville. Um de nós aventou que ele poderia ser assassinado, como fora Lumumba.

— Os políticos congoleses têm-se mostrado incompetentes e irresponsáveis — disse um dos nossos hospedeiros, com a aprovação dos demais —, porém ainda não ficaram inteiramente loucos. Se Tshombé for morto, o *muata ianvo* ou rei dos lundas, seu sogro, se levanta em guerra. Será uma vingança sem tamanho.

— O caso de Lumumba foi diferente — acrescentou um outro. — Lumumba era um político citadino, destribalizado, como vocês dizem. Tinha prestígio entre as massas urbanas, mas lhe faltava o apoio de uma grande etnia, ao contrário de Kasavubu, que é chefe congo, ou Tshombé, grande dignitário lunda, ou Albert Kalondji, que comanda os lubas.

E um terceiro acrescentou:

— O que não entendem os europeus e americanos sem experiência pessoal africana é que nossas primeiras obrigações são com a família, a linhagem, o clã, o grupo étnico. Chamem a isso tribalismo ou lhe dêem o nome que quiserem, mas quem não compreender o nosso sistema de fidelidades não tem a chave da África. É possível que daqui a dez, quinze, vinte ou cinqüenta anos seja diferente, mas no momento ainda é assim. Todos nós à volta desta mesa, por exemplo, temos os Camarões por nossa pátria e queremos construir um país unido e próspero, porém, nos momentos de crise, lá no fundo da alma, cada um de nós se sabe um homem de sua família e da aldeia de seus pais, um bamum, um bamiliquê, um duala, um margi, um fula, um ticar, um bassa, um isubu.

E, após uma pausa:

— Se eu estiver morando em Paris, num apartamento pequeno, e chegar à cidade um parente meu, ele irá diretamente para a minha casa, e tenho o dever de abrigá-lo. O mesmo se passa no plano político: nas horas difíceis, tenho de ser fiel aos meus, ainda que pense diferente deles.

Ao lado do deputado Coelho de Sousa, estava um senhor idoso muito elegante, dono de uma cadeia de lojas espalhada pelo país. Em algum momento da conversa, ele mencionou que tinha sido pajem de Guilherme II. E começou a contar suas aventuras de menino africano na corte de Berlim. Coelho de Sousa falou-lhe em alemão. No mesmo instante, *Monsieur* Bolô (era este o seu nome) transformou-se em *Herr* Bolô: empertigou-se; mudou a maneira de sentar-se e de gesticular; perdeu o ar descansado e descontraído; tornou-se um outro homem, sem deixar de ser gentil.

De volta a Iaundé, convidou-nos para jantar num restaurante, passando antes por sua casa para tomar um drinque. Homem muito rico, morava num quarto-e-sala no alto de uma de suas lojas, mas tinha no pátio três automóveis de luxo, um deles um Rolls-Royce descapotável.

— Por aqui, somos assim — explicou-me o chefe do cerimonial. — Em geral, não damos maior atenção à casa, mas cuidamos de nossa aparência na rua. É na rua que mostramos *status*. Nas roupas, nos carros, no número de pessoas que nos acompanham.

186

Um dia antes de nossa partida de Iaundé, um telegrama do Itamaraty instruiu-me a desligar-me do grupo em Abidjã e seguir para Lisboa, a fim de acompanhar o embaixador Negrão de Lima numa viagem a Angola.

O governo português solicitara ao brasileiro que este enviasse uma missão àquele território africano, com o objetivo de sobre ele recolher informações diretas. Para isso, assegurava aos visitantes a mais ampla liberdade de movimento e de contactos. Salazar havia sido claro em sua conversa com Negrão: ele poderia ir aonde quisesse, conversar com quem desejasse e requerer das autoridades o que julgasse necessário.

Viajamos para Luanda, Negrão, Thiers Martins Moreira e eu. Lá, juntamo-nos a Frederico Carlos Carnaúba, o primeiro cônsul brasileiro em Angola, depois de um hiato de mais de cem anos, durante os quais Portugal não permitira uma representação consular do Brasil em suas colônias.

Ao descermos do avião, já nos aguardava uma multidão com bandeirinhas portuguesas. E as bandeirinhas portuguesas nos acompanharam por toda parte, agitadas principalmente por mãos infantis. Havia um espetáculo montado para cada uma de nossas horas, e, desde a primeira conversa com o governador, fomos submetidos a uma intensa pregação.

Nesse encontro, o general Deslandes discorreu sobre as barbaridades que se haviam cometido no norte de Angola e o fanatismo dos congos da UPA, que iam para o combate convencidos de que tinham o corpo fechado pelos feiticeiros e de que os grigris os protegiam. Antes de qualquer ação, ressaltou, os gangas ungiam os guerreiros com ungüentos, para que as balas, ao lhes tocar o corpo, se transformassem em água.

Não resisti e comentei, enquanto o general fechava a cara:

— Estamos diante de equivalentes africanos às missas antes da partida das tropas portuguesas e às medalhas de santos que os soldados levam ao pescoço.

Ao chegar ao hotel, Negrão já estava convencido de que o iriam festejar o tempo todo e só o deixariam ver e sentir o que interessasse ao governo português. Instruiu-nos, por isso, a Thiers e a mim, que, sempre que possível, nos desprendêssemos dele e procurássemos todas as formas de contacto com a gente da terra.

Thiers trazia apresentações para Óscar Ribas, Ernesto Lara Filho e alguns outros intelectuais e artistas, e esses nos abriram as portas da União de Escritores Angolanos. Logo estávamos entrando nas casas de seus amigos e sendo procurado nos cafés pelas mais diferentes pessoas. Não nos escapou que algumas das mais solícitas podiam ser, e eram, agentes da polícia secreta. Mas tínhamos de provocar e espicaçar os nossos interlocutores e incitá-los à controvérsia, para que fôssemos nos aproximando das várias faces da realidade.

Foi assim em Luanda, Novo Redondo, Lobito, Benguela, Nova Lisboa, Silva Porto, Moçâmedes e Sá da Bandeira, entre visitas a escolas, hospitais, estabelecimentos agrícolas modelos e fábricas de cerveja, cimento, cerâmica e farinha de peixe. Em algumas cidades, houve comícios de apoio a Portugal, em frente à casa onde estávamos hospedados. O maior deles foi em Benguela.

O governador do distrito tinha a alcunha de "Garganta do Império". Era um orador tonitruante e trouxe, após um jantar oficial, praticamente toda a cidade para a praça em frente ao palácio.

Pela manhã, havíamos estado numa igreja onde havia a sepultura de um inconfidente mineiro. Negrão passara demoradamente a mão sobre a lápide, visivelmente comovido e, quando, à noite, o governador, após haver gritado, gargarejado e trinado por mais de meia hora, lhe deu a palavra, o meu chefe contou à multidão a visita que fizera à igreja, a forte impressão que lhe causara encontrar nela um herói brasileiro, e de sua terra, e pôs-se a explicar o que fora a Inconfidência Mineira, detendo-se em suas causas — os privilégios dos reinóis, a cupidez da Metrópole e a falta de liberdade — e na figura de Tiradentes. Entreolhamo-nos, Thiers e eu: se o deixássemos, no embalo emocionado em que ia, Negrão terminaria a fala com um viva à independência. Dei-lhe uma cutucada e cheguei minha apreensão ao seu ouvido. Quando lhe fomos dizer boa noite no quarto, ele não escondeu o ar maroto com que recordou o discurso.

187

Uma grande emoção nos estava reservada em Moçâmedes. A cidade era linda, espremida entre um mar muito azul e o branco levemente amarelado do deserto, sobre o qual pousava um céu sem nuvens. Fora, por assim dizer, refundada, na metade do século XIX, por um grupo de portugueses e seus filhos brasileiros, que saíram de Pernambuco, inconformados com as perseguições e os maus tratos dos movimentos que se conhecem como "mata marinheiro". No cemitério, vimos uma vintena de campas, onde, abaixo do nome do morto, se indicava que nascera no Recife.

Lembrei-me de um livrinho de Gilberto Freyre, *Em torno de alguns túmulos afro-cristãos*, e perguntei pelo outro campo-santo.

— Não têm a menor importância — declarou quem nos acompanhava. — Lá só há tumbas de pretos.

Mas tinham importância, e muita, os túmulos dos negros. Predominavam as lápides verticais, encimadas por cruzes elaboradíssimas. Na pedra, esculpiam-se em relevo figuras de santos ou — o que era inesperado — um grupo de pessoas, em trajes domingueiros, a olhar-nos de frente. Alguns sepulcros, de gente mais abonada, mostravam, de pé sobre a campa, a imagem de um santo ou a do defunto, de paletó e gravata. E em muitos deles havia um pequeno recipiente para receber a comida e a bebida que os familiares traziam para o morto.

O que me diziam esses túmulos, com suas esculturas que obedeciam mais aos cânones africanos do que aos europeus, e muitas delas coloridas, é que, sendo cristãos os que ali estavam enterrados e cristãos aqueles que lhes deram sepultura, o cristianismo ou, melhor, o catolicismo de uns e de outros estava impregnado de tradições e ritos da terra. Eram católicos mas continuavam africanos.

188

De volta a Luanda, Negrão manifestou ao general Deslandes o desejo de ir ao norte, à região onde operavam as guerrilhas. E deixou claro que queria visitar a zona das operações militares. O governador advertiu que iríamos correr perigo, ao que Negrão respondeu que estávamos em Angola para isso.

Fomos de avião até Carmona e dali, de avioneta, até um campo de pouso do exército, mais ao norte. Depois, seguimos num comboio de carros militares, com soldados fortemente armados, para uma das áreas onde se lutava.

A partir de um certo ponto, a estrada de terra deu lugar a uma trilha estreita, ladeada por um capinzal com quase dois metros de altura. Eu ia no banco da frente do jipe que abria o cortejo, e o alferes que guiava o carro pediu-me que verificasse o porta-luvas:

— O senhor deve ter aí uma pistola, para o caso de sermos atacados.

Expliquei-lhe que nunca havia pegado numa arma na vida, a não ser, menino, numa carabina de ar comprimido. Não sabia atirar e me recusava a atirar em quem quer que fosse. Além disso, parecia-me que, se no capinzal estivessem escondidos guerrilheiros, não teríamos, em caso de ataque, nós que estávamos à frente do comboio, tempo para a menor das reações.

Enquanto estivemos no chamado Congo português não ouvimos um tiro sequer. Um capitão comentou que não tinha vivido ultimamente dias tão calmos como aqueles. Parecia que Holden Roberto, tendo sabido pelo noticiário radiofônico de nossa viagem, pedira aos seus que não nos causassem o menor dos incômodos.

Vimos alguns dos estragos da guerra. E nos mostraram armas capturadas aos insurrectos. Havia uns poucos rifles automáticos e metralhadoras portáteis; o grosso era de espingardas carregadas pela boca, produzidas localmente. Os ferreiros congos faziam bem o gatilho e o cão, mas não dominavam a técnica de fundir um longo cilindro oco. Os canos das armas eram, por isso, cortados de canos de água. Sem estrias, só era possível com elas atingir o alvo à pequeníssima distância.

Pedi a um dos oficiais que me presenteasse com uma daquelas espingardas. Ele a pôs nas minhas mãos, acompanhada por uma caixinha de couro onde se guardavam as balas, simples pedaços de ferro. Voltei para Luanda com a arma a tiracolo e a pus na minha bagagem para Lisboa.

189

Luanda lembrava Niterói. Uma Niterói sem ter defronte o Rio de Janeiro. Fora dos mercados, era uma cidade limpa, bem varrida e sem lixo acumulado nas ruas, como, aliás, as outras, menores, que havíamos visitado. Tinha o seu toque de prosperidade. Os próprios musseques não pareciam, proporcionalmente, maiores do que as favelas cariocas, nem neles se encostavam umas às outras as construções efêmeras de tábuas de caixote e caixas de papelão, como sucedia nas *bidonvilles* européias, das quais nos dera uma descrição pungente o filme *Milagre em Milão*, de Vittorio De Sica. Com suas casinholas de sopapo, cobertas por folhas de palmeira ou zinco, os musseques de Luanda mais se assemelhavam a cidades tradicionais africanas encravadas numa urbe que se queria européia.

As escolas estavam bem montadas, e os centros de saúde, também. Mas tinha-se a sensação nítida de que atendiam preferencialmente, e nesta ordem, aos brancos, aos mulatos e àqueles africanos que Leo Frobenius chamava de negros de calças, e os portugueses, de assimilados. Olhava-se de cima para baixo a gente da terra que se mantinha fiel a seus costumes tradicionais. Para se ser reconhecido como cidadão tinha-se forçosamente de aportuguesar-se.

Ninguém se queixou da economia, que caminhava bem. Angola era um dos maiores fornecedores mundiais de café, além de produzir para o mercado externo algodão, sisal, açúcar, milho, mandioca, azeite-de-dendê, amendoim e farinha de peixe. Exportava diamantes, cobre, ferro, manganês e petróleo. Possuía bons portos, estradas que não eram piores do que a dos outros países da África e começava a ter indústrias — de refino de petróleo, cimento, produtos de borracha, tabaco, tecidos de algodão, cerveja e refrigerantes, cerâmica e óleos vegetais. Do que se reclamava era da falta de liberdade, do descaso pelo que pensavam e queriam os nascidos em Angola, da grosseria e arrogância dos metropolitanos, das perseguições da polícia, da discriminação contra os negros e da hostilidade às suas culturas, da carga tributária que sobre eles incidia e que os obrigava a descuidar do cultivo dos alimentos para o consumo da família em favor da produção de bens exportáveis, do trabalho forçado e das corvéias que deles requeriam os administradores e de tudo mais que caracteriza uma situação colonial. Os negros, mulatos e brancos com que conversamos, todos ou quase todos, aspiravam à independência.

Esse era, porém, o único ponto de consenso. Os que se alinhavam com o MPLA viam os partidários de Holden Roberto como racistas negros e os acusavam de querer separar de Angola o que fora o antigo reino do Congo. Os simpatizantes da UPA acusavam Mário Pinto de Andrade e Agostinho Neto de estalinistas e europeizados, quando não a serviço dos brancos. Os ovimbundos consideravam-se excluídos pelos dois movimentos: tinham a UPA como inteiramente conga e o MPLA como um partido dos ambundos, dos assimilados e das cidades contra o campo. Mostravam-se todos mais violentos em relação uns aos outros do que contra os portugueses. Uma aliança entre eles parecia impensável.

Em Benguela e, depois, em Luanda, um grupo de profissionais que representaria um outro partido, a Frente de Unidade Angolana, teve acesso a Negrão e o deixou muito impressionado com sua proposta de uma Angola multirracial e multipartidária. Para Thiers e para mim, no entanto, a FUA não passava de um disfarce do MPLA, de uma roupa que esse vestira para brasileiro ver.

Tínhamos a impressão, aliás, de que para todos os agrupamentos políticos era importante como o Brasil os via. Pois, nos ambientes citadinos, mostrava-se forte a presença do Brasil. Em Luanda e em Benguela, não eram poucos os que ouviam as emissoras de rádio de Pernambuco, como se estivessem no Recife, e entoavam as canções da bossa nova. E o milhar de exemplares da revista *O Cruzeiro* que chegava a Angola passava de mão em mão e de casa em casa. David Nasser era o mais lido de todos os brasileiros, ainda que os amigos dos livros admirassem Jorge Amado, Manuel Bandeira, Jorge de Lima, Érico Veríssimo e José Lins do Rego. O curioso é que obras de Jorge Amado proibidas de circular em Portugal iam ter, não sei por que caminhos, a Angola, e ali eram vendidas.

190

No aeroporto de Luanda, alguém nos disse baixinho que a polícia tinha começado a prender e a interrogar as pessoas que haviam conversado conosco. Um ou dois dias depois, em Lisboa, a oposição nos confirmou a notícia.

Negrão ficou furioso. Tinha ido a Angola com a garantia de que teria absoluta liberdade de movimentos e que poderia entender-se com quem quisesse. As prisões desmanchavam uma promessa em que acreditara. Pediu ao Ministério dos Negócios Estrangeiros que se apressasse a audiência com Salazar, solicitada mal descera do avião em Portela de Sacavém.

Acompanhei-o a São Bento. Fiquei na ante-sala e não ouvi as palavras que trocaram o meu chefe e o presidente do conselho. Sei, porém, que Negrão entrou zangado, saiu zangado e exigiu a imediata libertação de todos os detidos.

Foi uma conversa demorada. No automóvel, Negrão, ainda irritado, disse-me:

— Imagine que comentei com Salazar o quanto me tinham impressionado as potencialidades econômicas e humanas de Angola, e perguntei-lhe se já havia lá estado. Você sabe o que ele me respondeu? Que ainda não tinha tido tempo... E repare que está há trinta anos no poder.

191

Verinha abria a casa todas as noites de sábado. Terminado o jantar, ficávamos conversando, ouvindo música e dançando até de manhãzinha, quando se servia o café da manhã, a menos que decidíssemos sair de carro, em caravana, até o cais de Alcântara, para tomar chocolate quente no meio dos pescadores.

Poucos bebiam álcool, e esses bebiam pouco. O que nos embalava era a riqueza do convívio, a camaradagem franca, o palavreado irresponsável e sobretudo a alegria da dança. Havia os que não faltavam um sábado — Manuela e Tòssan, Zozô e Waldemar da Costa, Isabel da Nóbrega e João Gaspar Simões, Regina e Vergílio Ferreira, Beatriz e Carlos Botelho, Maria Alberta Menères e Ernesto Manuel de Melo e Castro, Titilde, Maritza e Rogério de Freitas, Olinda e Luís Dourdil, Maria Fernanda e Amílcar Castanhinha, Lena e Gil de Cantos, Orlando da Costa, Vespeira, Manuel Baptista — e outros que apareciam de vez em quando, como Alexandre O'Neill, com a namorada da semana, Sophia de Mello Breyner Andresen, às vezes acompanhada pelo marido, Francisco Sousa Tavares, de bico e esporões armados, como um bom galo de briga, Adriano de Gusmão, Carlos Miguel de Araújo, Charrua, Yvette Centeno e João Vieira. Havia ainda aqueles que apareciam sempre que vinham a Lisboa, como Agripina e António Ramos Rosa, que moravam no Algarve, Alberto de

Lacerda, que vivia em Londres, e, de Coimbra, Paulo Quintela. Este último não estava para madrugadas e saía logo depois do jantar, o mesmo sucedendo com Salette Tavares e Ruy Belo. Muitos só nos acompanharam nas noitadas uma única vez, como Almada Negreiros, Eduíno de Jesus e Vitorino Nemésio.

Ninguém reclamava da barulheira porque éramos os únicos inquilinos do prédio. Todos os demais apartamentos estavam vazios e assim ficaram durante quase todo o tempo em que lá moramos. O edifício, que ganhara o concurso anual de arquitetura, o Prêmio Valmor, fora desenhado pelo filho de um grande exportador de café e algodão de Angola, e esse senhor não queria alugar os apartamentos, com medo de que lhe estragassem a obra-prima do filho.

192

Muitas vezes conversamos, E.M. de Melo e Castro, Salette Tavares e eu, sobre escrever poemas para o cinema. Sonhávamos com palavras que formassem versos na tela, versos que fossem feitos de letras e imagens, e nos quais estas substituíssem aquelas, e aquelas, estas, e ambas se completassem. Cheguei a desenhar um desses poemas e indaguei de um colega da embaixada, Jorge Alberto Nogueira Ribeiro, que fazia, nas horas vagas, cinema, se se dispunha a enfrentar o desafio comigo. Ouviu-me com paciência e depois me disse que o projeto só poderia ser posto na tela por quem dominasse as técnicas do desenho animado.

As várias páginas do que era o roteiro do meu filme-poema acabaram por virar uma só, e um poema convencional, "Rito de iniciação", em que tentei pôr a cantar duas vozes, a minha e a de meu pai. Longe ficava daquela nossa ambição, minha, de Salette e de Ernesto, e também de uma outra, que tantas vezes lhes confessei: a de escrever um poema polifônico, no qual vários textos se desenvolvessem lado a lado e se fundissem no fim de cada estrofe.

Queríamos mesmo era invadir as outras artes, embora estivéssemos fartos de saber o quanto já era difícil fazer poesia com versos. O nosso ofício era duro e não se confundia com a facilidade dos que punham no papel o que lhes passava pela cabeça ou pelas bordas do coração.

193

A notícia chegou pelo telefone: o presidente renunciara e o Brasil estava aparvalhado. Os que tinham posto em Jânio Quadros suas esperanças dividiam-se entre o desalento e a indignação.

A notícia nos surpreendeu na embaixada, mas não nos espantou. Nos poucos dias de convívio com Jânio, havíamos aprendido que era capaz de toda a sorte de desatinos, lição que seus oito meses arrogantes de governo, com os bilhetinhos desaforados, os atos impulsivos e muitas vezes contraditórios, a falta de respeito pelos aliados e pelos adversários e as palavras impensadas haviam confirmado.

Com a renúncia, o governo voltava às mãos dos que haviam sido derrotados nas últimas eleições. E nós, a olhar de Lisboa, nos perguntávamos se os militares contrários a Lott, que ocupavam os comandos com Jânio, aceitariam devolvê-los aos seguidores do general. Com a vantagem da distância, inquietava-nos a perspectiva de uma longa crise castrense. Pressentíamos que aquela luta interna dos homens fardados iria acentuar-se e não teria trégua tão cedo.

Entre os civis, como se sentiriam aqueles que, desde o Estado Novo, combatiam Vargas e, após a euforia de tê-lo pela primeira vez derrotado, assistiam, pela irresponsabilidade de um truão, ao retorno ao poder dos vencidos? Eu imaginava a depressão de que estariam tomados Manuel Bandeira, Gilberto Freyre, Osório Borba, Paulo Duarte e Rachel de Queiroz.

A renúncia ter-se-ia esgotado na extravagância do gesto, se, em vez de dois candidatos à vice-presidência, Jânio tivesse tido a acompanhá-lo apenas um, fosse Milton Campos ou Fernando Ferrari. Ao dividir-se entre esses dois nomes o eleitorado que votou em Jânio, João Goulart, que formara a chapa com o general Lott, elegera-se vice-presidente.

Algum tempo antes da renúncia, eu conhecera Milton Campos, que, elegante, amável, polido, inteligente e culto, me dera a impressão de estar diante do visconde do Uruguai ou de Joaquim Nabuco. Encontrei-o na residência da embaixada, onde se hospedava com Negrão de Lima, seu amigo e adversário político. Quando Negrão, ao apresentar-me, disse meu nome, Milton Campos perguntou-me:

— O senhor é parente do Da Costa e Silva?

— Sou filho — respondi-lhe.

E ele:

— Fui um grande leitor do poeta. Meninote, mais de uma vez o vi nas ruas de Belo Horizonte.

E, num jeito de quem acabava de lembrar-se de alguma cousa, retirou do bolso a carteira, e dela, um papel dobrado em quatro, no qual estavam datilografados estes versos de meu pai:

As Horas cismam no ar parado;
— Passado.

As Horas bailam no ar fremente:
— Presente.

As Horas sonham no ar obscuro:
— Futuro.

194

Manuela e Tòssan, que se tinham tornado nossos grandes amigos, viviam a três quadras de nós. Víamo-nos quase todos os dias. E, numa tarde em que lamentávamos, Verinha e eu, não poder ir de férias à Espanha, por causa das crianças — uma coisa era levá-las, num passeio de um ou dois dias, a Óbidos, Tomar, Bragança, Guimarães ou Sagres, e outra, fechá-las num automóvel e em hotéis durante um mês —, Tòssan correu com a solução: ele e Manuela se mudariam para nossa casa e tomariam conta de Elza Maria e Toninho, que os adoravam.

Tòssan fazia para eles todo tipo de desenhos e, enquanto enchia álbuns inteiros de meninos jogando pião ou pulando amarelinha, e de hipopótamos, macacos, cacatuas, girafas, vacas e carneiros, lhes dizia versos que só para nós eram sem pé nem cabeça, pois nossos filhos os ouviam às gargalhadas. Tòssan só tinha um aspirante a concorrente: Manuel Baptista, que encantava as crianças com seus ratinhos de desenho animado.

Após alguma hesitação, Verinha resolveu aceitar a oferta de Tòssan, e lá nos fomos para a Andaluzia.

195

Chegamos a Sevilha no fim da tarde e saímos, à noitinha, para um passeio pelo bairro de Santa Cruz, como nos havia aconselhado, meses antes, João Cabral de Melo Neto, quando lhe anunciamos a intenção, que se frustrou, de uma ida à cidade:

— Comecem a visita pelo bairro de Santa Cruz, se possível à noite, para entender a limpeza da cidade. O seu tamanho certo. A sua roupa bem cortada, onde só a catedral sai da medida.

Contra o céu que se fazia cada vez mais negro, era das paredes brancas das casas, com suas janelas cheias de gerânios, que parecia emanar a claridade, e não das lâmpadas acesas. As ruas ainda estavam tranqüilas, mas havia nelas um ar de festa, um rumor de água a cair de torneiras abertas e um cheiro de flores a conversar com um outro, mais forte, de azeite-doce. A noite descia, quente, até o chão.

Já conhecia de outras cidades o esplendor das fachadas iluminadas contra o céu estrelado. Mas foi em Sevilha que a força da alvura ganhou a minha alma.

Os brancos de Mondrian se sujaram em pouco tempo; os de Zurbarán, não. E, embora tivesse visto alguns quadros do espanhol nos Estados Unidos, nenhum me havia conquistado a lembrança. Ali, em Sevilha, pasmei diante dos buréis alvos dos monges de Zurbarán. Da multiplicidade de brancos que neles havia. E de como o branco, que parecia uma ausência de cor, era capaz de cantar.

Estava imerso nesse deslumbramento, quando comecei a assombrar-me com a riqueza dos castanhos de que se vestiam outros frades. Com o vidrado das louças sobre as mesas. Com a rugosidade dos pães. Fui dos objetos e das roupagens para os rostos dos homens, quase sempre tensos e nos quais não consegui encontrar um único sorriso.

Outra grande revelação foi a de Valdès Leal com as celebrações da morte do Hospital de la Caridad. Nessas "*Postrimerías*", a gadanha da morte tudo abate, corta e dilacera. São telas sem piedade e sem a esperança da ressurreição.

A quietude e a alegria nos aguardavam no Alcácer de Sevilha. Já conhecia de livros os palácios de arquitetura moura andaluza, mas, tão logo nele entrei, compreendi que nenhuma foto seria capaz de reproduzir a riqueza de desenhos, volumes, luz e sombra do rendilhado de seus arcos e paredes. E nem sequer — o que parecia mais fácil — o colorido de seus ladrilhos e azulejos. Não fechei a boca enquanto estive no pátio das Donzelas, tomado por uma vontade imensa de deixar-me ficar deitado no chão, sem cansaço de olhar e de ouvir. De ouvir o escorrer da água de um prato para o outro na fonte que havia no seu centro.

Do Alcácer, era só atravessar a praça para pisar na calçada da catedral. Dentro e a ajuntar-se ao mole gótico florido somavam-se outros estilos, mas sem furtar do primeiro o predomínio e o vôo. Os portais antigos já eram de cortar o fôlego, mas não anunciavam o espanto do retábulo maior, onde mais de um milhar de personagens reproduzem toda a história sagrada, nem a beleza estonteante da grade que o guarda. No meio da nave, para onde quer que me voltasse, o olhar subia.

196

Em Sevilha, se me obrigassem a escolher entre o Alcácer e a catedral, ficava com esta. Já em Granada, não consegui despregar-me do Alhambra.

Passamos, é certo, uma tarde inteira a admirar a Sé, sobretudo a sua Capela Real e, nesta, o gradil do cruzeiro e os quadros dos primitivos flamengos, dois dos quais, uma piedade de Van der Weyden e um tríptico da paixão de Dierick Bouts, de uma pureza de linhas e uma serenidade nascida da aceitação da dor, não sairiam do museu de minha memória.

A essa tarde na catedral, seguiram-se mais de seis visitas ao Alhambra, em diferentes horas do dia. Queria ver como mudavam as suas cores, conforme o andar do sol — de um areia rosado-claro a um castanho profundo e quase vermelho, que se podia voltar em ouro velho ou num ocre do qual não se ausentava um quê de prata.

Ficava a zanzar de sala em sala e de um pátio a outro, a admirar as colunas esbeltas, tão esbeltas que, em sua fragilidade, pareciam sustentar tetos de nuvens, e as paredes rendadas ou a simularem enormes tapetes, nas quais o trabalho no estuque atingiu um esplendor que jamais se repetiria, e os tetos em favos de colméia, um deles, o da sala das Duas Irmãs, a girar em vórtice sobre nossas cabeças e a conduzir o nosso olhar para o centro do infinito.

Para meu pai, a palavra Alhambra era sinônimo de beleza. Uma beleza voluptuosa e calma, que se refletia nos espelhos d'água e musicava nas fontes no meio dos pátios e nos canais que as ligavam. Lavei o rosto com a água que saía da boca de uma das feras de pedra do pátio dos Leões e, estonteado, compreendi que muitas das salas funcionavam como varandas para os pátios internos e se abriam com amplas janelas para o exterior, deixando ver os altos álamos e todo o verdor que emoldurava a cidadela e se estendia até o Generalife. Andei por seus jardins, sabendo que em meus passos estavam os de meu pai.

197

Entramos em Córdova por volta das duas e meia da tarde. Fazia um calor terrível, e a luminosidade me cortava os olhos. Tudo o que eu desejava era o consolo de uma sombra, no que era o início de uma forte enxaqueca. Sobre mim, o sol crescia.

Refugiei-me no ar refrigerado do quarto do hotel e consegui dormir. Mas, no dia seguinte, ao acordar, ainda estava zonzo. E zonzo fui visitar com Verinha a grande mesquita, transformada em catedral. Era suave a luz dentro do templo, e o olhar não sabia que rumo tomar entre os renques intermináveis de colunas ligadas por dois pisos de arcos listrados, a imitar um jogo infinito de espelhos.

Junto ao que fora o mirabe, vimos aproximar-se um casal de muçulmanos, ela, atrás do marido, coberta por uma burca marrom, com uma pequena abertura gradeada para os olhos, como se vestisse a sua cela. Tive de domar a minha curiosidade — era a primeira vez que via uma burca — e mudei a direção do olhar. Aquela mulher escondida por um grosso pano castanho não combinava com as paredes rendilhadas da arquitetura árabe: era uma espécie de borrão escuro naquele esplendor de arcos e colunas.

198

Madrid, para mim, foi o Prado. Não deixei de ir a esse museu uma só das manhãs que passei na cidade. Caminhava por suas salas de espanto em espanto. Se me demorei várias vezes diante dos Bosch, fiquei ainda mais tempo a olhar fascinado para os Rubens e os Velásquez, como se estivesse vendo as suas obras pela primeira vez. E, de certo modo, estava, pois nada do que encontrara nos museus americanos podia comparar-se ao que tinha à minha frente. Sem que soubesse, nascia naquelas manhãs a minha paixão por Rubens, por suas pinceladas largas e o movimento em ondas de seus grandes espaços. Também girava, em Velásquez, a roda de "*Las hilanderas*", mas quase a pedir-nos segredo, como se tudo se encostasse ao mistério e este não estivesse apenas além daquela porta que se abria, num quadrado de luz, para a sala onde o pintor compunha um outro quadro, dentro de um quadro povoado de infantas e com reis num espelho, a que chamou "*Las meninas*".

Outro que, naqueles dias, me agarrou de vez a alma foi Goya. Todo o Goya. O Goya que se foi mudando ao longo da vida: o alegre e dançarino, o da luz do meio-dia, o irônico e o sarcástico, o inquieto, o indagador e o misterioso, o inconformado, o rebelde, o amargo, o angustiado, o noturno, o feroz, o trágico, o desesperado — e quantos mais? Convenci-me de que, se não tivesse havido pintura antes de Goya, ele a teria inventado. E em seus quadros, desenhos e gravuras encontrava em germe tudo o que se fez depois dele.

Uma das obras da Quinta del Sordo ressurgiria várias vezes nos meus pesadelos de solidão e abandono: aquela em que, contra um céu borrado em vários tons de ocre, a cabeça negra e cinza de um cão se ergue, pequenina, focinho apontado para cima, de detrás de uma espécie de elevação castanha-escura.

Goya sabia não haver explicação nem destino para a dor da vida e a desenhava grotesca a fim de poder suportá-la. Apesar disso, insistia em perguntar: Por quê? Por quê? Por quê?

199

Aldemir Martins chegara da Itália com Cora e Mariana. E, logo nos primeiros dias, sem os cuidados que tínhamos em evitar o assunto, entrou numa discussão com um amigo português sobre o conflito em Angola. Esse lhe empurrou o dedo no peito:

— O que acharia você se a ONU exigisse que se devolvesse o Brasil aos índios?

— Acharia ótimo, porque sou índio.

Mais índio, nem dançando, pintado de caju e urucu, no Araguaia. Assim o vi desde o momento em que entrou a rir na minha sala. Eu o conhecia de nome, fotografia e histórias contadas pelos meus e seus amigos Aluísio Medeiros e Antônio Girão Barroso. Começamos a conversa com as saudades deles e fomos por aí afora, já íntimos após quinze minutos.

Aldemir trazia de Roma uma série de litogravuras e desenhos em nanquim de grande formato, a maioria medindo um metro por oitenta centímetros. As litogravuras eram poderosas; os desenhos, além de fortes, tinham movimento e, apesar do tamanho, apresentavam-se tratados com a minúcia e a precisão de miniaturas. Num bumba-meu-boi, por exemplo, o boi e um Mateus de braços abertos dançavam alegremente no espaço branco do papel, e o tecido que cobria o arcabouço de varas do falso animal ondulava e, à luz do sol, tremia. A impressão que tínhamos era a de que Aldemir passara toda a vida a desenhar para atingir aquela intensidade criadora.

Mariana entendeu-se maravilhosamente com Elza Maria. Eram da mesma idade, ou quase, e, todas as manhãs, Verinha as levava, encapotadas como esquimós, para brincarem no parque de Monsanto. E, pelo menos três noites por semana, Aldemir, Cora e a filha jantavam em nossa casa. Sempre num ar de festa, pois Aldemir distribuía alegria.

Numa dessas noites, trocávamos histórias do sertão cearense. E Aldemir, de caneta na mão, começou a desenhar ao mesmo tempo que falava. Deu-me depois o papel, com um cangaceiro belíssimo, o melhor que dele vira até então.

— Guarde para você.

Com medo de que o papel se amarrotasse, fui até a estante e o coloquei dentro de um livro. Dormi e acordei por vários dias, sem me lembrar do desenho. Quando o fui buscar para mandar enquadrá-lo, não mais me lembrava do volume em que o pusera. Baixei duas ou três prateleiras, e nada. Sobrou-me a esperança de que, algum dia, ao reler ou folhear um de meus livros, lá encontre, de carabina na mão e a olhar-me de frente, o cangaceiro.

200

Desde algum tempo, arrastava-se nas Nações Unidas a disputa entre Lisboa e Nova Délhi sobre Goa, Damão e Diu, que a Índia queria reincorporar a seu território e Portugal considerava parte integrante do seu. De repente, a paciência indiana esgotou-se e, ao arrepio da doutrina da não-violência que pregava, suas tropas invadiram os enclaves portugueses. Diante da superioridade dos números, não houve praticamente resistência, e, de um dia para outro, como era o Brasil que cuidava dos interesses portugueses na Índia, a Embaixada em Lisboa viu acudirem à sua porta dezenas de pessoas a querer notícias de familiares, fossem soldados ou não, que tinham em Goa.

Em Nova Délhi estava o secretário de embaixada José Leal Ferreira Júnior, um diplomata requintado e culto, filho ou neto de portugueses, que tinha o gosto do Oriente e paixão pela Índia. Aquele rapaz amigo dos livros mostrou-se de uma eficiência extraordinária: era raro que passasse mais de dois dias sem responder com precisão sobre o paradeiro e a saúde daqueles por quem perguntávamos. Estabelecemos ligação direta por telex com Nova Délhi, e todos nos vimos envolvidos nesse trabalho de acalmar os aflitos.

Todos, menos eu. Isso porque Negrão chamou-me à sua sala e me disse:

— A reação do governo português eu já conheço. Você se ponha em campo, para saber o que pensa a oposição.

A oposição apresentava-se dividida. Havia os que sustentavam que a Índia tinha razão, ao querer eliminar de seu território os últimos resquícios do colonialismo europeu. Outros responsabilizavam Salazar e seu regime pelo desastre: Portugal perdia parte de sua história porque não ousara propor um plebiscito na Índia Portuguesa, no qual os seus habitantes decidiriam o que desejavam por destino. Se houvesse democracia no espaço português, argumentavam, a Índia teria de condicionar o seu pleito à vontade popular e era de esperar-se que esta se inclinasse por Portugal. Alguns lembravam, porém, o abandono secular em que Lisboa deixara Goa, Damão e Diu, com o que se alienara a fidelidade dos seus habitantes. E não faltavam os que denunciavam a agressão indiana: Nehru havia traído Gandhi.

Uma amiga nossa, casada com brasileiro, d. Júlia Mota, goesa que, de sari, passaria despercebida numa rua indiana, estava indignada. Nem Salazar nem Nehru haviam perguntado aos seus o que queriam:

— O que quero é nunca mais ouvir esta palavra, Índia. Tirou-me parte de mim; tirou-me Goa.

Orlando da Costa, que acabara de lançar um romance pungente sobre a Índia Portuguesa, *O signo da ira*, e era um duro opositor do salazarismo, tinha os olhos tristes:

— Digo-te, mas não em público: entendo e até defendo o basta de Nehru, porém a invasão me feriu e amargurou. Quando me olho no espelho, vejo um indiano nascido em Lourenço Marques. No entanto, sou português. Um português que é um pouco mais português do que os outros, porque de Goa. De Goa de onde vem a minha gente e onde vivi menino. Sinto-me, hoje, depois da invasão, como se me tivessem amputado a infância.

201

Havia um ano e meio que eu vivia em Lisboa como se não tivesse saído do Brasil. Andava por suas ruas como se nelas morassem as minhas saudades. E descia a rua do Carmo com o mesmo passo com que atravessava a praça do Ferreira. Pois Lisboa tinha mais de Fortaleza que do Rio de Janeiro.

Não encontrava dificuldade em estacionar o meu automóvel no Chiado, defronte da livraria Bertrand, ou logo ali, na rua Ivens. E, se me esquecia de fechar a porta do carro, não voltava atrás, seguro de que ninguém iria levá-lo embora ou furtar o pacote de livros que deixara no banco traseiro.

Tampouco me passava pela cabeça que Vera pudesse correr risco ao voltar sozinha da ópera, por volta da meia-noite. Os amigos despediam-se dela à porta do Teatro São Carlos, e ela vinha guiando até a avenida Visconde de Valmor, onde morávamos. Mal o carro apontava na esquina, já o guarda-noturno saía a correr para abrir o portão da garagem de nosso prédio.

Os guardas-noturnos de Lisboa tinham, como os serenos de Madri, as chaves dos edifícios. Ao bater de palmas, acudiam solícitos e a dar boa-noite. Dizia-se que eram agentes da polícia política e que a informavam de tudo o que se passava nos quarteirões que cada um deles tinha a cargo. É possível que alguns o fossem, postados próximo às residências dos inimigos do regime. A maioria, porém, não cuidava de vigiar os vizinhos e garantia a tranqüilidade das ruas. De resto, não se precisava do escuro para conspirar e falar mal do governo. Isso se fazia, em voz alta ou aos cochichos, todas as tardes, nos cafés.

Nos cafés corriam as notícias que não vinham nos jornais. Sem ir à Brasileira do Chiado, não se sabia o que se passava, ou imaginava que se passava, em Lisboa e no resto do país, assim como nos meios de exilados na França e na Inglaterra. De vez em quando, alguém boatava que os militares estavam inquietos e preparavam uma revolta ou que Salazar adoecera gravemente. Ou chegava até as mesas com a notícia de que Fulano fora preso.

Eu me aportuguesara, e isto não era bom para o meu trabalho, porque perdia aquele distanciamento necessário a uma análise política desapaixonada. Mas o que fazer? Por mais que me esforçasse para me imaginar fora de casa, sentia-me sempre, em Portugal, num prolongamento de minha pátria, o que se acentuava quando, nas viagens para o norte, me detinha nas aldeias, diante das casas de pedra, das tulhas e dos campos lavrados. Eu sofria de um bucolismo incurável, e minha poesia bem o mostrava. Criança, em Fortaleza, morara no fim de uma longa rua, que tinha início à beira-mar, passava pelo centro comercial e ia, depois de vários quarteirões, desmanchar-se num caminho de terra ladeado por chácaras, roças de feijão, mandioca e milho, terrenos baldios e currais onde se ia tomar, de manhãzinha, leite mungido. Passava as férias em Sobral, na casa carinhosa de meus tios-avós Francy e Othon Vasconcellos, na fazenda, que lhe ficava perto, de um primo, Pery Frota, ou, algumas poucas vezes, em Viçosa, no casarão dos Fontenelle. Tinha um carneiro de sela e um frango-d'água azul em meu quintal de Fortaleza, e marrecos, pombos, canários, galos-de-campina, azulões, periquitos, papagaios e sonhins. O campo entrava pela sala, na minha infância, e o corrupião, que vivia solto, voava da mesa para o meu ombro — o que explicava muito. Havia, porém, algo mais na emoção que me causava em Portugal a paisagem nortenha: uma espécie de memória que eu trazia no olhar, como se nele continuasse a saudade de meus antepassados trasmontanos e minhotos.

202

Alguém me disse, aliás, que eu tinha olhos de menino. Mais de menino triste do que travesso. Quando me auscultava, era assim que me sentia: menino. Um menino no seu jardim fechado, a reinventar constantemente a vida, a multiplicar-se noutros meninos, com infâncias distintas da sua, mas das quais amorosamente se apossava, porque as podia ter vivido. No entanto, ali, de gabardine, na saída do metrô, a olhar a chuva fria e com todas as feridas bem pensadas, não me trocava pelos outros que sonhara. Viver se assemelhava a podar roseiras.

Editora responsável
Izabel Aleixo

Produção editorial
Daniele Cajueiro
Phellipe Marcel

Revisão
Maria Angélica Vieira de Melo

Diagramação
Abreu's System

Este livro foi impresso em São Paulo, em agosto de 2007,
pela Lis Gráfica e Editora, para a Editora Nova Fronteira.
A fonte usada no miolo é CentaurMT, corpo 12/14,5.
O papel do miolo é pólen soft 70g/m², e o da capa é cartão 250g/m².

Visite nosso site: www.novafronteira.com.br